Reforma da Previdência

Emenda Constitucional n. 103, de 12 de novembro de 2019

Entenda o que mudou

www.editorasaraiva.com.br/direito
Visite nossa página

Luciano Martinez

Reforma da Previdência

Emenda Constitucional n. 103, de 12 de novembro de 2019

Entenda o que mudou

2020

DADOS INTERNACIONAIS DE CATALOGAÇÃO NA PUBLICAÇÃO (CIP)
ANGÉLICA ILACQUA CRB-8/7057

Av. Doutora Ruth Cardoso, 7.221, 1º andar, Setor B
Pinheiros – São Paulo – SP – CEP 05425-902

 sac.sets@somoseducacao.com.br

Martinez, Luciano
Reforma da previdência: Emenda Constitucional n. 103, de 12 de novembro de 2019: entenda o que mudou / Luciano Martinez. – São Paulo : Saraiva Educação, 2020.
280 p.

Bibliografia
ISBN 978-85-536-1592-6 (impresso)

1. Previdência social – Legislação - Brasil 2. Seguridade social - Brasil I. Título.

20-0218   CDD 340

Índice para catálogo sistemático:
1. Brasil : Legislação : Previdência social   349.3(81)

Direção executiva	Flávia Alves Bravin
Direção editorial	Renata Pascual Müller
Gerência editorial	Roberto Navarro
Gerência de produção e planejamento	Ana Paula Santos Matos
Gerência de projetos e serviços editoriais	Fernando Penteado
Consultoria acadêmica	Murilo Angeli Dias dos Santos
Planejamento	Clarissa Boraschi Maria (coord.)
Novos projetos	Melissa Rodriguez Arnal da Silva Leite
Edição	Eveline Gonçalves Denardi (coord.)
	Daniel Pavani Naveira
	Estevão Bula Gonçalves
Produção editorial	Fernanda Matajs (coord.)
	Luciana Cordeiro Shirakawa
Arte e digital	Mônica Landi (coord.)
	Amanda Mota Loyola
	Camilla Felix Cianelli Chaves
	Claudirene de Moura Santos Silva
	Deborah Mattos
	Guilherme H. M. Salvador
	Tiago Dela Rosa
Projetos e serviços editoriais	Juliana Bojczuk Fermino
	Kelli Priscila Pinto
	Marília Cordeiro
	Mônica Gonçalves Dias
Diagramação	NSM Soluções Gráficas Ltda.
Revisão	Bernardete Maurício
Capa	Deborah Mattos
Produção gráfica	Marli Rampim
	Sergio Luiz Pereira Lopes
Impressão e acabamento	Gráfica Paym

Data de fechamento da edição: 13-11-2019

Dúvidas? Acesse www.editorasaraiva.com.br/direito

Nenhuma parte desta publicação poderá ser reproduzida por qualquer meio ou forma sem a prévia autorização da Editora Saraiva. A violação dos direitos autorais é crime estabelecido na Lei n. 9.610/98 e punido pelo art. 184 do Código Penal.

CL 606454   CAE 706700

Para Lara Martinez

SUMÁRIO

Apresentação 11

Capítulo 1
A história da reforma da previdência de 2019: da origem à publicação 13
  1.1 A apresentação da proposta de Reforma da Previdência de 2019: promessa de economia de R$ 1.236,5 trilhão em 10 anos 13
  1.2 A tramitação do texto da Reforma da Previdência na Câmara dos Deputados: a economia projetada para 10 anos cai para R$ 933,5 bilhões 19
  1.3 Tramitação do texto da Reforma da Previdência no Senado: economia em 10 anos cai para R$ 800,3 bilhões, no 1º turno 22
  1.4 O texto final 23

Capítulo 2
A análise detalhada – dispositivo por dispositivo – da reforma da previdência de 2019 25

Seção I
Alterações na Constituição Federal

Art. 1º 25

Seção II
Alterações no Ato das Disposições Constitucionais Transitórias

Art. 2º 104

Seção III
Disposições transitórias e regras de transição estabelecidas pela Emenda Constitucional

Art. 3º	106
Art. 4º	109
Art. 5º	122
Art. 6º	126
Art. 7º	128
Art. 8º	129
Art. 9º	129
Art. 10	132
Art. 11	140
Art. 12	146
Art. 13	147
Art. 14	148
Art. 15	150
Art. 16	158
Art. 17	165
Art. 18	168
Art. 19	173
Art. 20	178
Art. 21	185
Art. 22	192
Art. 23	193
Art. 24	201
Art. 25	205
Art. 26	208
Art. 27	213
Art. 28	214
Art. 29	216
Art. 30	219
Art. 31	220
Art. 32	221
Art. 33	221

Art. 34... 222
Art. 35... 223
Art. 36... 231

Capítulo 3
Texto final da reforma da previdência de 2019 – Emenda Constitucional n. 103, de 2019 235

Capítulo 4
As regras de transição em quadros sinópticos................................... 265

Índice dos dispositivos da Emenda Constitucional........................... 277

APRESENTAÇÃO

Com imensa satisfação e com um especial sentimento de dever cumprido, apresento aos leitores uma **obra completa e detalhada** sobre cada uma das modificações produzidas pela Emenda Constitucional n. 103, de 2019, ora conhecida como Emenda Constitucional da Reforma da Previdência.

Desde os primeiros instantes de cogitação da apresentação da PEC n. 06/2019 em fevereiro de 2019 até os momentos finais de sua votação em segundo turno no Senado Federal, a obra ora publicada foi ganhando forma e consistência a partir das muitas reflexões e discussões havidas entre conceituados professores das áreas previdenciária, financeira, tributária, administrativa e trabalhista de todo o país.

Além disso, por ser a Emenda Constitucional da Reforma da Previdência um texto normativo multidisciplinar, diversas foram as contribuições prestadas em discussões e debates com atuários, contadores, economistas e, em especial, gestores públicos para a melhor compreensão de todas as suas passagens postas em **linguagem simples, direta e acessível**.

A intenção do **"Reforma da Previdência: entenda o que mudou"** é, portanto, a de oferecer uma visão ampla e ao mesmo tempo minuciosa de todas as modificações produzidas no universo das relações previdenciárias ocorridas nos âmbitos dos regimes próprios de previdência social e, em especial, do Regime Geral de Previdência Social, com o cuidado de referir os impactos dessas mudanças sobre as relações jurídicas de trabalho nas esferas contratual e estatutária.

É certo, porém, que a vontade e o esforço de oferecer o melhor jamais garantirão a perfeição. É muito provável, por mais que desejemos o contrário, que eventuais omissões sejam apontadas. O caminho para o aperfeiçoamento da obra estimulará reflexamente o diálogo e o estabelecimento dos vínculos autor-leitor. Este, aliás, poderá discutir as questões aqui tratadas, sugerir novas temáticas a serem abordadas nesta ou em nova obra e até avisar do sucesso no enfrentamento de questões práticas pelo e-mail lucianomartinez.ba@gmail.com.

Assim, apresento à comunidade jurídica esta obra com os nossos comentários, com a pretensão de que ela, ao se desprender de mim, conquiste o respeito e a estima dos leitores. Como que a um filho querido deixando o lar, desejo-lhe sorte e boas venturas, fazendo votos de que ela – de quem gostaria de receber notícias e comentários – seja capaz de ajudar muitas pessoas a alcançar seus objetivos.

CAPÍTULO 1
A HISTÓRIA DA REFORMA DA PREVIDÊNCIA DE 2019: DA ORIGEM À PUBLICAÇÃO

> "A presente proposta estabelece nova lógica mais sustentável e justa de funcionamento para a previdência social, regras de transição, disposições transitórias e dá outras providências. A adoção de tais medidas mostra-se imprescindível para garantir, de forma gradual, a sustentabilidade do sistema atual, evitando custos excessivos para as futuras gerações e comprometimento do pagamento dos benefícios dos aposentados e pensionistas, e permitindo a construção de um novo modelo que fortaleça a poupança e o desenvolvimento no futuro" (Exposição de Motivos da PEC 6/2019).

1.1 A apresentação da proposta de Reforma da Previdência de 2019: promessa de economia de R$ 1.236,5 trilhão em 10 anos

Com as palavras acima epigrafadas, o Ministro da Economia do governo do Presidente Jair Messias Bolsonaro, Sr. Paulo Roberto Nunes Guedes, disparou um dos mais polêmicos e complexos Projetos de Emenda Constitucional da história jurídica contemporânea brasileira, notadamente por atingir um dos mais sensíveis pontos de sustentação dos direitos sociais, os regramentos constitucionais de financiamento e de pagamento dos benefícios relacionados com previdência e assistência social.

A razão fundamental do projeto, segundo palavras contidas na exposição de motivos, foi o modelo atual das regras atuariais e de acesso a benefícios previdenciários, que se teria tornado rígido em sua alteração, e ineficiente sob o ponto de vista dos princípios constitucionais de igualdade e distribuição de renda.

Surgia, então, em seus albores, um novo governo a afirmar que o ajuste proposto visava maior equidade, convergência entre os diferentes regimes previdenciários, maior separação entre previdência e assistência e a sustentabilidade previdenciária, contribuindo para a redução do elevado comprometimento dos recursos públicos com despesas obrigatórias, prejudiciais aos pretensos investimentos em saúde, educação, segurança e infraestrutura.

Diante desse cenário, a Proposta de Emenda Constitucional n. 6/2019 declarou-se estruturada em quatro pilares explícitos e em pelo menos um pilar implícito:

   a) O combate às fraudes e redução da judicialização;
   b) A cobrança das dívidas tributárias previdenciárias;

c) A equidade, tratando os iguais de forma igual e os desiguais de forma desigual, com todos brasileiros contribuindo para o equilíbrio previdenciário na medida de sua capacidade; e
d) A criação de um novo regime previdenciário capitalizado e equilibrado, destinado às próximas gerações.
e) A tentativa de diminuição das desigualdades no sistema previdenciário atual.

O *primeiro pilar* – o de combate às fraudes e redução da judicialização – já se revelou claramente enunciado desde a publicação da MP n. 871, de 18 de janeiro de 2019, posteriormente convertida na Lei n. 13.846, de 18 de junho de 2019, que criou instrumentos tendentes a eliminar a possibilidade de recebimento indevido de benefícios previdenciários, por meio de ajuste de dispositivos legais, e instituição de programas especiais de combate às irregularidades, mediante a aceleração da análise administrativa dos processos de revisão de benefícios. Além disso, o projeto visou reduzir litígios judiciais, pacificando pontos já decididos pela jurisprudência e dando maior clareza a pontos que geram ações judiciais de forma reiterada.

O *segundo pilar* – o de fortalecimento do processo de cobrança da dívida ativa da União, em especial das contribuições previdenciárias – visou ao aperfeiçoamento do processo de cobrança para garantir maior agilidade e eficiência na arrecadação. O governo, entretanto, revelou-se cônscio de que, ainda que aperfeiçoasse o sistema de cobrança, isso não seria suficiente para debelar o déficit do RGPS que em 2018 alcançou o patamar de R$195,2 bilhões. O propósito da Reforma, então, era, como sempre se disse, conjuntivo e sistemático.

O *terceiro pilar* – o da equidade – fundado na lógica do tratamento dos desiguais de forma desigual, de acordo com as suas especificidades, revelou-se comprometido com a exigência de maior contribuição daqueles que recebem mais. A promessa do Projeto era muito clara nesse sentido, e ali muito expressamente se dizia: *"aqueles que ganham mais pagarão mais e aqueles que ganham menos pagarão menos"*.

O *quarto pilar* – o da criação de regime capitalizado de previdência para as novas gerações – visava à instituição de um novo sistema previdenciário, organizado com base em capitalização, na modalidade de contribuição definida, de caráter obrigatório para quem aderir, com a previsão de conta vinculada para cada trabalhador e de constituição de reserva individual para o pagamento do benefício, admitida capitalização nocional.

Esse novo regime, cuja implantação se projetava como alternativa ao Regime Geral de Previdência Social e aos regimes próprios de previdência social (e que constava do projeto original no art. 201-A e o § 6º do art. 40), nada mais seria do que um sistema por meio do qual cada segurado passaria a ter noção (daí o nome nocional) do quanto ele contribuiu e de quanto ele auferiria de benefício previdenciário no futuro, por ocasião de sua aposentadoria.

Essa noção seria dada ao segurado a partir da verificação que lhe será permitida pela visualização de contas virtuais. Em rigor, a contribuição aportada pelo segurado financiaria os seus próprios benefícios. Não haverá, porém, uma quebra total da solidariedade intergeracional, pois o segurado que não conseguisse aportar recursos suficientes para ter uma aposentadoria em valor correspondente ao salário mínimo a teria, diferentemente do que se viu no Chile e que comumente se usava como exemplo assustador, provida pelo Estado em montante correspondente a essa dimensão.

Haveria, portanto, uma clara hibridez nesse sistema. Essa particularidade, constante da proposta de emenda à Constituição, visível no art. 115, II, da proposta original, incrustado no Ato das Disposições Constitucionais Transitórias, garantia o piso básico, não inferior ao salário mínimo, para benefícios que substituíssem o salário de contribuição ou o rendimento do trabalho, por meio de fundo solidário de gestão estatal.

Essa nova modalidade proposta, entretanto, foi imediatamente rechaçada na passagem do projeto pela Câmara dos Deputados, como se verá adiante[1].

O quinto pilar, que, apesar de implícito, demonstrou-se como um verdadeiro eixo da reforma, fundou-se na tentativa de diminuição da desigualdade do atual sistema mediante progressiva melhoria na distribuição da renda previdenciária. Uma das estratégias postas para tanto foi a fixação de uma idade mínima de aposentadoria como um fator de promoção de maior justiça distributiva, uma vez que todos os trabalhadores, independentemente de suas situações financeiras ou da estabilidade de seus empregos, seriam levados a aposentar-se no mesmo limite etário e a contribuir até que esse limite fosse alcançado.

Além dos seus pilares, a PEC n. 6/2019 chamava a atenção para outros componentes que tornavam emergencial a Reforma da Previdência, dando-se desta-

---

1   Como diz uma das mais belas canções de Caetano Veloso, "a mente apavora o que ainda não é mesmo velho", e, pelo receio generalizado de que o exemplo chileno se repetisse no Brasil, fez com que o o presidente da Câmara dos Deputados, Rodrigo Maia (DEM-RJ), declarasse publicamente à Imprensa, em início de abril de 2019, que o sistema de capitalização para a Previdência Social não seria aprovado pela Casa, se mantido tal como foi proposto pelo governo. Segundo Maia, o texto enviado dava a impressão de que o sistema seria igual ao do Chile e bradou: "O sistema chileno não vai ser aprovado aqui na Câmara dos Deputados". Veja-se em https://economia.estadao.com.br/noticias/geral,sistema-de-capitalizacao-proposto-nao-deve-passar-diz-maia,70002777058

que à questão da *transição demográfica de envelhecimento populacional*, mas sem esquecer de referir baixas taxas de mortalidade, diminuição da fecundidade e esperança de vida mais longa, resultando no processo acelerado de envelhecimento populacional.

Chamou-se à atenção no Projeto para o fato de que a maioria dos países do mundo estaria a vivenciar transformações demográficas importantes, notadamente aquelas relacionadas ao processo de paulatino envelhecimento de suas populações, fenômeno que exigiria maior atenção às políticas públicas no âmbito do Estado de Bem-Estar Social, como saúde, assistência e previdência. Nesse contexto, fazia-se um prognóstico do inevitável: "diante do crescimento absoluto no número de idosos, e esses atingindo idades cada vez mais avançadas, é esperado o aumento da demanda por cuidados de saúde e por benefícios previdenciários que permitam a manutenção do nível de renda em meio à perda da capacidade laborativa".

Dentro do discurso de evelhecimento populacional e de aumento da expectativa de sobrevida surgiu, no texto da PEC n. 6/2019, a importante problemática da *deterioração da relação entre contribuintes e beneficiários*, destacando-se que, na atualidade, a relação estimada é de dois contribuintes para cada beneficiário de aposentadoria e pensão por morte, considerando alarmantes as projeções de uma futura relação de uma para um por volta da década de 2040, ainda que se consiga reduzir muito a informalidade e a fuga da contributividade.

O Projeto, é claro, ocupou-se também com o estabelecimento de regras de transição aos segurados já filiados ao RGPS na data de publicação desta Emenda, assegurando-lhes, de forma diferenciada, o direito às aposentadorias por idade, especial e por tempo de contribuição. Igualmente, a proposta estabeleceu regras de transição intermediárias entre as vigentes e as futuras, tendo em vista a expectativa de direito dos atuais servidores amparados pelos regimes próprios.

Afinal, o texto do Projeto ocupou-se também com o estabelecimento de disposições transitórias a serem aplicadas até a aprovação das leis que detalharão todos os institutos renovados, observadas as suas particularidades.

Pois bem. De posse do referido Projeto de Proposta de Emenda Constitucional n. 6/2019, o presidente da República, Jair Messias Bolsonaro, em **20 de fevereiro de 2019**, entregou-o pessoalmente aos presidentes da Câmara, Rodrigo Maia (DEM-RJ), e do Senado, Davi Alcolumbre (DEM-AP). Esse ato simbólico, acompanhado pelos atentos olhares dos ministros da Economia, Paulo Guedes, e da Casa Civil, Onyx Lorenzoni, foi o ponto de partida para a tramitação especial de emenda à Constituição e sobre a qual serão feitas algumas anotações com a pretensão de deixar registrada a memória histórica da Reforma da Previdência de 2019.

O art. 60 do texto constitucional dá as balizas iniciais do processo legislativo de emenda à Constituição e o faz, inicialmente, com a previsão daqueles que estão legitimados a propô-la. Note-se:

> Art. 60. A Constituição poderá ser emendada mediante proposta:
> I – de um terço, no mínimo, dos membros da Câmara dos Deputados ou do Senado Federal;
> II – do Presidente da República;
> III – de mais da metade das Assembleias Legislativas das unidades da Federação, manifestando-se, cada uma delas, pela maioria relativa de seus membros.

Perceba-se que o Presidente da República é o único legitimado que, **em atuação singular**, pode oferecer a proposta de emenda à Constituição. Os demais legitimados somente podem fazê-lo em atuação coletiva, o que se vê, claramente, nos incisos I e II do dispositivo acima em destaque.

Baseada nessa legitimação especialmente outorgada ao Presidente da República é que a sociedade viu ser apresentada a Proposta de Emenda à Constituição tombada sob o número 6/2019. Nesse ponto, é importante deixar anotado que, para viabilizar o encaminhamento da proposta de Emenda à Constituição, fez-se necessária a remoção do obstáculo da intervenção federal no Rio de Janeiro, instituída por meio do Decreto n. 9.288, de 16 de fevereiro de 2018, outorgado pelo Presidente da República, com publicação no *Diário Oficial da União* no mesmo dia, que teve o objetivo de amenizar a situação da segurança interna naquele ente federativo.

Afirma-se ter sido necessária a remoção do obstáculo da intervenção federal, porque o próprio texto constitucional de 1988 prevê, expressamente, no § 1º do seu art. 60 que *"a Constituição não poderá ser emendada na vigência de intervenção federal, de estado de defesa ou de estado de sítio".*

O ato de intervenção federal, portanto, paralisou o andamento da PEC n. 287/2016, que, apresentada à Mesa da Câmara dos Deputados em 5 de dezembro de 2016, já se encontrava àquela altura pronta para a pauta no Plenário.

Assim, apesar de o Decreto de intervenção federal ter efeitos autolimitados até 31 de dezembro de 2018, último dia do governo do ex-Presidente Michel Temer, era relevante saber a posição do novo Presidente, Jair Bolsonaro, que declarou para a Imprensa, em 30 de novembro de 2018, que seu governo não prorrogaria[2] a intervenção federal na Segurança Pública do Rio de Janeiro.

Pois bem. Superado o obstáculo da intervenção federal, o novo governo põe-se a elaborar um novo texto de Reforma da Previdência, partindo de algumas

---

2 https://g1.globo.com/rj/rio-de-janeiro/noticia/2018/11/30/bolsonaro-diz-que-nao-prorroga-ra-intervencao-federal-na-seguranca-publico-do-rio.ghtml

balizas estabelecidas na proposta de Emenda à Constituição feita pelo governo de Michel Temer (PEC n. 287/2016), mas também, e especialmente, nos dados colhidos do documento de **"Transição de Governo 2018-2019 – Informações Estratégicas"**, elaborado pelo então Ministério do Planejamento, Desenvolvimento e Gestão, que passou a ser órgão integrante do Ministério da Economia[3].

No contexto das citadas informações estratégicas, as contas públicas revelavam-se como o maior desafio da atualidade, uma vez que (i) a dívida bruta subiu de 51,5% do PIB para 77,2% do PIB entre dezembro de 2013 e junho de 2018; (ii) desde 2014, há déficit primário nas contas públicas e as projeções apontam para volta do superávit primário apenas no início da próxima década; (iii) o grau de rigidez do orçamento vem se elevando, comprometendo a execução de políticas públicas discricionárias, especialmente de investimentos e gastos sociais.

Dados oficiais davam conta de que as principais despesas obrigatórias acarretadoras da rigidez do orçamento da União estavam relacionadas a gastos com pessoal, previdência, saúde, educação, subsídios, subvenções, abono, seguro-desemprego e benefícios sociais previstos na legislação, como aqueles relacionados ao Benefício de Prestação Continuada (BPC) e benefícios de natureza especial. O gráfico apresentado na página 10 do citado documento elaborado pela equipe de transição dava conta de que as despesas com previdência e assistência social consumiam mais de 50% das despesas obrigatórias. Veja-se:

Composição das Despesas Obrigatórias

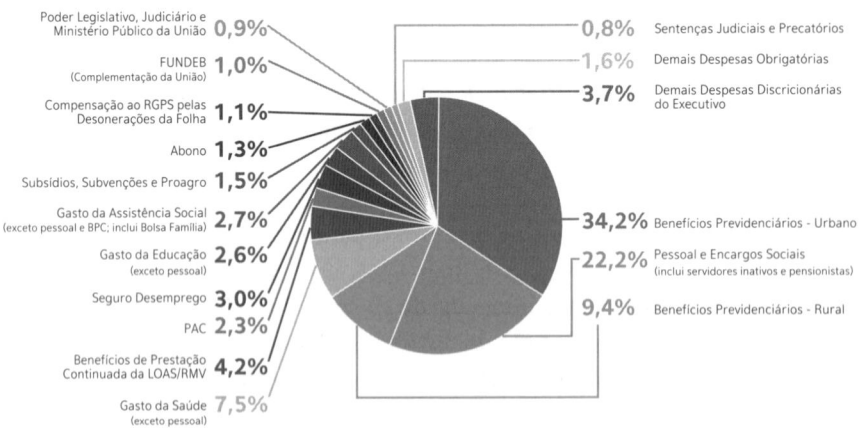

Fonte: Resultado do Tesouro Nacional/STN/MF.

---

3 https://transicao.planejamento.gov.br/wp-content/uploads/2018/11/Informa%C3%A7%-C3%B5es-Estrat%C3%A9gicas-Minist%C3%A9rio-do-Planejamento_vers%C3%A3o-publica%-C3%A7%C3%A3o_completa.pdf

Exatamente por isso, entre os pontos de alerta anotados no documento de transição de governo 2018-2019 estava, em primeiro lugar e com prazo extremamente curto (15-1-2019), justamente o encaminhamento de PEC para a Reforma da Previdência e outras propostas legais para a revisão de despesas obrigatórias, sendo prova disso o quadro extraído da página 16 do mencionado instrumento que apurou as informações estratégicas. Veja-se:

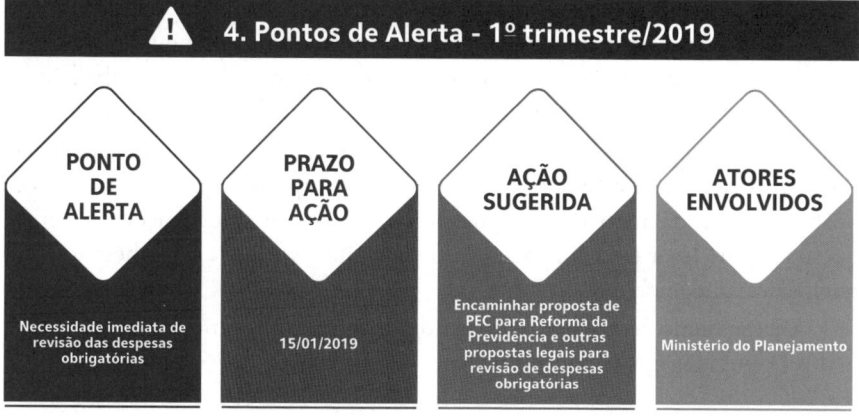

Justificativas, portanto, não faltavam para a apresentação de uma nova Proposta de Emenda à Constituição tendente a produzir uma Reforma da Previdência. E assim ocorreu. Realizada a proposta, foi observado o rito previsto nos §§ 2º e 3º do precitado art. 60 da Constituição da República:

> Art. 60 [...]
> § 2º A proposta será discutida e votada em cada Casa do Congresso Nacional, em dois turnos, considerando-se aprovada se obtiver, em ambos, três quintos dos votos dos respectivos membros.
> § 3º A emenda à Constituição será promulgada pelas Mesas da Câmara dos Deputados e do Senado Federal, com o respectivo número de ordem.

O próximo item analisará, com a brevidade que este texto requer, a passagem da PEC n. 6/2019 pela Câmara dos Deputados.

1.2 A tramitação do texto da Reforma da Previdência na Câmara dos Deputados: a economia projetada para 10 anos cai para R$ 933,5 bilhões

O detalhamento do trâmite da matéria na Câmara dos Deputados deu-se de acordo com o art. 202 do seu Regimento Interno[4], segundo o qual a proposta foi

---
4 Regimento Interno da Câmara dos Deputados

despachada pelo seu Presidente, Rodrigo Maia (DEM-RJ), à Comissão de Constituição e Justiça e de Cidadania, que se pronunciou sobre a sua admissibilidade no prazo de cinco sessões, após o que se devolveu à Mesa com o respectivo parecer.

Nesse entretempo se viram formulados, **como sói acontecer**, diversos requerimentos de múltiplas naturezas, desde o pedido de suspensão da própria tramitação do projeto até o de convocação do Ministro de Estado da Economia, Paulo Guedes, para prestar informações sobre a Reforma da Previdência, e de chamamento de outras personalidades do universo jurídico-administrativo e previdenciário para que pudessem contribuir no desenvolvimento dos trabalhos do Colegiado.

Não foram poucos também os requerimentos de realização de Audiências Públicas para debater a PEC n. 6/2019 e os seus impactos. Enfim, todas as propostas de Emenda à Constituição despertam paixões e preocupações, havendo quem a queira levar em ritmo acelerado e em alta velocidade e também quem a queira fazer andar em marcha lenta.

De um modo geral e bem compacto, a PEC n. 6/2019 transitou pela Câmara dos Deputados nos seguintes termos:

[...]
Art. 202. A proposta de emenda à Constituição será despachada pelo Presidente da Câmara à Comissão de Constituição e Justiça e de Cidadania, que se pronunciará sobre sua admissibilidade, no prazo de cinco sessões, devolvendo-a à Mesa com o respectivo parecer. (*Caput* do artigo com redação adaptada à Resolução n. 20, de 2004)

§ 1º Se inadmitida a proposta, poderá o Autor, com o apoiamento de Líderes que representem, no mínimo, um terço dos Deputados, requerer a apreciação preliminar em Plenário.

§ 2º Admitida a proposta, o Presidente designará Comissão Especial para o exame do mérito da proposição, a qual terá o prazo de quarenta sessões, a partir de sua constituição para proferir parecer.

§ 3º Somente perante a Comissão Especial poderão ser apresentadas emendas, com o mesmo *quorum* mínimo de assinaturas de Deputados e nas condições referidas no inciso II do artigo anterior, nas primeiras dez sessões do prazo que lhe está destinado para emitir parecer.

§ 4º O Relator ou a Comissão, em seu parecer, só poderá oferecer emenda ou substitutivo à proposta nas mesmas condições estabelecidas no inciso II do artigo precedente.

§ 5º Após a publicação do parecer e interstício de duas sessões, a proposta será incluída na Ordem do Dia.

§ 6º A proposta será submetida a dois turnos de discussão e votação, com interstício de cinco sessões.

§ 7º Será aprovada a proposta que obtiver, em ambos os turnos, três quintos dos votos dos membros da Câmara dos Deputados, em votação nominal.

§ 8º Aplicam-se à proposta de emenda à Constituição, no que não colidir com o estatuído neste artigo, as disposições regimentais relativas ao trâmite e apreciação dos projetos de lei.

A História da Reforma da Previdência de 2019: da Origem à Publicação | 21

MOMENTO	DATA	ANDAMENTO
Apresentação	20-2-2019	Apresentação da Mensagem n. 55/2019, pelo Poder Executivo, que: "Submete à deliberação do Congresso Nacional o texto da proposta de emenda à Constituição que 'Modifica o sistema de previdência social, estabelece regras de transição e disposições transitórias, e dá outras providências'".
	21-2-2019	**Mesa Diretora da Câmara dos Deputados (MESA)** À Comissão de Constituição e Justiça e de Cidadania Proposição Sujeita à Apreciação do Plenário. Regime de Tramitação: Especial (Art. 202 c/c 191, I, RICD).
Comissão de Constituição e Justiça e de Cidadania (CCJC)	22-2-2019	**Comissão de Constituição e Justiça e de Cidadania (CCJC)** · Recebimento pela CCJC.
	3-4-2019	**Comissão de Constituição e Justiça e de Cidadania (CCJC)** · Audiência Pública realizada com a presença do Excelentíssimo Senhor Ministro de Estado da Economia, Paulo Guedes.
	9-4-2019	**Comissão de Constituição e Justiça e de Cidadania (CCJC)** · Apresentação do Parecer do Relator, PRL 1 CCJC, pelo Dep. Delegado Marcelo Freitas. · Parecer do Relator, Dep. Delegado Marcelo Freitas (PSL-MG), pela admissibilidade.
	23-4-2019	**Comissão de Constituição e Justiça e de Cidadania (CCJC)** · Aprovado o Parecer.
	23-4-2019	**Plenário (PLEN)** · Ato da Presidência: Cria Comissão Especial, nos termos do § 2º do art. 202 do Regimento Interno.
Comissão Especial (CESP)	24-4-2019	**Comissão Especial (CESP)** · Recebimento.
	25-4-2019	**Comissão Especial (CESP)** · Instalação. · Instalada a Comissão. Foram eleitos: Presidente: Dep. Marcelo Ramos (PR/AM) 1º Vice-Presidente: Dep. Silvio Costa Filho (PRB/PE). · Designado Relator, Dep. Samuel Moreira (PSDB-SP). Prazo para Emendas à Proposta de Emenda à Constituição (10 sessões a partir de 26-4-2019).
Comissão Especial (CESP)	5-7-2019	**Comissão Especial (CESP)** · Parecer Reformulado apresentado pelo Relator, Dep. Samuel Moreira (PSDB-SP), com as modifica-

MOMENTO	DATA	ANDAMENTO
Comissão Especial (CESP)	5-7-2019	ções decorrentes da apreciação dos destaques pela Comissão.
Plenário	12-7-2019	**Plenário (PLEN)** · Em 12-7-2019 foi finalizada a discussão e votação em primeiro turno da proposta de redação para o segundo turno apresentada pelo Relator, Deputado Samuel Moreira. · A Matéria retorna à Comissão Especial para elaborar a Redação para o segundo turno.
	7-8-2019	**Plenário (PLEN)** · Em 7-8-2019 foi finalizada a discussão e votação em segundo turno da proposta de redação para o segundo turno apresentada pelo Relator, Deputado Samuel Moreira. · A matéria vai ao Senado Federal (PEC 6-G/2019).
	8-8-2019	**Mesa Diretora da Câmara dos Deputados (MESA)** · Remessa ao Senado Federal por meio do Of. n. 720/2019/SGM-P.

1.3 Tramitação do texto da Reforma da Previdência no Senado: economia em 10 anos cai para R$ 800,3 bilhões, no 1º turno

Em 8 de agosto de 2019, a matéria referente ao Projeto de Emenda à Constituição aqui em análise foi lida em Plenário e, em ato contínuo, recebida pela Comissão de Constituição, Justiça e Cidadania – CCJ, tendo sido distribuída para o Senador Tasso Jereissati emitir relatório.

Passado o prazo para a apresentação de Emendas, o texto manteve-se com a relatoria, período durante o qual se realizaram diversas audiências públicas. Em 4 de setembro de 2019, a Comissão de Constituição, Justiça e Cidadania aprovou o Relatório do Senador Tasso Jereissati, que passou a constituir o Parecer da CCJ, favorável à PEC n. 6/2019.

O texto, então, foi encaminhado ao Plenário, no qual foram desenvolvidas cinco sessões de discussão no primeiro turno. Em 1º de outubro de 2019 foi, então, aprovada a PEC em primeiro turno, nos termos dos pareceres, ressalvados os destaques.

Em 2 de outubro de 2019 foi, enfim, encaminhado à publicação o Parecer n. 231, de 2019-PLEN/SF, da CDIR, apresentando a redação proposta para o segundo turno. Nessa redação feita no primeiro turno, os senadores retiraram do texto as mudanças que tinham sido propostas no âmbito do abono anual e do amparo assistencial contido no art. 203 da Constituição, fazendo voltar a redação original.

O Senado também suprimiu as disposições que impunham cobrança de contribuição previdenciária aos anistiados e as normas que estabeleciam a ascensão progressiva da idade no sistema de pontos aplicável na esfera das aposentadorias especiais.

O texto, finalmente, foi encaminhado para o segundo turno, mas o o presidente do Senado, Davi Alcolumbre (DEM-AP), admitiu que a votação atrasaria, haja vista a resistência dos senadores quanto à quebra do interstício exigido pelo regimento, diferentemente do que ocorreu na Câmara dos Deputados. E de fato atrasou.

Em 23 de outubro de 2019, porém, o texto-base foi aprovado no Senado, o que se deu por unanimidade de votos, observados 79 a 0.

Admitidas algumas emendas de redação, a última delas, como se pode acompanhar pela Agência Senado, retirou a vedação da aposentadoria por submetimento a condições especiais de trabalho para aqueles que estivessem em situação de periculosidade. A referida retirada decorreu de um acordo parlamentar que envolveu líderes partidários e o governo, mediante o compromisso deste de elaborar projeto de lei complementar capaz de regulamentar a matéria. Mais que isso, o presidente do Senado, Davi Alcolumbre, afirmou que a Reforma da Previdência somente seria promulgada depois da aprovação do citado projeto de lei complementar acerca do direito à aposentadoria nos casos de trabalho prestado em condições de risco, cogitando, ademais, que esse tempo seria útil, para que se fizesse presente, inclusive, o Presidente da República, Jair Bolsonaro, à época em viagem internacional.

1.4 O texto final

O texto final foi promulgado no dia 12 de novembro de 2019, como **Emenda Constitucional n. 103, de 2019**, em sessão solene do Congresso, com a indispensável presença dos presidentes da Câmara dos Deputados, Rodrigo Maia (DEM-RJ), e do Senado, Davi Alcolumbre (DEM-AP). O texto foi encaminhado para publicação no Diário Oficial da União, tendo sido publicado no dia 13 de novembro de 2019.

Chamaram à atenção as ausências à solenidade do presidente da República, Jair Bolsonaro, e dos ministros de governo envolvidos na construção do projeto de reforma da previdência. O não comparecimento foi, entretanto, minimizado pelo senador Alcolumbre, para quem isso representaria um sinal de independência e de harmonia dos poderes Executivo e Legislativo, destacando, de todo modo, que, em diversas sessões anteriores de promulgação de emendas constitucionais, não houve a presença do chefe do Executivo. O secretário especial de Previdência e Trabalho, Rogério Marinho, e outros integrantes da pasta, porém, acompanharam a sessão.

Para concluir este histórico, é bom salientar a importância da data de publicação da Emenda Constitucional n. 103, de 2019. É ela – e não a data de promulgação – a linha temporal que ora separará o antigo e o novo sistema jurídico previdenciário. Como será possível ver em muitos dos dispositivos analisados, a data de publicação da Emenda Constitucional será o dado objetivo que, em rigor, mais influirá na formação da situação jurídica do segurado.

Eis, portanto, a Emenda Constitucional n. 103, de 2019.

CAPÍTULO 2
A ANÁLISE DETALHADA – DISPOSITIVO POR DISPOSITIVO – DA REFORMA DA PREVIDÊNCIA DE 2019

SEÇÃO I
ALTERAÇÕES NA CONSTITUIÇÃO FEDERAL

ART. 1º

> Art. 1º A Constituição Federal passa a vigorar com as seguintes alterações:

O art. 1º da Emenda Constitucional ora em exame traz em si as chamadas **REGRAS PERMANENTES**, aquelas que passarão a ser exigíveis e aplicáveis em face das situações jurídicas que estejam sob a sua égide. Essas regras permanentes mudam alguns trechos da Constituição da República.

O art. 2º promove ajustes no Ato das Disposições Constitucionais Transitórias, embora o faça, em alguns pontos, para mudar permanentemente o tratamento que se dá às situações ali previstas, entre as quais se destacam as que dizem respeito aos anistiados e a desvinculação de receitas da União.

Em seguida, a partir do art. 3º, a Emenda Constitucional preocupa-se e, por isso, envolve-se com diversas situações de intertemporalidade, que dizem respeito aos beneficiários protegidos pelo direito adquirido ou por aqueles que tinham elevada expectativa de formação do próprio direito e que, por essa razão, criam **REGRAS DE TRANSIÇÃO**.

Há também nesse imenso conjunto normativo certas normas que são, em verdade, **DISPOSIÇÕES TRANSITÓRIAS**, regras por meio das quais o sistema jurídico, antes mesmo da criação de lei específica que discipline minudentemente a matéria, oferece temporariamente uma solução "tampão", que visa à colmatação da lacuna regulamentar. Nesses casos, será comum a evidência de textos que, de um modo geral, dirão "até que lei disponha sobre X será aplicada a solução Y" ou expressões assemelhadas.

Vejam-se cada uma dessas disposições.

TEXTO ORIGINAL	TEXTO MODIFICADO
Art. 22. .... XXI – normas gerais de organização, efetivos, material bélico, garantias, convocação	Art. 22. .... XXI – normas gerais de organização, efetivos, material bélico, garantias, convoca-

TEXTO ORIGINAL	TEXTO MODIFICADO
e mobilização das polícias militares e corpos de bombeiros militares;	ção, mobilização, inatividades e pensões das polícias militares e dos corpos de bombeiros militares; ....

"Art. 22. ....

....

XXI – normas gerais de organização, efetivos, material bélico, garantias, convocação, mobilização, inatividades e pensões das polícias militares e dos corpos de bombeiros militares;

...." (NR)

O novo inciso XXI do artigo 22 do texto constitucional acresce os temas "inatividades e pensões" das polícias militares e dos corpos de bombeiros militares na lista das matérias acerca das quais compete privativamente à União legislar. Com essa modificação, a União toma para si a competência normativa que antes pertencia aos Estados, Distrito Federal e Territórios.

Separaram-se claramente as matérias previdenciária, agora sob a competência legislativa da União, e trabalhista, ora sob os cuidados de "lei estadual específica", que continuará a dispor sobre o ingresso e os direitos, os deveres, a remuneração, inclusive a alíquota e a base de cálculo de contribuições que incidam sobre ela, as prerrogativas e outras situações especiais dos militares, consideradas as peculiaridades de suas atividades, inclusive aquelas cumpridas por força de compromissos internacionais e de guerra, sendo as patentes dos oficiais conferidas pelos respectivos Governadores.

Diante do exposto, toda a matéria atinente ao conjunto daqueles a quem genericamente se deu o nome de "militares", sejam eles das Forças Armadas, das Polícias militares ou corpos de bombeiros militares, estará sujeita à unidade legislativa federal no âmbito da inatividade e das pensões.

Ressalte-se, por fim, sobre o conceito de "inatividade" entre os militares. Ao contrário da ideia que se forma entre os civis de que a inatividade significa o afastamento voluntário ou coacto da vida laboral, os militares em situação de inatividade podem estar obrigados aos chamados de sua corporação, tal qual ocorre com aqueles que se mantêm na reserva. Somente a reforma, a pedido ou de ofício, isenta definitivamente o militar de serviço.

TEXTO ORIGINAL	TEXTO MODIFICADO
Art. 37.	Art. 37. ....

TEXTO ORIGINAL	TEXTO MODIFICADO
§ 13. INEXISTENTE	§ 13. O servidor público titular de cargo efetivo poderá ser readaptado para exercício de cargo cujas atribuições e responsabilidades sejam compatíveis com a limitação que tenha sofrido em sua capacidade física ou mental, enquanto permanecer nesta condição, desde que possua a habilitação e o nível de escolaridade exigidos para o cargo de destino, mantida a remuneração do cargo de origem.

"Art. 37. ....
....

§ 13. O servidor público titular de cargo efetivo poderá ser readaptado para exercício de cargo cujas atribuições e responsabilidades sejam compatíveis com a limitação que tenha sofrido em sua capacidade física ou mental, enquanto permanecer nesta condição, desde que possua a habilitação e o nível de escolaridade exigidos para o cargo de destino, mantida a remuneração do cargo de origem.

O novo § 13 do art. 37 trouxe para a Constituição da República um instituto sobre o qual nada estava previsto. Essa inserção, porém, não evitará o argumento da inconstitucionalidade da própria emenda à Constituição sob o argumento de violação do princípio basilar do acesso a cargos e empregos públicos mediante concurso.

De todo modo e sob todas as críticas, o dispositivo prevê que o servidor público titular de cargo efetivo **poderá ser readaptado** para o exercício de **cargo cujas atribuições e responsabilidades sejam compatíveis com a limitação** que tenha sofrido em sua capacidade física ou mental, enquanto permanecer nesta condição, desde que possua a habilitação e o nível de escolaridade exigidos para o cargo de destino.

Apesar de nada estar disposto sobre a manutenção da remuneração do cargo de origem será difícil contrariar o princípio da irredutibilidade salarial insculpido no inciso XV do próprio art. 37, segundo o qual "o subsídio e os vencimentos dos ocupantes de cargos e empregos públicos são irredutíveis, ressalvado o disposto nos incisos XI e XIV deste artigo e nos arts. 39, § 4º, 150, II, 153, III, e 153, § 2º, I". Como a hipótese de readaptação não está inserida entre as exceções supracitadas, ela não poderá ser praticada pela administração estatal.

Note-se que o texto normativo faz menção a uma possibilidade a juízo da administração pública, e não a um direito subjetivo invocável pelo servidor. Assim, o servidor público titular de cargo efetivo – e somente ele, e não outro servidor estatal – poderá ser readaptado se a Administração Pública entender jurídica aceitável.

TEXTO ORIGINAL	TEXTO MODIFICADO
Art. 37.	Art. 37. ....
....	....
§ 14. INEXISTENTE	§ 14. A aposentadoria concedida com a utilização de tempo de contribuição decorrente de cargo, emprego ou função pública, inclusive do Regime Geral de Previdência Social, acarretará o rompimento do vínculo que gerou o referido tempo de contribuição.

§ 14. A aposentadoria concedida com a utilização de tempo de contribuição decorrente de cargo, emprego ou função pública, inclusive do Regime Geral de Previdência Social, acarretará o rompimento do vínculo que gerou o referido tempo de contribuição.

O dispositivo prevê que a aposentadoria concedida com a utilização de tempo de contribuição decorrente de **cargo, emprego ou função pública**, inclusive com tempo de contribuição do Regime Geral de Previdência Social, acarretará o rompimento do vínculo que gerou o referido tempo de contribuição.

O instituto, portanto, atinge, indistintamente, qualquer segurado, de qualquer dos regimes de previdência social (RPPS ou RGPS) que tenha espontaneamente solicitado a aposentadoria e os efeitos disso serão constatáveis a partir da concessão do benefício. Assim, tirante aqueles que estejam em situações blindadas pelo direito adquirido, a regra é muito simplesmente enunciável: "**aposentou espontaneamente, rompeu-se o vínculo com a administração direta ou indireta**", independentemente de esse vínculo ter natureza estatutária ou contratual.

No âmbito dos vínculos de natureza contratual, o texto faz renascer vetusta regra contida no § 1º do art. 453 da CLT[1] que produzia a extinção automática dos contratos dos empregados públicos que se aposentassem espontaneamente, mas agora em privilegiada sede constitucional. Essa regra do § 1º do art. 453 da CLT teve suspensa a sua aplicabilidade por decisão do STF, nos autos da ADIN 1.770-4.

A partir da vigência do texto aqui em análise, portanto, o empregador não estará a despedir o empregado, tampouco o empregado estará a pedir demissão.

---

1 Art. 453 – [...]

§ 1º Na aposentadoria espontânea de empregados das empresas públicas e sociedades de economia mista é permitida sua readmissão desde que atendidos aos requisitos constantes do art. 37, inciso XVI, da Constituição, e condicionada à prestação de concurso público (Incluído pela Lei n. 9.528, de 10-1-1997).

Esse dispositivo foi declarado inconstitucional nos autos da ADIN 1.770-4.

O vínculo simplesmente se romperá a partir da concessão da aposentadoria sem que os contratantes tenham de assumir indenizações pelo desenlace, salvo o pagamento das vantagens já conquistadas e proporcionais, a exemplo de férias devidas e proporcionais, acrescidas de 1/3, e de décimos terceiros não pagos.

A medida normativa é uma das muitas que visam atuar no equilíbrio financeiro do sistema previdenciário, pois, segundo constatou o governo, muitos dos que se aposentam em empregos públicos permanecem em atividade, cumulando o salário e os proventos da aposentadoria. O melhor dos mundos para o governo seria o desestímulo à aposentadoria dos que ora atuam em cargos, empregos e funções públicas. A postulação de aposentadoria deles ensejará, mais cedo ou mais tarde, a necessidade de realocação do posto livre. Exatamente por isso a medida será uma preocupação para as empresas estatais, pois a aposentadoria de qualquer um dos seus empregados importará a necessidade de seu imediato afastamento, sem que a reposição seja fácil ou instantânea, pois dependente de concurso público.

E o retorno daqueles cujos postos de trabalho foram extintos pela tomada da decisão de aposentar-se? Eles poderão realizar novo concurso público para voltar ao lugar do qual foram extirpados para, enfim, cumular os proventos de aposentadoria e os estipêndios da atividade?

A resposta é positiva, mas apenas em favor daqueles que exerçam empregos públicos, com aposentadoria concedida pelo Regime Geral da Previdência Social e que ainda tenham idade para voltar ao trabalho em empresas estatais. Rememore-se que somente é vedada, nos termos do § 10 do art. 37 da Constituição, "a percepção simultânea de proventos de aposentadoria decorrentes do art. 40 ou dos arts. 42 e 142 [regimes próprios] com a remuneração de cargo, emprego ou função pública". Assim, **teoricamente falando**, se o empregado de uma empresa pública aposentar-se pelo RGPS, ele terá o contrato automaticamente extinto, mas poderá voltar ao posto que ocupara mediante um novo concurso público, pois nada impede a percepção simultânea de aposentadoria cujo tempo de contribuição disse respeito a vínculo extinto e de salário decorrente de uma nova investidura em emprego público.

Por fim, é importante anotar, no âmbito da intertemporalidade, o teor do art. 6º da presente Emenda Constitucional. Segundo o que ali se lê, "o disposto no § 14 do art. 37 da Constituição Federal **não se aplica a aposentadorias concedidas** pelo Regime Geral de Previdência Social até a data de entrada em vigor desta Emenda Constitucional".

Dessa forma, e em rigor, aqueles que tiverem a aposentadoria concedida pelo (**e não apenas pedida ao**) Regime Geral de Previdência Social até a data de início da vigência dessa Emenda não estarão submetidos aos efeitos do rompimento do vínculo que gerou o referido tempo de contribuição.

Esse ponto será objeto de muitas discussões, mas o bom senso certamente conduzirá à conclusão de que estarão protegidos contra os efeitos do disposto no § 14 do art. 37 da Constituição aqueles que tenham requerido a aposentadoria antes da vigência da Emenda Constitucional aqui em análise, pois o segurado não poderia (ou, pelo menos, não deveria) ser prejudicado pela morosidade da própria administração pública no processo de concessão da aposentadoria. O afastamento automático, entretanto, somente ocorrerá a partir da concessão do benefício. Essa deverá ser a orientação.

TEXTO ORIGINAL	TEXTO MODIFICADO
Art. 37.	Art. 37. ......
......	......
§ 15. INEXISTENTE	§ 15. É vedada a complementação de aposentadorias de servidores públicos e de pensões por morte a seus dependentes que não seja decorrente do disposto nos §§ 14 a 16 do art. 40 ou que não seja prevista em lei que extinga regime próprio de previdência social.

§ 15. É vedada a complementação de aposentadorias de servidores públicos e de pensões por morte a seus dependentes que não seja decorrente do disposto nos §§ 14 a 16 do art. 40 ou que não seja prevista em lei que extinga regime próprio de previdência social." (NR) .

O § 15 do art. 40 da Constituição Federal prevê que a complementação de aposentadorias de servidores públicos e de pensões por morte a seus dependentes somente poderá ser concedida se decorrente do disposto nos §§ 14 a 16 do art. 40 que serão a seguir analisados ou se outorgada pela lei que venha a extinguir o regime próprio de previdência social, nos termos do § 22 do multicitado art. 40 do texto constitucional reformado.

No âmbito da intertemporalidade, cabe referir o teor do art. 7º da presente Emenda Constitucional, segundo o qual disposto no § 15 do art. 37 da Constituição Federal não se aplica a complementações de aposentadorias e pensões concedidas até a data de entrada em vigor da Emenda Constitucional.

TEXTO ORIGINAL	TEXTO MODIFICADO
Art. 38.	Art. 38. ......
......	......

Art. 1º A análise detalhada da Reforma da Previdência de 2019 | 31

TEXTO ORIGINAL	TEXTO MODIFICADO
V – para efeito de benefício previdenciário, no caso de afastamento, os valores serão determinados como se no exercício estivesse.	V – na hipótese de ser segurado de regime próprio de previdência social, permanecerá filiado a este regime, no ente federativo de origem.

"Art. 38. ....

....

V – na hipótese de ser segurado de regime próprio de previdência social, permanecerá filiado a este regime, no ente federativo de origem." (NR)

Essa nova regra contida no inciso V do art. 38 da Constituição da República – que deve ser interpretada em consonância com o disposto no § 13 do art. 40 do texto constitucional – visa evitar as dificultosas compensações internas entre os regimes previdenciários quando um servidor público da administração direta, autárquica e fundamental passa a exercer mandato eletivo em uma esfera não correspondente àquela da qual é egresso. E, sem dúvida, há muitos servidores públicos federais empossados como vereadores, assim como outros tantos servidores públicos estaduais que ingressam no parlamento federal. A regra é oportuna e organizadora.

A análise sistemática dos referidos dispositivos permite as seguintes conclusões:

a) O servidor público de um determinado RPPS, afastado para o exercício de mandato eletivo, permanecerá filiado ao seu regime próprio, no ente federativo de origem, durante todo o mandato. Assim, por exemplo, um servidor público do Estado da Bahia, vinculado ao RPPS do referido ente federativo, que seja eleito deputado federal, receberá os seus vencimentos dos cofres da União, mas esta recolherá a sua contribuição previdenciária para os cofres do RPPS baiano.

b) Um cidadão eleito como deputado estadual pela Paraíba, e que não integre nenhum regime próprio, estará automaticamente inserido no RGPS e, nos termos do citado § 13 do art. 40 do texto constitucional, apesar de receber os seus vencimentos dos cofres do Estado paraibano, verá o recolhimento de sua contribuição previdenciária ser feito para os cofres do RGPS.

TEXTO ORIGINAL	TEXTO MODIFICADO
Art. 39.	Art. 39. ....

TEXTO ORIGINAL	TEXTO MODIFICADO
§ 9º INEXISTENTE	§ 9º É vedada a incorporação de vantagens de caráter temporário ou vinculadas ao exercício de função de confiança ou de cargo em comissão à remuneração do cargo efetivo.

"Art. 39. ....

....

§ 9º É vedada a incorporação de vantagens de caráter temporário ou vinculadas ao exercício de função de confiança ou de cargo em comissão à remuneração do cargo efetivo." (NR)

Esse novo parágrafo – o § 9º – traz para a política de administração e remuneração de pessoal a expressa e contundente vedação de incorporação de vantagens de caráter temporário ou vinculadas ao exercício de função de confiança ou de cargo em comissão à remuneração do cargo efetivo. A norma elimina, assim, o argumento da estabilidade econômica depois de algum tempo de permanência em atribuições de confiança com o recebimento de gratificação adicional.

A **remuneração do cargo efetivo** é aquela insuscetível de supressão do patrimônio retributivo do servidor, pois adquirida pelo desempenho efetivo do cargo, a exemplo do vencimento básico. Ao lado da remuneração do cargo efetivo estão, numa acepção genérica, as chamadas **vantagens pecuniárias**, compreendidas como acréscimos de estipêndio atribuídos em caráter **definitivo** ou em caráter **transitório**.

Nesse ponto é importante salientar que a vedação normativa aqui em análise alcança **apenas** a incorporação de vantagens de caráter temporário, entre as quais se incluem, pois salientadas pela redação do dispositivo em análise, justamente para não deixar margem para dúvida, as vinculadas ao exercício de função de confiança e as vinculadas ao exercício de cargo em comissão.

Além das vantagens de caráter definitivo não estão incluídas na regra de vedação à incorporação, motivo pelo qual não há falar-se em risco de não integração de acréscimos estipendiais como, por exemplo, a retribuição de titulação para os professores ou ainda o adicional por tempo de serviço, entre outros.

A medida de não incorporação de vantagens temporárias já foi tornada norma jurídica na esfera privada por ocasião da reforma trabalhista de 2017, instituída pela Lei n. 13.467/2017. Como se sabe, o art. 468 da CLT ganhou um parágrafo adicional (o § 2º) com a finalidade específica de afrontar diretamente a jurisprudência contida na Súmula 372, I, do TST, e que se posicionava no sentido de que "percebida a gratificação de função por **dez ou mais anos** pelo empregado, se o empregador, sem justo motivo, revertê-lo a seu cargo efetivo, não poderá retirar-lhe a gratificação tendo em vista o princípio da estabilidade financeira" (destaques não constantes do original).

O referido § 2º do art. 468 da CLT representou a antípoda do posicionamento jurisprudencial até então adotado, pois ali se previu que a alteração de que trata o § 1º do art. 468 da CLT (reversão do empregado ao cargo originário, depois de ter passado algum tempo em função de confiança), com ou sem justo motivo, não assegura ao empregado o direito à manutenção do pagamento da gratificação correspondente, que não será incorporada, independentemente do tempo de exercício da respectiva função.

A mesma política de pessoal chegou à esfera pública e esta nova regra foi criada decerto a partir da evidência de uma pletora de pretensões – administrativas e judiciárias – de incorporação das gratificações recebidas em virtude da atuação dos servidores em diretorias ou chefias durante certo tempo.

Anote-se aqui que essa regra somente vale a partir da vigência desta Emenda Constitucional. Antes disso, aplica-se o sistema de incorporações que precedentemente vigia. Esse, aliás, é o texto expresso de disposição transitória que expressamente assim se manifesta no art. 13:

> *Art. 13. Não se aplica o disposto no § 9º do art. 39 da Constituição Federal a parcelas remuneratórias decorrentes de incorporação de vantagens de caráter temporário ou vinculadas ao exercício de função de confiança ou de cargo em comissão efetivada até a data de entrada em vigor desta Emenda Constitucional.*

O dispositivo acima transcrito será analisado mais adiante, observada a sequência do texto normativo, mas antecipadamente fica aqui anotado.

TEXTO ORIGINAL	TEXTO MODIFICADO
Art. 40. Aos servidores titulares de cargos efetivos da União, dos Estados, do Distrito Federal e dos Municípios, incluídas suas autarquias e fundações, é assegurado regime de previdência de caráter contributivo e solidário, mediante contribuição do respectivo ente público, dos servidores ativos e inativos e dos pensionistas, observados critérios que preservem o equilíbrio financeiro e atuarial e o disposto neste artigo. (Redação dada pela Emenda Constitucional n. 41, 19-12-2003)	Art. 40. O regime próprio de previdência social dos servidores titulares de cargos efetivos terá caráter contributivo e solidário, mediante contribuição do respectivo ente federativo, de servidores ativos, de aposentados e de pensionistas, observados critérios que preservem o equilíbrio financeiro e atuarial.

"Art. 40. O regime próprio de previdência social dos servidores titulares de cargos efetivos terá caráter contributivo e solidário, mediante contribuição do respectivo ente federativo, de servidores ativos, de aposentados e de pensionistas, observados critérios que preservem o equilíbrio financeiro e atuarial.

O *caput* do ora analisado art. 40 recebeu nova redação para deixar claro que o mencionado dispositivo é a "casa constitucional" do chamado "regime próprio de previdência social dos servidores titulares de cargos efetivos", ao lado de outras "casas", que cuidam dos *ainda* paralelos regimes previdenciários sociais "geral" (art. 201) e dos militares (arts. 42 e 142). Diz-se "cuidam dos *ainda* paralelos", porque, em rigor, o regime próprio de previdência social encontra-se num processo de extinção. O § 22 do art. 40, introduzido pelo substitutivo, estabelece, aliás, que lei complementar disporá sobre os residuais regimes próprios, deixando patente que é vedada a criação de qualquer outro regime próprio. Veja-se:

Art. 40. [...]
[...]
§ 22. Vedada a instituição de novos regimes próprios de previdência social, lei complementar federal estabelecerá, para os que já existam, normas gerais de organização, de funcionamento e de responsabilidade em sua gestão, dispondo, entre outros aspectos, sobre [...]

Logo, aqueles que fazem parte dos atuais regimes próprios de previdência social integram claramente um "quadro em extinção"[2], cabendo à **lei complementar federal** estabelecer, para os que já existam, normas gerais de organização, de funcionamento e de responsabilidade em sua gestão. Isso será motivo de comentários no referido § 22 do ora analisado art. 40. Nesse ponto é relevante salientar que a gestão normativa desse "quadro em extinção" não caberá a cada um dos entes federados que os criaram, mas à União, mediante a referida lei complementar federal. A assunção dessa matéria pela legislação complementar federal é concebida de forma positiva, porque unificará as soluções tomadas, evitando discrepâncias, privilégios ou tratamentos jurídicos diferenciados.

A Emenda Constitucional ora comentada, portanto, prenuncia o **sistema único de Previdência Social** (absorção dos RPPS pelo RGPS) que, possivelmente, depois da confluência, chamar-se-á RPS (Regime de Previdência Social).

Em outra mudança o novo texto do *caput* do art. 40 da Constituição da República substituiu a referência a "ente público" – conceito mais amplo e que envolve não apenas União, Estados, Distrito Federal e Municípios, mas também as

---

2 Segundo dados da Secretaria de Previdência (disponível em http://www.previdencia.gov.br/dados-abertos/estatisticas-e-informacoes-dos-rpps/), há **2.138** diferentes regimes próprios de previdência social em municípios, Estados e Distrito Federal, isso sem contar a própria União, que igualmente possui um regime previdenciário social próprio.

suas autarquias e fundações – pela menção a "ente federativo" – conceito mais restrito, que somente envolve União, Estados, Distrito Federal e Municípios.

Essa modificação foi realizada com o objetivo de dar melhor técnica ao texto, sanando dúvidas sobre qual seria o ente público em relação ao qual se faz menção. Afinal, não há regimes próprios de previdência social instituídos por autarquias públicas nem por fundações públicas. Ao referir "ente federativo", o legislador constitucional, portanto, tornou clara a referência a regimes próprios instituídos unicamente pelas pessoas jurídicas de direito publico interno referidas no art. 18 da Constituição da República.

Foi, assim, extirpada a única referência constitucional feita atecnicamente à expressão "ente público". Há, porém, menções em outros dispositivos à expressão "ente federativo", todas corretamente empregadas, tais quais aquelas já visíveis no § 16 do art. 166 da Constituição e no § 9º, III, do art. 97 do ADCT.

Outra mudança produzida na redação do *caput* do art. 40 diz respeito ao rol dos cidadãos contribuintes. A redação anterior mencionava "servidores ativos", "inativos" e "pensionistas". A menção aos [servidores] "inativos" foi substituída pela referência aos "aposentados". A intenção foi a de distinguir claramente a "inatividade" relacionada aos militares da "aposentadoria", atinente aos civis. Essa lógica vocabular é empregada em todo o texto da Emenda Constitucional.

TEXTO ORIGINAL	TEXTO MODIFICADO
§ 1º Os servidores abrangidos pelo regime de previdência de que trata este artigo serão aposentados, calculados os seus proventos a partir dos valores fixados na forma dos §§ 3º e 17. (Redação dada pela Emenda Constitucional n. 41, 19-12-2003)	§ 1º O servidor abrangido por regime próprio de previdência social será aposentado:

§ 1º O servidor abrangido por regime próprio de previdência social será aposentado:

O § 1º do art. 40 da Constituição da República cuida das modalidades de aposentadoria do servidor abrangido por regime próprio de previdência social. A nova redação é bastante singela e direta, deixando-se às claras a intenção de regulamentação da matéria mediante legislação infraconstitucional.

Note-se que a redação anterior era rica em comandos reveladores das fórmulas de cálculo, sendo digna de lembrança a redação indicativa de que os servidores abrangidos pelo referido artigo eram aposentados pelas modalidades ali indicadas, "calculados os seus proventos a partir dos valores fixados na forma dos

§§ 3º e 17". A redação atual quase tudo desconstitucionaliza e remete para lei ordinária do respectivo ente federativo.

TEXTO ORIGINAL	TEXTO MODIFICADO
I – por invalidez permanente, sendo os proventos proporcionais ao tempo de contribuição, exceto se decorrente de acidente em serviço, moléstia profissional ou doença grave, contagiosa ou incurável, na forma da lei; (Redação dada pela Emenda Constitucional n. 41, 19-12-2003)	I – por incapacidade permanente para o trabalho, no cargo em que estiver investido, quando insuscetível de readaptação, hipótese em que será obrigatória a realização de avaliações periódicas para verificação da continuidade das condições que ensejaram a concessão da aposentadoria, na forma de lei do respectivo ente federativo;

I – por incapacidade permanente para o trabalho, no cargo em que estiver investido, quando insuscetível de readaptação, hipótese em que será obrigatória a realização de avaliações periódicas para verificação da continuidade das condições que ensejaram a concessão da aposentadoria, na forma de lei do respectivo ente federativo;

....

O atual § 1º, I, do art. 40 da Constituição da República prevê que o servidor abrangido por regime próprio de previdência social será aposentado por incapacidade permanente para o trabalho, no cargo em que estiver investido, quando insuscetível de readaptação, hipótese em que será obrigatória a realização de avaliações periódicas para verificação da continuidade das condições que ensejaram a concessão da aposentadoria.

Note-se, de início, que o legislador constitucional abandonou a ideia de "invalidez permanente", substituindo-a pela de "incapacidade permanente", algo que é evidenciado em todo o texto da Emenda Constitucional, inclusive na nova redação dada ao inciso I do art. 201 da Constituição Federal. Não há nenhuma referência à palavra "invalidez", pois ela traz em si a carga semântica da "imprestabilidade", da "inutilidade", ideias que, por motivo não apenas relacionado ao equilíbrio financeiro e atuarial, mas também à dignidade do próprio trabalhador, se quis afastar.

A "incapacidade permanente" para o cargo em que o segurado estiver investido, apesar de qualificada por uma adjetivação que sugere definitividade, não mais se caracterizará pela perenidade. Afinal, mesmo quando insuscetível de readaptação, o beneficiário será obrigado a realizar avaliações periódicas para verificação da continuidade das condições que ensejaram a concessão da aposentadoria. Isso significa, na prática, que aquela aposentadoria por invalidez permanente que antes se outorgava de forma definitiva, isenta de vigilância e de avaliações periódicas, simplesmente acabou.

Aliás, se o segurado for suscetível de readaptação – justamente aquela referida no § 13 do art. 37 do texto constitucional – não haverá falar-se sequer em incapacidade para o trabalho.

Outro ponto a considerar é que, diferentemente da redação anterior, o dispositivo ora em análise nada dispõe sobre a composição dos proventos de aposentadoria, matéria remetida para as disposições infraconstitucionais e, até a chegada delas, às regras de transição contidas no art. 26 desta Emenda Constitucional. Antes, como se sabe, o aposentado por invalidez permanente recebia proventos proporcionais ao tempo de contribuição, independentemente do tempo de serviço, exceto se o jubilamento tivesse decorrido de "acidente em serviço, moléstia profissional ou doença grave, contagiosa ou incurável, na forma da lei", vale dizer, de causas ocupacionais ou de moléstia considerada, na forma da lei, como grave, contagiosa ou incurável, desde que, associado a isso, fosse constatada a incapacidade laborativa.

TEXTO ORIGINAL	TEXTO MODIFICADO
III – voluntariamente, desde que cumprido tempo mínimo de dez anos de efetivo exercício no serviço público e cinco anos no cargo efetivo em que se dará a aposentadoria, observadas as seguintes condições: (Redação dada pela Emenda Constitucional n. 20, de 15-12-1998) a) sessenta anos de idade e trinta e cinco de contribuição, se homem, e cinquenta e cinco anos de idade e trinta de contribuição, se mulher; (Redação dada pela Emenda Constitucional n. 20, de 15-12-1998) b) sessenta e cinco anos de idade, se homem, e sessenta anos de idade, se mulher, com proventos proporcionais ao tempo de contribuição. (Redação dada pela Emenda Constitucional n. 20, de 15-12-1998)	III – no âmbito da União, aos 62 (sessenta e dois) anos de idade, se mulher, e aos 65 (sessenta e cinco) anos de idade, se homem, e, no âmbito dos Estados, do Distrito Federal e dos Municípios, na idade mínima estabelecida mediante emenda às respectivas Constituições e Leis Orgânicas, observados o tempo de contribuição e os demais requisitos estabelecidos em lei complementar do respectivo ente federativo.

III – no âmbito da União, aos 62 (sessenta e dois) anos de idade, se mulher, e aos 65 (sessenta e cinco) anos de idade, se homem, e, no âmbito dos Estados, do Distrito Federal e dos Municípios, na idade mínima estabelecida mediante emenda às respectivas Constituições e Leis Orgânicas, observados o tempo de contribuição e os demais requisitos estabelecidos em lei complementar do respectivo ente federativo.

O novo § 1º, III, do art. 40 da Constituição da República dispõe no sentido de que o servidor abrangido por regime próprio de previdência social da União será aposentado voluntariamente, ou seja, a seu pedido, de forma espontânea, a partir do momento em que alcançar, além de outros requisitos cumulativos, a idade mínima **de 62 (sessenta e dois) anos de idade, se mulher, e de 65 (sessenta e cinco) anos de idade, se homem.**

Idade mínima		62 anos para mulheres		65 anos para homens

Observe-se que, ao contrário do que se esperava, o novo texto constitucional não estabeleceu para a regra permanente um gradualismo de mudança da idade com o passar dos anos, o que permitiria a renovação automática da própria norma. Esse gradualismo somente aparece entre as regras de transição, que mais adiante serão analisadas.

No âmbito dos Estados, do Distrito Federal e dos Municípios, porém, a idade mínima haverá de ser estabelecida mediante emenda às respectivas Constituições e Leis Orgânicas, observados o tempo de contribuição e os demais requisitos estabelecidos em lei complementar do respectivo ente federativo.

TEXTO ORIGINAL	TEXTO MODIFICADO
§ 2º Os proventos de aposentadoria e as pensões, por ocasião de sua concessão, não poderão exceder a remuneração do respectivo servidor, no cargo efetivo em que se deu a aposentadoria ou que serviu de referência para a concessão da pensão. (Redação dada pela Emenda Constitucional n. 20, de 15-12-1998)	§ 2º Os proventos de aposentadoria não poderão ser inferiores ao valor mínimo a que se refere o § 2º do art. 201 ou superiores ao limite máximo estabelecido para o Regime Geral de Previdência Social, observado o disposto nos §§ 14 a 16.

§ 2º Os proventos de aposentadoria não poderão ser inferiores ao valor mínimo a que se refere o § 2º do art. 201 ou superiores ao limite máximo estabelecido para o Regime Geral de Previdência Social, observado o disposto nos §§ 14 a 16.

O novo § 2º do art. 40 da Constituição Federal não mais estabelece o limite máximo de aposentadorias e pensões com base na *"remuneração do respectivo servidor"*, no cargo efetivo em que se deu a aposentadoria ou que serviu de referência para a concessão da pensão. O referencial passou a ser o mesmo aplicável aos segurados do regime geral da previdência social, na linha da precitada unificação dos regimes.

O texto agora prevê que os proventos de aposentadoria – e a referência diz respeito unicamente a eles, **não mais mencionando as pensões** – não poderão ser inferiores ao valor mínimo a que se refere o § 2º do art. 201 (o salário mínimo), tampouco superiores ao limite máximo estabelecido para o Regime Geral de Previdência Social, observada a possibilidade de opção pelo regime de previdência complementar.

TEXTO ORIGINAL	TEXTO MODIFICADO
§ 3º Para o cálculo dos proventos de aposentadoria, por ocasião da sua concessão, serão consideradas as remunerações utilizadas como base para as contribuições do servidor aos regimes de previdência de que tratam este artigo e o art. 201, na forma da lei. (Redação dada pela Emenda Constitucional n. 41, 19-12-2003)	§ 3º As regras para cálculo de proventos de aposentadoria serão disciplinadas em lei do respectivo ente federativo.

§ 3º As regras para cálculo de proventos de aposentadoria serão disciplinadas em lei do respectivo ente federativo.

O § 3º do art. 40 da Constituição Federal foi alterado na linha da desconstitucionalização das regras que disciplinam o cálculo dos proventos de aposentadoria. A partir da vigência do dispositivo, não mais serão considerados os referenciais anteriormente indicados na Constituição. Antes, como se pode observar na comparação entre os textos, a lei constitucional previa que para o cálculo dos proventos de aposentadoria se consideravam *"as remunerações utilizadas como base para as contribuições"* do servidor aos regimes de previdência de que tratam este artigo e o art. 201, na forma da lei. O cálculo, portanto, levando em conta a base de cálculo acima anunciada, era realizado segundo orientações contidas em cada uma das leis dos regimes de previdência social, especificamente a Lei n. 8.112/1990 no tocante ao regime próprio dos servidores públicos federais.

TEXTO ORIGINAL	TEXTO MODIFICADO
§ 4º É vedada a adoção de requisitos e critérios diferenciados para a concessão de aposentadoria aos abrangidos pelo regime de que trata este artigo, ressalvados, nos termos definidos em leis complementares, os casos de servidores: (Redação dada pela Emenda Constitucional n. 47, de 2005)	§ 4º É vedada a adoção de requisitos ou critérios diferenciados para concessão de benefícios em regime próprio de previdência social, ressalvado o disposto nos §§ 4º-A, 4º-B, 4º-C e 5º.

TEXTO ORIGINAL	TEXTO MODIFICADO
I – portadores de deficiência; (Incluído pela Emenda Constitucional n. 47, de 2005) II – que exerçam atividades de risco; (Incluído pela Emenda Constitucional n. 47, de 2005) III – cujas atividades sejam exercidas sob condições especiais que prejudiquem a saúde ou a integridade física. (Incluído pela Emenda Constitucional n. 47, de 2005)	

§ 4º É vedada a adoção de requisitos ou critérios diferenciados para concessão de benefícios em regime próprio de previdência social, ressalvado o disposto nos §§ 4º-A, 4º-B, 4º-C e 5º.

O § 4º do art. 40 da Constituição Federal, na mesma linha adotada na redação anterior, veda a adoção de requisitos ou critérios diferenciados para a concessão de benefícios em regime próprio de previdencia social, mas ressalva as situações previstas nos §§ 4º-A, 4º-B, 4º-C e 5º acerca dos quais se fará comentário específico. Cabe anotar que, em mudança sutil, o texto anterior referia a vedação "a adoção de requisitos **e** critérios diferenciados", passando o texto atual a referir a vedação "a adoção de requisitos **ou** critérios diferenciados", tornado assim, com o conectivo "ou", mais ampla a força da negativa.

A segunda sutileza foi evidenciada na menção à "concessão de **benefícios**", quaisquer que sejam, e não apenas à "concessão de **aposentadorias**". Segundo a redação atual, nenhum dos **benefícios** previstos no rol daqueles desfrutáveis pelos segurados do RPPS – e não apenas a aposentadoria – poderá ter requisito ou critério diferenciado, exceto, como dito, aqueles expressamente consignados como tais pelo texto constitucional.

TEXTO ORIGINAL	TEXTO MODIFICADO
§ 4º-A INEXISTENTE	§ 4º-A Poderão ser estabelecidos por lei complementar do respectivo ente federativo idade e tempo de contribuição diferenciados para aposentadoria de servidores com deficiência, previamente submetidos a avaliação biopsicossocial realizada por equipe multiprofissional e interdisciplinar.

§ 4º-A Poderão ser estabelecidos por lei complementar do respectivo ente federativo idade e tempo de contribuição diferenciados para aposentadoria de servidores com deficiência, previamente submetidos a avaliação biopsicossocial realizada por equipe multiprofissional e interdisciplinar.

A primeira situação diferenciada consta do § 4º-A, segundo o qual podem ser estabelecidos, **mediante lei complementar** federal, estadual, distrital ou municipal, **idade** e **tempo de contribuição** diferenciados para a aposentadoria de **servidores com deficiência**.

Note-se que o novo texto abandonou a anacrônica expressão "servidores portadores de deficiência", preferindo, com razão, "servidores com deficiência", na linha da nomenclatura preconizada pela Convenção Internacional sobre os Direitos das Pessoas com Deficiência (Nova York, 2006) e pela Lei n. 13.146, de 6 de julho de 2015, conhecida como Estatuto da Pessoa com Deficiência

Esse tratamento jurídico diferenciado aos servidores com deficiência pressupõe o submetimento prévio a uma avaliação biopsicossocial, assim entendida a análise detalhada e tridimensional que aprecia a causa ou o progresso da deficiência a partir de fatores biológicos (fundados, por exemplo, em genética e bioquímica), psicológicos (lastreados, entre outros, na avaliação da personalidade, do comportamento e do humor) e sociais (egressos, por exemplo, das relações culturais, familiares ou socioeconômicas).

O § 1º do art. 2º da Lei n. 13.146, de 6 de julho de 2015, conhecida como Estatuto da Pessoa com Deficiência, cuida desse modelo de avaliação biopsicossocial, e assim dispõe sobre o assunto:

Art. 2º [...]
§ 1º A avaliação da deficiência, quando necessária, será biopsicossocial, realizada por equipe multiprofissional e interdisciplinar e considerará:
I – os impedimentos nas funções e nas estruturas do corpo;
II – os fatores socioambientais, psicológicos e pessoais;
III – a limitação no desempenho de atividades; e
IV – a restrição de participação.

A equipe que realiza a avaliação biopsicossocial, dada a anunciada tridimensionalidade da análise, deve ser **multiprofissional** e **interdisciplinar**, ou seja, dotada, ao menos, de profissionais das áreas biomédica, psicológica e de serviço social.

TEXTO ORIGINAL	TEXTO MODIFICADO
§ 4º-B INEXISTENTE	§ 4º-B Poderão ser estabelecidos por lei complementar do respectivo ente federativo idade e tempo de contribuição diferenciados para aposentadoria de ocupantes do cargo de agente penitenciário, de

TEXTO ORIGINAL	TEXTO MODIFICADO
	agente socioeducativo ou de policial dos órgãos de que tratam o inciso IV do *caput* do art. 51, o inciso XIII do *caput* do art. 52 e os incisos I a IV do *caput* do art. 144.

§ 4º-B Poderão ser estabelecidos por lei complementar do respectivo ente federativo idade e tempo de contribuição diferenciados para aposentadoria de ocupantes do cargo de agente penitenciário, de agente socioeducativo ou de policial dos órgãos de que tratam o inciso IV do *caput* do art. 51, o inciso XIII do *caput* do art. 52 e os incisos I a IV do *caput* do art. 144.

Também conseguiram tratamento diferenciado durante o transcurso da Reforma da Previdência os **agentes penitenciários**, os **agentes socioeducativos**, os **policiais da Câmara dos Deputados** (art. 51, IV, da Constituição Federal), os **policiais do Senado Federal** (art. 512, XIII, da Constituição Federal), os **policiais federais, os policiais rodoviários federais, os policiais ferroviários federais e os policiais civis** (referidos nos incisos I a IV do art. 144 da Constituição Federal).

Essa conquista foi, sem dúvida, fruto de grande articulação sindical e de mobilização da categorias.

Segundo a dicção do dispositivo ora em análise, **leis complementares dos respectivos entes federativos poderão estabelecer idade e tempo de contribuição diferenciados** para a aposentadoria dos mencionados cargos, deixando, assim, abertas as portas dos tratamentos diferenciados para a fruição unicamente, entre outros benefícios, da aposentadoria. Enquanto não surjam as leis complementares, serão aplicadas as disposições temporarias previstas nesta Emenda.

TEXTO ORIGINAL	TEXTO MODIFICADO
§ 4º-C INEXISTENTE	§ 4º-C Poderão ser estabelecidos por lei complementar do respectivo ente federativo idade e tempo de contribuição diferenciados para aposentadoria de servidores cujas atividades sejam exercidas com efetiva exposição a agentes químicos, físicos e biológicos prejudiciais à saúde, ou associação desses agentes, vedada a caracterização por categoria profissional ou ocupação.

§ 4º-C Poderão ser estabelecidos por lei complementar do respectivo ente federativo idade e tempo de contribuição diferenciados para aposentadoria de servidores cujas atividades sejam exercidas com efetiva exposição a agentes químicos, físicos e biológicos prejudiciais à saúde, ou associação desses agentes, vedada a caracterização por categoria profissional ou ocupação.

Igualmente, a Emenda Constitucional ora em análise ofereceu tratamento jurídico diferenciado para aposentadoria de servidores cujas atividades sejam exercidas com **efetiva exposição a agentes** químicos, físicos e biológicos prejudiciais à saúde, ou associação destes agentes.

A Emenda Constitucional, porém, não estabeleceu exatamente a idade e o tempo de contribuição exigíveis enquanto regra permanente. **O importante detalhamento poderá ser feito por lei complementar do respectivo ente federativo.** Enquanto não seja publicada essa lei complementar, as disposições transitórias previstas nesta Emenda serão aplicáveis à situação.

O novo texto não mais menciona aqui, no art. 40, a expressão *"condições especiais"*, salvo no âmbito das regras transitórias (vide § 2º do art. 25, aplicável, porém, ao RGPS), o que permite crer que o *nomen iuris* "aposentadoria especial" ou "aposentadoria por tempo de contribuição especial" pode dar espaço, na legislação infraconstitucional, a um tipo possivelmente intitulado genericamente como "aposentadoria diferenciada".

Deixou-se bem claro, por outro lado, que é proibida a caracterização de eventual nocividade por *categoria profissional* ou por *ocupação*. Assim, o texto constitucional afasta pretensões de categorias profissionais ou de específicas ocupações de fruírem aposentadoria por idade e tempo de contribuição diferenciados **pelo simples fato** de realizarem determinadas atividades, a exemplo do que ocorreu, no passado, com os aeronautas.

TEXTO ORIGINAL	TEXTO MODIFICADO
§ 5º Os requisitos de idade e de tempo de contribuição serão reduzidos em cinco anos, em relação ao disposto no § 1º, III, "a", para o professor que comprove exclusivamente tempo de efetivo exercício das funções de magistério na educação infantil e no ensino fundamental e médio. (Redação dada pela Emenda Constitucional n. 20, de 15-12-1998)	§ 5º Os ocupantes do cargo de professor terão idade mínima reduzida em 5 (cinco) anos em relação às idades decorrentes da aplicação do disposto no inciso III do § 1º, desde que comprovem tempo de efetivo exercício das funções de magistério na educação infantil e no ensino fundamental e médio fixado em lei complementar do respectivo ente federativo.

§ 5º Os ocupantes do cargo de professor terão idade mínima reduzida em 5 (cinco) anos em relação às idades decorrentes da aplicação do disposto no inciso III do § 1º, desde que comprovem tempo de efetivo exercício das funções de magistério na educação infantil e no ensino fundamental e médio fixado em lei complementar do respectivo ente federativo.

Os ocupantes do cargo de professor, desde que comprovem tempo de efetivo exercício das funções de magistério na **educação infantil** e no **ensino fundamental** e **médio** fixado em lei complementar do respectivo ente federativo, são destinatários de aposentadoria com idade mínima reduzida.

Perceba-se que a nova redação dada ao dispositivo, ao contrário daquela existente antes da Reforma, não é mais construída *"para o professor"*, mas, restritamente, para *"os ocupantes do cargo de professor"*. Isso produzirá decerto uma limitação dos destinatários da norma. Rememora-se aqui que houve consistente discussão sobre esse tema no Supremo Tribunal Federal, para o qual a função de magistério não se circunscrevia apenas ao trabalho em sala de aula, "abrangendo também a preparação de aulas, a correção de provas, o atendimento aos pais e alunos, a coordenação e o assessoramento pedagógico e, ainda, a direção de unidade escolar". Nos termos da ADIN 3.772, relatada pelo Min. Ayres Britto, as funções de direção, coordenação e assessoramento pedagógico integravam a carreira do magistério, desde que exercidos, em estabelecimentos de ensino básico, por professores de carreira, excluídos os especialistas em educação, fazendo jus aqueles que as desempenham ao regime especial de aposentadoria estabelecido nos arts. 40, § 5º, e 201, § 8º, da Constituição Federal. Há, portanto, margem para uma visão reducionista do conceito do destinatário em exame.

O dispositivo reformado oferece – da mesma forma que o anterior – a redução de cinco anos em relação às idades ordinariamente exigidas para os demais servidores. Assim, observada essa regra permanente, **uma professora poderá aposentar-se aos 57 anos de idade e um professor aos 60 anos de idade.**

Idade mínima		57 anos para mulheres		60 anos para homens

As **regras de transição** serão analisadas nos dispositivos a elas correspondentes.

TEXTO ORIGINAL	TEXTO MODIFICADO
§ 6º Ressalvadas as aposentadorias decorrentes dos cargos acumuláveis na forma desta Constituição, é vedada a percepção de mais de uma aposentadoria à conta do	§ 6º Ressalvadas as aposentadorias decorrentes dos cargos acumuláveis na forma desta Constituição, é vedada a percepção de mais de uma aposentadoria à conta de

TEXTO ORIGINAL	TEXTO MODIFICADO
regime de previdência previsto neste artigo. (Redação dada pela Emenda Constitucional n. 20, de 15-12-1998)	regime próprio de previdência social, aplicando-se outras vedações, regras e condições para a acumulação de benefícios previdenciários estabelecidas no Regime Geral de Previdência Social.

§ 6º Ressalvadas as aposentadorias decorrentes dos cargos acumuláveis na forma desta Constituição, é vedada a percepção de mais de uma aposentadoria à conta de regime próprio de previdência social, aplicando-se outras vedações, regras e condições para a acumulação de benefícios previdenciários estabelecidas no Regime Geral de Previdência Social.

O texto anterior previa apenas, "ressalvadas as aposentadorias decorrentes dos cargos acumuláveis na forma desta Constituição", ser vedada a percepção de mais de uma aposentadoria à conta do regime próprio de previdência social. O texto atual manteve a redação, mas previu, oferecendo reforço às situações previstas no § 5º do art. 24 desta Emenda Constitucional, serem aplicáveis "outras vedações, regras e condições para a acumulação de benefícios previdenciários estabelecidos no Regime Geral da Previdência Social".

Assim, nos termos aqui postos, é vedada a acumulação de mais de uma aposentadoria à conta do regime próprio de previdência social da mesma forma que é vedada a acumulação remunerada de cargos públicos, exceto, quando houver compatibilidade de horários, a de dois cargos de professor; a de um cargo de professor com outro técnico ou científico; e a de dois cargos ou empregos privativos de profissionais de saúde, com profissões regulamentadas.

Nesse sentido, e a título ilustrativo, é plenamente admitida pela norma a acumulação das aposentadorias de magistrado federal e de professor de universidade federal, bem assim a acumulação das aposentadoria de professor da rede pública estadual e municipal de ensino. Não se admite, porém, entre outras situações, a acumulação de proventos de aposentadoria no RPPS de dois cargos técnicos como, por exemplo, auditor da receita federal e oficial de justiça do tribunal regional federal.

Nunca será demasiada a lembrança que o art. 11 da EC n. 20/1998 possibilitava a acumulação, apenas, de um provento de aposentadoria com a remuneração de um cargo na ativa, no qual se tenha ingressado por concurso público antes da edição da referida emenda, ainda que inacumuláveis os cargos. Apenas o direito adquirido, portanto, pode justificar as ocorrências que contrariam o ora vigente texto do § 6º do analisado artigo.

TEXTO ORIGINAL	TEXTO MODIFICADO
§ 7º Lei disporá sobre a concessão do benefício de pensão por morte, que será igual: (Redação dada pela Emenda Constitucional n. 41, 19-12-2003) I – ao valor da totalidade dos proventos do servidor falecido, até o limite máximo estabelecido para os benefícios do regime geral de previdência social de que trata o art. 201, acrescido de setenta por cento da parcela excedente a este limite, caso aposentado à data do óbito; ou (Incluído pela Emenda Constitucional n. 41, 19-12-2003) II – ao valor da totalidade da remuneração do servidor no cargo efetivo em que se deu o falecimento, até o limite máximo estabelecido para os benefícios do regime geral de previdência social de que trata o art. 201, acrescido de setenta por cento da parcela excedente a este limite, caso em atividade na data do óbito. (Incluído pela Emenda Constitucional n. 41, 19-12-2003)	§ 7º Observado o disposto no § 2º do art. 201 quando se tratar da única fonte de renda formal auferida pelo dependente, o benefício de pensão por morte será concedido nos termos de lei do respectivo ente federativo, a qual tratará de forma diferenciada a hipótese de morte dos servidores de que trata o § 4º-B decorrente de agressão sofrida no exercício ou em razão da função.

§ 7º Observado o disposto no § 2º do art. 201 quando se tratar da única fonte de renda formal auferida pelo dependente, o benefício de pensão por morte será concedido nos termos de lei do respectivo ente federativo, a qual tratará de forma diferenciada a hipótese de morte dos servidores de que trata o § 4º-B decorrente de agressão sofrida no exercício ou em razão da função.

O dispositivo constante do § 2º do art. 201 da Constituição Federal, para o qual o ora analisado § 7º faz remissão, não sofreu nenhuma alteração pela Reforma da Previdência. Ele continua a prever que "nenhum benefício que substitua o salário de contribuição ou o rendimento do trabalho do segurado terá valor mensal inferior ao salário mínimo". Esse dispositivo (o referido § 2º), porém, trata de **segurado**, e não de dependente.

O dependente, previsto no ora analisado § 7º, fruirá da mesma proteção apenas "quando se tratar da única fonte de renda formal auferida" por ele, sendo, de todo modo, a pensão por morte concedida nos termos da lei do respectivo ente federativo. Vê-se aqui que a sistemática das pensões por morte pós Emenda Constitucional será objeto de regulamentação, cabendo à presente EC, como se verá, o estabelecimento de regras de transição.

De todo modo, cabe um olhar atento sobre o disposto na parte final do dispostivo, no qual se vê menção à imposição, no âmbito infraconstitucional, de um tratamento diferenciado (e mais favorável) para as pensões por morte dos servidores de que trata o § 4º-B – *agentes penitenciários, agentes socioeducativos, policiais da Câmara dos Deputados, policiais do Senado Federal, policiais federais, policiais rodoviários federais, policiais ferroviários federais e policiais civis* – decorrente de agressão sofrida no exercício ou em razão da função. Entenda-se como ocorrido "no exercício [...] da função" o evento infortunoso que aconteça durante o expediente laboral dos referidos servidores ou no deslocamento de casa para o trabalho ou vice-versa. Por outro lado, entenda-se como ocorrido "em razão dele" o evento que aconteça por motivação diretamente ligada ao trabalho como, por exemplo, atos de vingança contra atos que os referidos servidores praticaram no regular exercício de suas funções.

TEXTO ORIGINAL	TEXTO MODIFICADO
§ 9º O tempo de contribuição federal, estadual ou municipal será contado para efeito de aposentadoria e o tempo de serviço correspondente para efeito de disponibilidade. (Incluído pela Emenda Constitucional n. 20, de 15-12-1998)	§ 9º O tempo de contribuição federal, estadual, distrital ou municipal será contado para fins de aposentadoria, observado o disposto nos §§ 9º e 9º-A do art. 201, e o tempo de serviço correspondente será contado para fins de disponibilidade.

§ 9º O tempo de contribuição federal, estadual, distrital ou municipal será contado para fins de aposentadoria, observado o disposto nos §§ 9º e 9º-A do art. 201, e o tempo de serviço correspondente será contado para fins de disponibilidade.

O § 9º anteriormente vigente previa, singelamente, que o tempo de contribuição federal, estadual ou municipal haveria de ser contado para efeito de aposentadoria e o tempo de serviço correspondente para efeito de disponibilidade. A modificação que passou a viger foi além ao dispor sobre a necessidade de observação do disposto nos §§ 9º e 9º-A do art. 201 da Constituição Federal, que assim dispõe:

> § 9º *Para fins de aposentadoria, será assegurada a contagem recíproca do tempo de contribuição entre o Regime Geral de Previdência Social e os regimes próprios de previdência social, e destes entre si, observada a compensação financeira, de acordo com os critérios estabelecidos em lei.*
> § 9º-A *O tempo de serviço militar exercido nas atividades de que tratam os arts. 42, 142 e 143 e o tempo de contribuição ao Regime Geral de Previdência Social ou a regime próprio de previdência social terão contagem recíproca para fins de inativação militar ou aposentadoria e a compensação financeira será devida entre as receitas de contribuição referentes aos militares e as receitas de contribuição aos demais regimes.*

Note-se que os §§ 9º e 9º-A do art. 201 da Constituição Federal asseguram a "contagem recíproca do tempo de contribuição" entre o RGPS e os RPPS's e destes entre si e também destes em face do *tempo de serviço militar exercido nas atividades de que tratam os arts. 42, 142 e 143*, segundo critérios estabelecidos em lei.

É sempre importante lembrar que a "contagem recíproca do tempo de contribuição" é instituto que pode ser melhor compreendido a partir da ideia de "portabilidade". Assim, se alguém formou tempo de contribuição em algum regime previdenciário pode portá-lo para o regime no qual pretenda dele se valer.

Por fim, cabe deixar anotado que, havendo contagem recíproca para fins de inativação militar ou aposentadoria, a compensação financeira será devida entre as receitas de contribuição referentes aos militares e as receitas de contribuição aos demais regimes.

TEXTO ORIGINAL	TEXTO MODIFICADO
§ 12. Além do disposto neste artigo, o regime de previdência dos servidores públicos titulares de cargo efetivo observará, no que couber, os requisitos e critérios fixados para o regime geral de previdência social. (Incluído pela Emenda Constitucional n. 20, de 15-12-1998)	§ 12. Além do disposto neste artigo, serão observados, em regime próprio de previdência social, no que couber, os requisitos e critérios fixados para o Regime Geral de Previdência Social.

§ 12. Além do disposto neste artigo, serão observados, em regime próprio de previdência social, no que couber, os requisitos e critérios fixados para o Regime Geral de Previdência Social.

O dispositivo se assemelha muito ao anteriormente vigente, inserido pela EC n. 20/1998. Afirmava-se ali que o "regime de previdência dos servidores públicos titulares de cargo efetivo" haveria de observar, no que coubesse, "os requisitos e critérios fixados para o regime geral de previdência social". Houve, em verdade, um ajuste redacional para substituir a expressão "regime de previdência dos servidores públicos titulares de cargo efetivo" por "regime próprio de previdência social".

TEXTO ORIGINAL	TEXTO MODIFICADO
§ 13. Ao servidor ocupante, exclusivamente, de cargo em comissão declarado em lei de livre nomeação e exoneração bem como de outro cargo temporário ou de emprego público, aplica-se o regime geral de previdência social. (Incluído pela Emenda Constitucional n. 20, de 15-12-1998)	§ 13. Aplica-se ao agente público ocupante, exclusivamente, de cargo em comissão declarado em lei de livre nomeação e exoneração, de outro cargo temporário, inclusive mandato eletivo, ou de emprego público, o Regime Geral de Previdência Social.

§ 13. Aplica-se ao agente público ocupante, exclusivamente, de cargo em comissão declarado em lei de livre nomeação e exoneração, de outro cargo temporário, inclusive mandato eletivo, ou de emprego público, o Regime Geral de Previdência Social.

O dispositivo antes vigente tratava do "servidor ocupante". Houve modificação normativa para a mais abrangente forma "agente público ocupante".

Observe-se que o "agente público" é aquele que presta qualquer espécie de serviço ao Estado; é quem desenvolve funções públicas de qualquer natureza, no sentido mais amplo possível dessa expressão, significando qualquer atividade pública. A Lei de Improbidade Administrativa (Lei n. 8.429/1992), aliás, conceitua o agente público como "todo aquele que exerce, ainda que transitoriamente ou sem remuneração, por eleição, nomeação, designação, contratação ou qualquer outra forma de investidura ou vínculo, mandato, cargo, emprego ou função nas entidades mencionadas no artigo anterior". Trata-se, pois, de uma expressão amplíssima.

O novo texto passou a conter, por outro lado, referência também destinada aos "detentores de mandato eletivo", que antes não estavam expressamente referenciados. Desse modo, o detentor de mandato eletivo ou se mantém vinculado ao seu regime próprio de origem, caso seja servidor público, ou será necessariamente inserido no âmbito do Regime Geral de Previdência Social.

TEXTO ORIGINAL	TEXTO MODIFICADO
§ 14. A União, os Estados, o Distrito Federal e os Municípios, desde que instituam regime de previdência complementar para os seus respectivos servidores titulares de cargo efetivo, poderão fixar, para o valor das aposentadorias e pensões a serem concedidas pelo regime de que trata este artigo, o limite máximo estabelecido para os benefícios do regime geral de previdência social de que trata o art. 201. (Incluído pela Emenda Constitucional n. 20, de 15-12-1998)	§ 14. A União, os Estados, o Distrito Federal e os Municípios instituirão, por lei de iniciativa do respectivo Poder Executivo, regime de previdência complementar para servidores públicos ocupantes de cargo efetivo, observado o limite máximo dos benefícios do Regime Geral de Previdência Social para o valor das aposentadorias e das pensões em regime próprio de previdência social, ressalvado o disposto no § 16.

§ 14. A União, os Estados, o Distrito Federal e os Municípios instituirão, por lei de iniciativa do respectivo Poder Executivo, regime de previdência complementar para servidores públicos ocupantes de cargo efetivo, observado o limite máximo dos benefícios do Regime Geral de Previdência Social para o valor das aposentadorias e das pensões em regime próprio de previdência social, ressalvado o disposto no § 16.

O novo texto atualiza o anteriormente vigente, instituído pela EC n. 20/1998. Antes, numa fase de transição, a norma previa que a União, os Estados, o Distrito Federal e os Municípios, **desde que instituíssem regime de previdência complementar** para os seus respectivos servidores titulares de cargo efetivo, **poderiam fixar**, para o valor das aposentadorias e pensões a serem concedidas pelo regime de que trata este artigo, o limite máximo estabelecido para os benefícios do regime geral de previdência social.

O novo texto, diante de uma realidade consolidade, passou a prever, em linguagem impositiva, que "a União, os Estados, o Distrito Federal e os Municípios **instituirão**, por lei de iniciativa do respectivo Poder Executivo, **regime de previdência complementar** para servidores públicos ocupantes de cargo efetivo". Permaneceu vigente, entretanto, a imposição de observância do limite máximo dos benefícios do Regime Geral de Previdência Social para o valor das aposentadorias e das pensões em regime próprio de previdência social.

Com a consolidação das mudanças produzidas desde as publicações das ECs n. 20/1998 e 41/2003 até os dias atuais, pode-se falar na existência de novos servidores públicos já inseridos nesse novo regime próprio de previdência social.

TEXTO ORIGINAL	TEXTO MODIFICADO
§ 15. O regime de previdência complementar de que trata o § 14 será instituído por lei de iniciativa do respectivo Poder Executivo, observado o disposto no art. 202 e seus parágrafos, no que couber, por intermédio de entidades fechadas de previdência complementar, de natureza pública, que oferecerão aos respectivos participantes planos de benefícios somente na modalidade de contribuição definida. (Redação dada pela Emenda Constitucional n. 41, 19-12-2003)	§ 15. O regime de previdência complementar de que trata o § 14 oferecerá plano de benefícios somente na modalidade contribuição definida, observará o disposto no art. 202 e será efetivado por intermédio de entidade fechada de previdência complementar ou de entidade aberta de previdência complementar.

§ 15. O regime de previdência complementar de que trata o § 14 oferecerá plano de benefícios **somente na modalidade contribuição definida**, observará o disposto no art. 202 e será efetivado por intermédio de **entidade fechada de previdência complementar** ou de **entidade aberta de previdência complementar.**

O texto anteriormente vigente previa que o regime de previdência complementar (RPC) previsto no § 14 haveria de ser instituído por lei de iniciativa do respectivo Poder Executivo, observado o disposto no art. 202 e seus parágrafos, no que coubesse, **por intermédio de entidades fechadas de previdência complementar, de natureza pública**, que haveriam de oferecer aos respectivos participantes planos de benefícios somente na modalidade de contribuição definida.

O texto atual produziu poucas, mas significativas modificações. Em rigor, houve um ajuste redacional e a inserção de permissão expressa para que o RPC fosse efetivado não apenas "por intermédio de entidades fechadas de previdência complementar, **de natureza pública**", mas também, sem restrição quanto à natureza pública, "**por intermédio de entidade fechada de previdência complementar ou de entidade aberta de previdência complementar**". Assim, em rigor, o RPC dos servidores públicos poderá, no futuro, ser manejado pela iniciativa privada, inclusive por entidade aberta de previdência complementar.

Apenas para fins de esclarecimento, deixe-se claro que a entidade fechada de previdência complementar é aquela que, constituída na forma de sociedade civil ou fundação, e sem fins lucrativos, e estruturada na forma do art. 35 da Lei Complementar n. 109, de 29 de maio de 2001, tem por objeto operar planos de benefícios de caráter previdenciário acessíveis, exclusivamente aos servidores ou aos empregados dos patrocinadores; e aos associados ou membros dos instituidores.

Por outro lado, a entidade aberta de previdência complementar é aquela, constituída unicamente sob a forma de sociedades anônimas, que tem o objetivo de instituir e de operar planos de benefícios, de caráter previdenciário, concedidos em forma de renda continuada ou pagamento único, *acessíveis a quaisquer pessoas físicas, independentemente de eventuais vínculos de trabalho que possuam*. Ela é regida pelo Decreto-Lei n. 73, de 21 de novembro de 1966, e pela Lei Complementar n. 109, de 29 de maio de 2001, e tem por órgão regulador e órgão fiscalizador o Conselho Nacional de Seguros Privados (CNSP) e a Superintendência de Seguros Privados (SUSEP).

Permanece, entretanto, vigente a restrição à oferta de plano de benefícios somente na modalidade "**contribuição definida**", ou seja, modalidade cujo valor dos benefícios programados se dará na dimensão do montante acumulado a partir de contribuições predefinidas pelo participante e pelo patrocinador, nos estritos termos do regulamento. O benefício a ser recebido variará em função desta quantia acumulada, do tempo de contribuição e da rentabilidade que vier a ser oferecida.

Note-se que o futuro manejo do RPC dos servidores públicos pela iniciativa privada, inclusive por entidade aberta de previdência complementar, somente poderá ocorrer depois de vigente a Lei complementar a que se refere o § 4º do art. 202 da Constituição Federal.

É importante anotar referência à disposição transitória contida no § 6º do art. 9º da Emenda Constitucional sob análise. Consta ali que a instituição do regime de previdência complementar na forma dos analisados §§ 14 a 16 do art. 40 da Constituição Federal e a adequação do órgão ou entidade gestora do regime próprio de previdência social ao § 20 do art. 40 da Constituição Federal **deverão** ocorrer no prazo máximo de dois anos da data de entrada em vigor da Emenda Constitucional aqui em análise.

Outra disposição transitória que merece menção é aquela constante do art. 33 da Emenda Constitucional aqui comentada, segundo a qual, "**até que seja disciplinada a relação entre a União, os Estados, o Distrito Federal e os Municípios e entidades abertas de previdência complementar** na forma do disposto nos §§ 4º e 5º do art. 202 da Constituição Federal, **somente entidades fechadas de previdência complementar estão autorizadas a administrar planos de benefícios patrocinados pela União, Estados, Distrito Federal ou Municípios**, inclusive suas autarquias, fundações, sociedades de economia mista e empresas controladas direta ou indiretamente.

TEXTO ORIGINAL	TEXTO MODIFICADO
§ 19. O servidor de que trata este artigo que tenha completado as exigências para aposentadoria voluntária estabelecidas no § 1º, III, a, e que opte por permanecer em atividade fará jus a um abono de permanência equivalente ao valor da sua contribuição previdenciária até completar as exigências para aposentadoria compulsória contidas no § 1º, II. (Incluído pela Emenda Constitucional n. 41, 19-12-2003)	§ 19. Observados critérios a serem estabelecidos em lei do respectivo ente federativo, o servidor titular de cargo efetivo que tenha completado as exigências para a aposentadoria voluntária e que opte por permanecer em atividade poderá fazer jus a um abono de permanência equivalente, no máximo, ao valor da sua contribuição previdenciária, até completar a idade para aposentadoria compulsória.

§ 19. Observados critérios a serem estabelecidos em lei do respectivo ente federativo, o servidor titular de cargo efetivo que tenha completado as exigências para a aposentadoria voluntária e que opte por permanecer em atividade poderá fazer jus a um abono de permanência equivalente, no máximo, ao valor da sua contribuição previdenciária, até completar a idade para aposentadoria compulsória.

A mais sensível alteração do texto é encontrável na sua forma verbal. Antes, a norma constitucional trazida pela EC n. 41/2003 previa, **sem fazer menção a supostos critérios**, que o segurado do regime próprio da previdencia social que tivesse completado as exigências para aposentadoria voluntária, e que optasse por permanecer em atividade, **fazia jus** a um abono de permanência equivalente ao valor da sua contribuição previdenciária até completar as exigências para aposentadoria compulsória.

A reforma da previdência, **mais contida**, modificou a redação anterior para prever que, **observados critérios a serem estabelecidos em lei do respectivo ente federativo**, o servidor titular de cargo efetivo que tenha completado as exigências para a aposentadoria voluntária e que opte por permanecer em atividade "**poderá fazer jus**" a um abono de permanência equivalente, **no máximo**, ao valor da sua contribuição previdenciária, até completar a idade para aposentadoria compulsória.

É sempre bom trazer à lembrança o objetivo desse abono de permanência. Ele foi criado para dar maior economia para o Estado que, com a permanência do servidor na ativa, conseguiria postergar no tempo a dupla despesa de pagar, cumulativamente, proventos ao aposentado e os vencimentos daquele que o substituiria.

A nova redação do texto constitucional sugere que a regulamentação a ser adotada levará em conta a relação entre o quadro de servidores e as atividades exigidas pelo órgão de modo que seja possível avaliar, entre os futuros aposentáveis (tirante disso quem já tem direito ao abono de permanência, é claro), se a entrada de um substituto para eles seria ou não impositiva diante das exigências do serviço.

Quando não for exigida a reposição, provavelmente não se dará o abono de permanência; quando for exigida a reposição de servidor no cargo, o estímulo do abono de permanência se justificará. Desse modo, fica bem clara a pretensão de mudança da forma verbal imperativa "fará jus a um abono de permanência" por "poderá fazer jus a um abono de permanência".

Merecem destaque as regras provisórias sobre o assunto.

O § 3º do art. 3º da presente EC prevê que, **até que entre em vigor lei federal de que trata o § 19 do art. 40 da Constituição Federal, o servidor que tenha cumprido os requisitos para aposentadoria voluntária** com base no disposto na alínea "a" do inciso III do § 1º do art. 40 da Constituição Federal, na redação vigente até a data de entrada em vigor desta Emenda Constitucional, no art. 2º, no § 1º do art. 3º ou no art. 6º da Emenda Constitucional n. 41, de 2003, ou no art. 3º da Emenda Constitucional n. 47, de 2005, e que optar por permanecer em atividade, **fará jus a um abono de permanência equivalente ao valor da sua contribuição previdenciária, até completar a idade para aposentadoria compulsória**. Essa previsão mantém o direito adquirido de quem já tinha cumprido todos os requisitos para a fruição do abono de permanência segundo regras que vigiam antes da publicação da presente Emenda Constitucional, como, aliás, sempre há de ser, mas a manutenção da vantagem se dará "até que entre em vigor lei federal de que trata o § 19 do art. 40 da Constituição Federal".

O art. 8º da presente Emenda Constitucional revisita o tema do abono de permanência para também dizer que, até que entre em vigor lei federal de que trata o § 19 do art. 40 da Constituição Federal, **o servidor público federal que cumprir as exigências para a concessão da aposentadoria voluntária, nos ter-**

mos das regras de transição nela própria contidas (conforme o disposto nos seus arts. 4º, 5º, 20, 21 e 22) e que optar por permanecer em atividade, **também fará jus** a um abono de permanência equivalente ao valor da sua contribuição previdenciária, até completar a idade para aposentadoria compulsória. Essa previsão igualmente mantém o direito adquirido de quem já cumpriu os requisitos para a aposentação segundo a EC que ora se examina e que consequentemente tem o direito subjetivo de receber o abono aqui analisado, mas a manutenção da vantagem se dará "até que entre em vigor lei federal de que trata o § 19 do art. 40 da Constituição Federal".

TEXTO ORIGINAL	TEXTO MODIFICADO
§ 20. Fica vedada a existência de mais de um regime próprio de previdência social para os servidores titulares de cargos efetivos, e de mais de uma unidade gestora do respectivo regime em cada ente estatal, ressalvado o disposto no art. 142, § 3º, X. (Incluído pela Emenda Constitucional n. 41, 19-12-2003)	§ 20. É vedada a existência de mais de um regime próprio de previdência social e de mais de um órgão ou entidade gestora desse regime em cada ente federativo, abrangidos todos os poderes, órgãos e entidades autárquicas e fundacionais, que serão responsáveis pelo seu financiamento, observados os critérios, os parâmetros e a natureza jurídica definidos na lei complementar de que trata o § 22.

§ 20. É vedada a existência de mais de um regime próprio de previdência social e de mais de um órgão ou entidade gestora desse regime em cada ente federativo, abrangidos todos os poderes, órgãos e entidades autárquicas e fundacionais, que serão responsáveis pelo seu financiamento, observados os critérios, os parâmetros e a natureza jurídica definidos na lei complementar de que trata o § 22.

O novo § 20 do art. 40 da Constituição Federal deve ser analisado de forma sistemática com o § 22 do mesmo dispositivo normativo. Em rigor, novos regimes próprios de previdência social não mais poderão ser criados.

Os regimes próprios remanescentes são mantidos como quadros em extinção. Independentemente disso, porém, entre os regimes próprios ainda existentes há uma regra de efeito imediato visível no ora analisado § 20, para o qual "fica vedada a existência de mais de um regime próprio de previdência social e de mais de um órgão ou entidade gestora deste regime em cada ente federativo". Assim, há imediata restrição no sentido de que somente se pode admitir um único regime, o qual, de todo modo, passa a ser, como antedito, um quadro em extinção.

A título comparativo, o texto autal é diferente do anteriormente vigente que também vedava a "existência de mais de um regime próprio de previdência social para os servidores titulares de cargos efetivos, e de mais de uma unidade gestora do respectivo regime em cada ente estatal", **mas nada previa expressamente sobre a abrangência a todos os poderes,** órgãos e entidades autárquicas e fundacionais, **tampouco sobre a responsabilidade destes pelo seu financiamento,** segundo os critérios, os parâmetros e a natureza jurídica definidos na lei complementar de que trata o § 22.

TEXTO ORIGINAL	TEXTO MODIFICADO
§ 21. A contribuição prevista no § 18 deste artigo incidirá apenas sobre as parcelas de proventos de aposentadoria e de pensão que superem o dobro do limite máximo estabelecido para os benefícios do regime geral de previdência social de que trata o art. 201 desta Constituição, quando o beneficiário, na forma da lei, for portador de doença incapacitante. (Incluído pela Emenda Constitucional n. 47, de 2005)	§ 21. (REVOGADO).

§ 21. (Revogado).

O ora revogado § 21 tinha (no passado) certa relação com o também revogado § 18 do art. 40 do texto constitucional. A norma ora em análise – e não mais exigível – dispunha que a contribuição prevista no § 18 deveria incidir apenas sobre as parcelas de **proventos de aposentadoria e de pensão** que superassem o **dobro do limite máximo** estabelecido para os benefícios do regime geral de previdência social, **quando o beneficiário**, na forma da lei, **fosse portador de doença incapacitante.**

Assim, esse dispositivo, que prevê um tratamento diferenciado em favor do portador de doença incapacitante, desaparece do sistema jurídico, e, decerto, se mantida a linha do entendimento do STF, nem mesmo ensejará o direito adquirido para quem da vantagem se vale. Diz-se isso porque o Supremo já teve oportunidade de manifestar-se no sentido de que não há direito adquirido à não tributação, e assim se posicionou nas ADINs 3.105 e 3.128.

À época, em discussão que envolvia a constitucionalidade do disposto no § 18 do art. 40 da Constituição Federal, ali inserido pela EC n. 41/2003, o STF firmou a tese de que *"não há, em nosso ordenamento, nenhuma norma jurídica válida que, como efeito específico do fato jurídico da aposentadoria, lhe imunize os proventos e as pensões, de modo absoluto, à tributação de ordem constitucional, qualquer que seja a modalidade do tributo eleito, donde não haver, a respeito, direito adquirido com o aposentamento".* Desse modo, salvo posição diversa que vier a ser assumida pelo STF, com a revogação do § 21 do art. 40 da Constituição Federal, o portador de doença incapacitante não mais fruirá da vantagem que a ele se dava.

TEXTO ORIGINAL	TEXTO MODIFICADO
§ 22. INEXISTENTE	§ 22. Vedada a instituição de novos regimes próprios de previdência social, lei complementar federal estabelecerá, para os que já existam, normas gerais de organização, de funcionamento e de responsabilidade em sua gestão, dispondo, entre outros aspectos, sobre: I – requisitos para sua extinção e consequente migração para o Regime Geral de Previdência Social; II – modelo de arrecadação, de aplicação e de utilização dos recursos; III – fiscalização pela União e controle externo e social; IV – definição de equilíbrio financeiro e atuarial; V – condições para instituição do fundo com finalidade previdenciária de que trata o art. 249 e para vinculação a ele dos recursos provenientes de contribuições e dos bens, direitos e ativos de qualquer natureza; VI – mecanismos de equacionamento do déficit atuarial; VII – estruturação do órgão ou entidade gestora do regime, observados os princípios relacionados com governança, controle interno e transparência; VIII – condições e hipóteses para responsabilização daqueles que desempenhem atribuições relacionadas, direta ou indiretamente, com a gestão do regime; IX – condições para adesão a consórcio público; X – parâmetros para apuração da base de cálculo e definição de alíquota de contribuições ordinárias e extraordinárias.

§ 22. Vedada a instituição de novos regimes próprios de previdência social, lei complementar federal estabelecerá, para os que já existam, normas gerais de organização, de funcionamento e de responsabilidade em sua gestão, dispondo, entre outros aspectos, sobre:

O art. 40 da Constituição Federal, na redação anterior, terminava no § 21, sendo, portanto, o § 22 uma novidade. Segundo a sua dicção, é "**vedada a instituição de novos regimes próprios de previdência social**". Partindo dessa premissa, o dispositivo informa que **lei complementar federal** estabelecerá, **para os** que já existam, em qualquer um dos entes federativos, normas gerais de organização, de funcionamento e de responsabilidade em sua gestão. O texto revela, portanto, a face da desconstitucionalização dos parâmetros dos regimes próprios de previdência social.

Do texto é possível extrair duas conclusões bem evidentes. A primeira, é a de que não se pode mais criar nenhum regime próprio de previdencia social por nenhum dos entes federativos. A segunda, é a de que não existe nenhum impedimento no sentido de que sejam extintos aqueles regimes próprios ora existentes. Nesse sentido é valiosa a ponderação de Paulo Modesto:

> *"A reforma proíbe a criação de novos regimes próprios (Art. 40, § 22, da PEC), mas não a extinção dos existentes, embora desde logo vede a 'complementação' de benefícios previdenciários dos servidores estaduais, distritais e municipais que venham a sofrer essa ruptura de regime (Art. 37, § 15, da PEC). Essa última vedação poderia vir a caracterizar abuso de direito e enriquecimento sem causa do ente federativo, mas enunciado constante do Art. 34, II, da PEC estabelece que, em caso de extinção de regime próprio, deve ser estabelecida em lei 'previsão de mecanismo de ressarcimento ou de complementação de benefícios aos que tenham contribuído acima do limite máximo do Regime Geral de Previdência Social'"*[3].

Os incisos que acompanham o referido § 22 deixam claras algumas das situações em relação às quais se oferecerá essa regulamentação infraconstitucional. Perceba-se, porém, que os incisos não anunciam exaustivamente as situações passíveis de ajuste, sendo disso evidência o uso da expressão "entre outros aspectos".

Vejam-se nos próximos itens algo sobre o que possivelmente se regulará mediante lei complementar federal:

I – requisitos para sua extinção e consequente migração para o Regime Geral de Previdência Social;

O texto refere "requisitos para sua extinção", oferecendo um prenúncio do que ocorrerá. Pelo que sugere o inciso I, possivelmente a rota evidenciável envolverá a extinção do regime próprio e a consequente migração para o Regime Geral de Previdência Social até que, no futuro, diante da inexistência de residuais regimes próprios seja possível falar-se unicamente em Regime de Previdência Social.

É importante anotar que existe disposição transitória que trata exatamente desse assunto no art. 34 desta Emenda Constitucional. Veja-se:

---

[3] MODESTO, Paulo. Reforma da Previdência atinge a servidores estaduais, distritais e municipais. In: Revista *Consultor Jurídico*, 5 de setembro de 2019, disponível em: <https://www.conjur.com.br/2019-set-05/reforma-previdencia-atinge-servidores-estaduais-distritais-municipais>.

Art. 34. Na hipótese de extinção por lei de regime previdenciário e migração dos respectivos segurados para o Regime Geral de Previdência Social, serão observados, até que lei federal disponha sobre a matéria, os seguintes requisitos pelo ente federativo:

I – assunção integral da responsabilidade pelo pagamento dos benefícios concedidos durante a vigência do regime extinto, bem como daqueles cujos requisitos já tenham sido implementados antes da sua extinção;

II – previsão de mecanismo de ressarcimento ou de complementação de benefícios aos que tenham contribuído acima do limite máximo do Regime Geral de Previdência Social;

III – vinculação das reservas existentes no momento da extinção, exclusivamente:

a) ao pagamento dos benefícios concedidos e a conceder, ao ressarcimento de contribuições ou à complementação de benefícios, na forma dos incisos I e II; e

b) à compensação financeira com o Regime Geral de Previdência Social.

Parágrafo único. A existência de superávit atuarial não constitui óbice à extinção de regime próprio de previdência social e consequente migração para o Regime Geral de Previdência Social.

A referida disposição transitória torna ainda mais palpável a extinção dos regimes próprios, mesmo daqueles que sejam superavitários sob o ponto de vista atuarial (*vide* o parágrafo único do art. 34 acima transcrito), pois oferece uma tramitação que já foi objeto de um grande "ensaio geral" mediante as opções e as promessas de pagamento de "benefício especial" promovidas nos termos da Lei n. 12.618/2012. O itinerário é o mesmo: migração para o regime geral de previdência social com benefícios que não superem o seu teto + ressarcimento ou de complementação de benefícios aos que tenham contribuído acima do limite máximo do regime geral de previdência social.

II – modelo de arrecadação, de aplicação e de utilização dos recursos;

Uma das maiores preocupações do legislador reformador da previdência é, sem dúvida, a criação de um modelo único e eficiente de arrecadação, de aplicação e de utilização dos recursos previdenciários. Diante disso, não se poderia imaginar que a legislação complementar federal não dispusesse sobre esse que é o mais sensível dos pontos de discussão do moderno direito previdenciário.

III – fiscalização pela União e controle externo e social;

Não bastará a adoção de um modelo único e eficiente de arrecadação, de aplicação e de utilização dos recursos previdenciários. Será indispensável a fiscalização daquilo que se regulou pela União e por sistemas de controle externo e social.

Não se esqueça que o Tribunal de Contas é o órgão constitucionalmente incumbido, nos termos do art. 75 da Constituição Federal, pelo controle externo, como órgão técnico que auxilia no julgamento das contas dos administradores e demais responsáveis por dinheiro público. O controle social, por sua vez, há de ser realizado mediante a interação da sociedade, especialmente porque é necessário ao povo o poder que dele emana. Nessa ordem de ideias, emerge de muitas normas infraconstitucionais pós-Constituição Federal 1988 o princípio da transparência e o consequente incentivo à participação popular e à realização de audiências públicas.

IV – definição de equilíbrio financeiro e atuarial;

Apesar de muitas vezes referenciado no texto constitucional, não há norma que minuciosamente defina e detalhe o que seria efetivamente o "equilíbrio financeiro e atuarial" e quais seriam as condutas exigíveis para a sua manutenção. Desse modo, a lei complementar a que se refere o § 22 do art. 40 da Constituição Federal detalhará o equilíbrio financeiro para além da ideia ampla de que ele constitui garantia de equivalência entre as receitas auferidas e as obrigações devidas em cada exercício financeiro. Igualmente, detalhar-se-á ali o equilíbrio atuarial para além da noção de garantia de equivalência, ao valor presente, entre o fluxo das receitas estimadas e das obrigações projetadas a longo prazo.

V – condições para instituição do fundo com finalidade previdenciária de que trata o art. 249 e para vinculação a ele dos recursos provenientes de contribuições e dos bens, direitos e ativos de qualquer natureza;

A lei complementar federal a que se refere o § 22 do art. 40 da Constituição Federal, entre os seus conteúdos, necessariamente revelará as condições para instituição do fundo com finalidade previdenciária, justamente aquele de que trata o art. 249 do texto constitucional, assim como as condições para a vinculação a ele dos recursos provenientes de contribuições e dos bens, direitos e ativos de qualquer natureza.

Por conta da necessidade de referências cruzadas dentro desta obra, não se esqueça que o referido fundo, criado pela EC n. 20/1998, é mencionado no inciso XII do art. 167 do texto constitucional que, entre outras proibições orçamentárias, veda, na forma estabelecida justamente na lei complementar de que trata o § 22 do art. 40 aqui em análise, "a utilização de recursos de regime próprio de previdência social, **incluídos os valores integrantes dos fundos previstos no art. 249**, para a realização de despesas distintas do pagamento dos benefícios previdenciários do respectivo fundo vinculado àquele regime e das despesas necessárias à sua organização e ao seu funcionamento".

VI – mecanismos de equacionamento do déficit atuarial;

A lei complementar federal a que se refere o § 22 do art. 40 da Constituição Federal precisa identificar os "mecanismos de equacionamento do déficit atuarial" dos regimes próprios. Diz-se isso porque somente assim será possível a constatação da situação que justificaria a cobrança das contribuições extraordinárias previstas nos §§ 1º-A, 1º -B e 1º-C do art. 149 do texto constitucional.

Lembre-se aqui que o déficit atuarial tem ao menos um mecanismo já previsto no texto constitucional. No precitado § 1º-A do art. 149 há previsão expressa no sentido de que "a contribuição ordinária dos aposentados e pensionistas poderá incidir sobre o valor dos proventos de aposentadoria e de pensões que superem o salário mínimo quando houver déficit atuarial".

O problema da ausência de norma específica começará diante da hipótese prevista no § 1º-B do art. 149, pois ali se prevê que, "demonstrada a insuficiência da medida prevista no § 1º-A para equacionar o déficit atuarial, é facultada a instituição de contribuição extraordinária, no âmbito da União, dos servidores públicos ativos, dos aposentados e dos pensionistas".

Essa "contribuição extraordinária" de que trata o § 1º-B, porém, somente deverá ser instituída simultaneamente com outras medidas para equacionamento do déficit, caso essas medidas existam.

VII – estruturação do órgão ou entidade gestora do regime, observados os princípios relacionados com governança, controle interno e transparência;

O inciso VII do § 22 do art. 40 prevê a necessidade de regulamentação da "estruturação do órgão ou entidade gestora do regime", chamando a atenção quanto à necessidade de observação dos princípios relacionados com **governança**, vale dizer, com o sistema pelo qual as organizações são dirigidas; com **controle interno**, isto é, com o comportamento concertado pela direção e pelo corpo de colaboradores, estruturado para enfrentar riscos e para alcançar objetivos e com transparência, conduta fundada na prestação de contas e na responsabilidade.

VIII – condições e hipóteses para responsabilização daqueles que desempenhem atribuições relacionadas, direta ou indiretamente, com a gestão do regime;

É evidentemente importante regulamentar as condições e as hipóteses de responsabilização dos que desempenham atribuições relacionadas com a gestão. Essa responsabilização pode ser, aliás, traduzida pelo zelo que os agentes de governança devem ter com a sustentabilidade das organizações.

IX – condições para adesão a consórcio público;

A lei complementar federal a que se refere o presente artigo disporá também sobre as condições para a adesão de um ente federativo a consórcio público com outro ou outros entes federativos.

É sempre bom lembrar que os consórcios públicos são parcerias formadas por dois ou mais entes federativos para a realização e viabilização de objetivos de interesse comum entre os quais o de administrar conjuntivamente os seus regimes próprios de previdência social.

X – parâmetros para apuração da base de cálculo e definição de alíquota de contribuições ordinárias e extraordinárias." (NR)

Outro ponto importante a ser regulamentado pela lei complementar federal referida no presente artigo diz respeito aos parâmetros para apuração da base de cálculo e definição de alíquota de contribuições **ordinárias** e **extraordinárias**.

Perceba-se que o § 1º do art. 149 da Constituição Federal prevê que "a União, os Estados, o Distrito Federal e os Municípios instituirão, por meio de lei, contribuições para custeio de regime próprio de previdência social, cobradas dos servidores ativos, dos aposentados e dos pensionistas, que poderão ter alíquotas progressivas de acordo com o valor da base de contribuição ou do benefício recebido". Igualmente, o § 1º-B do art. 149 da Constituição Federal estabelece que "para equacionar o déficit atuarial, é facultada a instituição de contribuição extraordinária, no âmbito da União, dos servidores públicos ativos, dos aposentados e dos pensionistas".

Note-se que as regras transitórias previstas na Emenda Constitucional ora analisada apenas determinam marcos mínimos, cabendo ao legislador infraconstitucional determinar se os percentuais ou as bases de cálculo poderiam ser diferentes.

TEXTO ORIGINAL	TEXTO MODIFICADO
Art. 93. .... VIII – o ato de remoção, disponibilidade e aposentadoria do magistrado, por interesse público, fundar-se-á em decisão por voto da maioria absoluta do respectivo tribunal ou do Conselho Nacional de Justiça, assegurada ampla defesa; (Redação dada pela Emenda Constitucional n. 45, de 2004)	Art. 93. .... VIII – o ato de remoção e de disponibilidade do magistrado, por interesse público, fundar-se-á em decisão por voto da maioria absoluta do respectivo tribunal ou do Conselho Nacional de Justiça, assegurada ampla defesa; ....

"Art. 93. ....

VIII – o ato de remoção e de disponibilidade do magistrado, por interesse público, fundar-se-á em decisão por voto da maioria absoluta do respectivo tribunal ou do Conselho Nacional de Justiça, assegurada ampla defesa;

...." (NR)

A alteração normativa retirou do texto constitucional a referência à aposentadoria compulsória com vencimentos proporcionais ao tempo de contribuição com penalidade ao magistrado transgressor. Tudo mais nele se manteve.

A intenção do legislador reformador foi a de evitar oneração dos cofres previdenciários por conta da aplicação de sanções. A lógica da modificação normativa foi a de colocar longe dos interesses previdenciários qualquer sanção a magistrados. Se eles tiverem de ser punidos que seja de outra maneira.

É importante observar que a aposentadoria forçada era, sim, uma sanção dura e indesejada por quem a sofria e não tinha muito tempo de contribuição. Afinal, independentemente do comportamento censurável do magistrado, o tempo de contribuição que ele formou é efetivamente um patrimônio seu e a aposentadoria coacta com proventos proporcionais retirava dele a possibilidade de melhorar o seu jubilamento com futuras contribuições.

Essa sanção poderia transformar-se, entretanto, em prêmio se o magistrado estivesse perto de conquistar a aposentadoria. O seu ato de transgressão, afinal, apenas anteciparia algo que ele conquistaria pouco tempo mais adiante.

É sempre bom deixar anotado que, nos termos da LOMAN, art. 56, o Conselho Nacional da Magistratura determinava a aposentadoria, com vencimentos proporcionais ao tempo de serviço, do magistrado manifestadamente negligente no cumprimento dos deveres do cargo; de procedimento incompatível com a dignidade, a honra e o decoro de suas funções; e de escassa ou insuficiente capacidade de trabalho, ou cujo proceder funcional fosse incompatível com o bom desempenho das atividades do Poder Judiciário.

TEXTO ORIGINAL	TEXTO MODIFICADO
Art. 103-B. .... § 4º .... III – receber e conhecer das reclamações contra membros ou órgãos do Poder Judiciário, inclusive contra seus serviços auxiliares, serventias e órgãos prestadores de serviços notariais e de registro que atuem por delegação do poder público ou oficializados, sem prejuízo da competência disciplinar e correicional dos tribunais, podendo avocar processos disciplinares em curso e determinar a remoção, a disponibilidade ou a aposentadoria com subsídios ou proventos proporcionais ao tempo de serviço e aplicar outras sanções administrativas, assegurada ampla defesa; (Incluído pela Emenda Constitucional n. 45, de 2004)	Art. 103-B. .... § 4º .... III – receber e conhecer das reclamações contra membros ou órgãos do Poder Judiciário, inclusive contra seus serviços auxiliares, serventias e órgãos prestadores de serviços notariais e de registro que atuem por delegação do poder público ou oficializados, sem prejuízo da competência disciplinar e correicional dos tribunais, podendo avocar processos disciplinares em curso, determinar a remoção ou a disponibilidade e aplicar outras sanções administrativas, assegurada ampla defesa; ....

"Art. 103-B. ....

§ 4º ....

....

III – receber e conhecer das reclamações contra membros ou órgãos do Poder Judiciário, inclusive contra seus serviços auxiliares, serventias e órgãos prestadores de serviços notariais e de registro que atuem por delegação do poder público ou oficializados, sem prejuízo da competência disciplinar e correicional dos tribunais, podendo avocar processos disciplinares em curso, determinar a remoção ou a disponibilidade e aplicar outras sanções administrativas, assegurada ampla defesa;

...." (NR)

O dispositivo aqui em análise, o § 4º do art. 103-B do texto constitucional, trata da competência do Conselho Nacional de Justiça para o controle da atuação administrativa e financeira do Poder Judiciário e do cumprimento dos deveres funcionais dos juízes. O item III que mereceu modificação supressiva do trecho que previa a possibilidade de o órgão avocar processos disciplinares em curso e determinar a aposentadoria com subsídios ou proventos proporcionais ao tempo de contribuição. Tudo mais se manteve no texto.

A intenção modificativa foi exatamente aquela que orientou a alteração produzida no art. 93, VIII, da Constituição Federal, para cujos comentários é remetido o leitor por absoluta pertinência.

TEXTO ORIGINAL	TEXTO MODIFICADO
Art. 109.	Art. 109. ....
§ 3º Serão processadas e julgadas na justiça estadual, no foro do domicílio dos segurados ou beneficiários, as causas em que forem parte instituição de previdência social e segurado, sempre que a comarca não seja sede de vara do juízo federal, e, se verificada essa condição, a lei poderá permitir que outras causas sejam também processadas e julgadas pela justiça estadual.	§ 3º Lei poderá autorizar que as causas de competência da Justiça Federal em que forem parte instituição de previdência social e segurado possam ser processadas e julgadas na justiça estadual quando a comarca do domicílio do segurado não for sede de vara federal. ....

"Art. 109 ....

....

§ 3º Lei poderá autorizar que as causas de competência da Justiça Federal em que forem parte instituição de previdência social e segurado possam ser processadas e julgadas na justiça estadual quando a comarca do domicílio do segurado não for sede de vara federal.

...." (NR)

Apenas quando a comarca do domicílio do segurado não for sede de Vara Federal, será autorizada, desde que por força de lei, a competência da justiça estadual para as causas em que forem parte instituição de previdência social e segurado. Desse modo, se o segurado estiver domiciliado, por exemplo, na Cidade do Salvador, a sua ação contra a instituição de previdência social deverá ser aforada na justiça federal, porque ali há Vara Federal; se, entretanto, ele estiver domiciliado em cidade do interior do Estado, não atendida por Vara Federal, sua ação poderá ser oferecida em vara local da justiça estadual, haja vista a sua maior capilaridade, desde que lei disponha nesse sentido.

TEXTO ORIGINAL	TEXTO MODIFICADO
Art. 130-A. .... § 2º.. III – receber e conhecer das reclamações contra membros ou órgãos do Ministério Público da União ou dos Estados, inclusive contra seus serviços auxiliares, sem prejuízo da competência disciplinar e correicional da instituição, podendo avocar processos disciplinares em curso, determinar a remoção, a disponibilidade ou a aposentadoria com subsídios ou proventos proporcionais ao tempo de serviço e aplicar outras sanções administrativas, assegurada ampla defesa;	Art. 130-A. .... § 2º.. III – receber e conhecer das reclamações contra membros ou órgãos do Ministério Público da União ou dos Estados, inclusive contra seus serviços auxiliares, sem prejuízo da competência disciplinar e correicional da instituição, podendo avocar processos disciplinares em curso, determinar a remoção ou a disponibilidade e aplicar outras sanções administrativas, assegurada ampla defesa; ....

"Art. 130-A. ....

....

§ 2º..

III – receber e conhecer das reclamações contra membros ou órgãos do Ministério Público da União ou dos Estados, inclusive contra seus serviços auxiliares, sem prejuízo da competência disciplinar e correicional da instituição, podendo avocar processos disciplinares em curso, determinar a remoção ou a disponibilidade e aplicar outras sanções administrativas, assegurada ampla defesa;

...." (NR)

Tal qual ocorreu com o art. 103-B há pouco comentado, o dispositivo aqui em análise – o § 2º, III, do art. 130-A do texto constitucional – trata da competência do Conselho Nacional do Ministério Público para o controle da atuação administrativa e financeira do Ministério Público e do cumprimento dos deveres funcionais de seus membros.

O item III mereceu modificação supressiva do trecho que previa a possibilidade de o órgão avocar processos disciplinares em curso e determinar a aposentadoria com subsídios ou proventos proporcionais ao tempo de contribuição. Tudo mais se manteve no texto.

A intenção modificativa, tal qual antes se disse, foi exatamente aquela que orientou a alteração produzida no art. 93, VIII, da Constituição Federal, para cujos comentários é remetido o leitor por absoluta pertinência, adaptando-se o conteúdo à situação de um integrante do Ministério Público.

TEXTO ORIGINAL	TEXTO MODIFICADO
Art. 149.	Art. 149. ....
§ 1º Os Estados, o Distrito Federal e os Municípios instituirão contribuição, cobrada de seus servidores, para o custeio, em benefício destes, do regime previdenciário de que trata o art. 40, cuja alíquota não será inferior à da contribuição dos servidores titulares de cargos efetivos da União. (Redação dada pela Emenda Constitucional n. 41, 19-12-2003)	§ 1º A União, os Estados, o Distrito Federal e os Municípios instituirão, por meio de lei, contribuições para custeio de regime próprio de previdência social, cobradas dos servidores ativos, dos aposentados e dos pensionistas, que poderão ter alíquotas progressivas de acordo com o valor da base de contribuição ou dos proventos de aposentadoria e de pensões.

"Art. 149. ....

§ 1º A União, os Estados, o Distrito Federal e os Municípios instituirão, por meio de lei, contribuições para custeio de regime próprio de previdência social, cobradas dos servidores ativos, dos aposentados e dos pensionistas, que poderão ter alíquotas progressivas de acordo com o valor da base de contribuição ou dos proventos de aposentadoria e de pensões.

O § 1º do art. 149 da Constituição da República prevê que os entes federativos, mediante lei, **instituirão** contribuições para custeio do residual regime próprio de previdência social, cobradas dele próprio (ente federativo), dos servidores ativos, dos aposentados e dos pensionistas, que *poderão ter* **alíquotas progressivas** de acordo com o valor da base de contribuição ou do benefício recebido.

Ao afirmar que as contribuições *"poderão ter"* alíquotas progressivas, a Emenda ofereceu faculdade tributária aos entes federativos de modo que a progressividade das alíquotas depende da avaliação de cada ente federativo. O referencial de cálculo, entretanto, será, observado o mencionado gradualismo ascendente, "o valor base de contribuição" para os servidores em atividade ou "o valor do benefício recebido" para os aposentados e pensionistas.

É bom adiantar aqui que essa disposição, nos termos do art. 36, II, *a*, desta Emenda Constitucional, entrará em vigor, para os regimes próprios de previdência social dos Estados, do Distrito Federal e dos Municípios, na data de publicação de lei de iniciativa privativa do respectivo Poder Executivo, que referende integralmente a alteração promovida pelo art. 1º desta EC no aqui apreciado art. 149 da Constituição Federal.

TEXTO ORIGINAL	TEXTO MODIFICADO
§ 1º-A INEXISTENTE	§ 1º-A. Quando houver déficit atuarial, a contribuição ordinária dos aposentados e pensionistas poderá incidir sobre o valor dos proventos de aposentadoria e de pensões que supere o salário mínimo.

§ 1º-A. Quando houver déficit atuarial, a contribuição ordinária dos aposentados e pensionistas poderá incidir sobre o valor dos proventos de aposentadoria e de pensões que supere o salário mínimo.

O déficit atuarial é a situação de insuficiência de recursos para cobertura dos compromissos do plano de benefícios de um determinado regime previdenciário. Ele é representado pela diferença negativa entre os bens/direitos (ativos) e obrigações (passivos) apurada ao final de um determinado período contábil. Uma vez constatada a situação de déficit atuarial, o §1º-A do art. 149 da Constituição Federal prevê uma medida inicial de equacionamento que seria a ampliação da base de cálculo da contribuição dos aposentados e pensionistas.

Para bem entender a situação, basta lembrar que os aposentados e pensionistas são contribuintes no regime próprio de previdência social e normalmente o fazem sobre tudo o que ganham acima do teto previdenciário do RGPS. Nas situações em que constar déficit atuarial, entretanto, a contribuição ordinária dos aposentados e pensionistas poderá incidir sobre o valor dos proventos de aposentadoria e de pensões que superem o salário mínimo.

Assim, se, em situações normais e **com base em valores ora vigentes**, os aposentados e pensionistas pagam contribuição previdenciária sobre valores que superam **R$5.839,45**, em situações excepcionais os aposentados e pensionistas pagarão o mencionado tributo sobre valores que superam um salário mínimo.

TEXTO ORIGINAL	TEXTO MODIFICADO
§ 1º-B INEXISTENTE	§ 1º-B Demonstrada a insuficiência da medida prevista no § 1º-A para equacionar o déficit atuarial, é facultada a instituição de

TEXTO ORIGINAL	TEXTO MODIFICADO
	contribuição extraordinária, no âmbito da União, dos servidores públicos ativos, dos aposentados e dos pensionistas.

§ 1º-B Demonstrada a insuficiência da medida prevista no § 1º-A para equacionar o déficit atuarial, é facultada a instituição de contribuição extraordinária, no âmbito da União, dos servidores públicos ativos, dos aposentados e dos pensionistas.

E se a medida prevista no § 1º-A não se revelar suficiente para equacionar o déficit atuarial, o que se poderá fazer?

Como diz o próprio dispositivo, "demonstrada a insuficiência da medida [...], é facultada a **instituição de contribuição extraordinária, no âmbito da União, dos servidores públicos ativos, dos aposentados e dos pensionistas**". Perceba-se que a Constituição não orienta a imediata instituição da contribuição extraordinária, mas, em lugar disso, cria mera faculdade.

Outro detalhe a considerar é o de que a medida **valerá apenas no âmbito da União**. Aos demais entes federativos essa contribuição suplementar não é aplicável.

TEXTO ORIGINAL	TEXTO MODIFICADO
§ 1º-C INEXISTENTE	§ 1º-C A contribuição extraordinária de que trata o § 1º-B deverá ser instituída simultaneamente com outras medidas para equacionamento do déficit e vigorará por período determinado, contado da data de sua instituição.

§ 1º-C A contribuição extraordinária de que trata o § 1º-B deverá ser instituída simultaneamente com outras medidas para equacionamento do déficit e vigorará por período determinado, contado da data de sua instituição.
...." (NR)

O texto normativo orienta que a contribuição extraordinária, uma vez instituída, deverá ser adotada como um **recurso simultâneo** a outras medidas para o equacionamento do déficit. A norma não identifica essas "outras medidas", mas remete a sua regulamentação para a lei complementar federal prevista no § 22 do art. 40 da Constituição Federal.

O período de vigência da contribuição extraordinária é limitado por regra transitória. **O § 8º do art. 9º da Emenda Constitucional** aqui em exame prevê que, "por meio de lei, poderá ser instituída contribuição extraordinária pelo **prazo máximo de vinte anos**, nos termos dos §§ 1º-B e 1º-C do art. 149 da Constituição Federal".

Note-se que a norma transitória estabelece o prazo máximo de vinte anos, ficando ao arbítrio do legislador infraconstitucional determinar qual será a sua real dimensão.

TEXTO ORIGINAL	TEXTO MODIFICADO
Art. 167.	Art. 167. ....
XII – INEXISTENTE	XII – na forma estabelecida na lei complementar de que trata o § 22 do art. 40, a utilização de recursos de regime próprio de previdência social, incluídos os valores integrantes dos fundos previstos no art. 249, para a realização de despesas distintas do pagamento dos benefícios previdenciários do respectivo fundo vinculado àquele regime e das despesas necessárias à sua organização e ao seu funcionamento;

"Art. 167. ....

....

XII – na forma estabelecida na lei complementar de que trata o § 22 do art. 40, a utilização de recursos de regime próprio de previdência social, incluídos os valores integrantes dos fundos previstos no art. 249, para a realização de despesas distintas do pagamento dos benefícios previdenciários do respectivo fundo vinculado àquele regime e das despesas necessárias à sua organização e ao seu funcionamento;

O novo inciso XII do art. 167 do texto constitucional repete a lógica de vedação contida no inciso XI do mesmo dispositivo. Enquanto o inciso XI veda a utilização dos recursos provenientes das contribuições sociais de que trata o art. 195, I, *a*, e II, para a realização de despesas distintas do pagamento de benefícios do Regime Geral de Previdência Social (RGPS) de que trata o art. 201, o novo inciso XII cuida de proibir a utilização de recursos do residual Regime Próprio de Previdência Social (RPPS) de que trata o art. 40, incluídos os valores integrantes dos fundos previstos no art. 249, para a realização de despesas distintas do pagamento dos benefícios previdenciários do respectivo fundo vinculado àquele regime e das despesas necessárias à sua organização e ao seu funcionamento.

Lembre-se que foi a Emenda Constitucional n. 20/1998 a criadora do acima referido art. 249 do texto constitucional. Veja-se:

Art. 249. Com o objetivo de assegurar recursos para o pagamento de proventos de aposentadoria e pensões concedidas aos respectivos servidores e seus dependentes, em adição aos recursos dos respectivos tesouros, a União, os Estados, o Distrito Federal e os Municípios poderão constituir fundos integrados pelos recursos provenientes de contribuições e por bens, direitos e ativos de qualquer natureza, mediante lei que disporá sobre a natureza e administração desses fundos. (Incluído pela Emenda Constitucional n. 20, de 1998)

A vedação de utilização de recursos dos fundos previstos no art. 249 da Constituição teve o propósito de evitar que os gestores utilizem recursos previdenciários para cobrir outras despesas que não aquelas especificamente ligadas ao pagamento de proventos de aposentadoria e pensões dos regimes próprios instituídos pelos diversos entes federativos. A Confederação Nacional das Carreiras Típicas de Estado (Conacate), aliás, ajuizou Arguição de Descumprimento de Preceito Fundamental (ADPF 538), no Supremo Tribunal Federal, em razão da aplicação que vinha sendo conferida ao referido dispositivo constitucional por permitir a criação de fundos em regime de capitalização dentro dos regimes próprios em modelo de solidariedade e, posteriormente, a extinção após a sua segregação.

TEXTO ORIGINAL	TEXTO MODIFICADO
Art. 167. .... XIII – INEXISTENTE	Art. 167. .... XIII – a transferência voluntária de recursos, a concessão de avais, as garantias e as subvenções pela União e a concessão de empréstimos e de financiamentos por instituições financeiras federais aos Estados, ao Distrito Federal e aos Municípios na hipótese de descumprimento das regras gerais de organização e de funcionamento de regime próprio de previdência social.

XIII – a transferência voluntária de recursos, a concessão de avais, as garantias e as subvenções pela União e a concessão de empréstimos e de financiamentos por instituições financeiras federais aos Estados, ao Distrito Federal e aos Municípios na hipótese de descumprimento das regras gerais de organização e de funcionamento de regime próprio de previdência social.

...." (NR)

Os comportamentos orçamentários vedados pelo novo inciso XIII do art. 167 da Constituição Federal somente serão assim considerados quando Estados, Distrito Federal e Municípios descumprirem as regras gerais de organização e de funcionamento de regime próprio de previdência social. Trata-se, portanto, de uma exigência adicional para que se possa aceder ao Sistema de Garantias da

União, que foi concebido para assegurar o equilíbrio das contas públicas, a responsabilidade dos agentes na condução da política fiscal e a natureza dos processos de endividamento dos entes federados.

A partir da vigência da presente EC, além do cumprimento das exigências inseridas na Lei de Responsabilidade Fiscal, a observância das regras gerais de organização e funcionamento de regime próprio de previdência social – para quem o tem – será entendida como requisito para aceder às seguintes vantagens financeiras:

a) transferência voluntária de recursos,
b) concessão de avais;
c) garantias e as subvenções pela União; e
d) concessão de empréstimos e de financiamentos por instituições financeiras federais.

Anote-se que o dispositivo ora em exame já era visível no art. 7º da Lei n. 9.717, de 27 de novembro de 1998, acerca das regras gerais para a organização e o funcionamento dos regimes próprios de previdência social dos servidores públicos. Segundo o citado dispositivo, o descumprimento do disposto na referida Lei pelos Estados, Distrito Federal e Municípios e pelos respectivos fundos, implicava suspensão das transferências voluntárias de recursos pela União; impedimento para celebrar acordos, contratos, convênios ou ajustes, bem como receber empréstimos, financiamentos, avais e subvenções em geral de órgãos ou entidades da Administração direta e indireta da União; e suspensão de empréstimos e financiamentos por instituições financeiras federais. Houve, portanto, constitucionalização da previsão antes conhecida.

TEXTO ORIGINAL	TEXTO MODIFICADO
Art. 194. .... Parágrafo único.	Art. 194. .... Parágrafo único. ....
VI – diversidade da base de financiamento;	VI – diversidade da base de financiamento, identificando-se, em rubricas contábeis específicas para cada área, as receitas e as despesas vinculadas a ações de saúde, previdência e assistência social, preservado o caráter contributivo da previdência social;

"Art. 194. ....
Parágrafo único. ....

> ....
> VI – diversidade da base de financiamento, identificando-se, em rubricas contábeis específicas para cada área, as receitas e as despesas vinculadas a ações de saúde, previdência e assistência social, preservado o caráter contributivo da previdência social;
> ...." (NR)

O dispositivo alterou o inciso VI para acrescer à sua redação, depois da referência ao princípio-objetivo da diversidade da base de financiamento, anotação que impõe um tratamento contábil capaz de demonstrar, mediante segregação, as receitas e as despesas vinculadas a cada uma das técnicas protetivas da Seguridade Social: saúde, previdência social e assistência social.

Por meio da identificação das rubricas contábeis específicas para cada área será possível salientar o déficit do segmento previdenciário, que muitas vezes foi negado sob o argumento do ingresso de tributos que não eram exclusivamente destinados ao custeio previdenciário, mas de toda a Seguridade Social, como, por exemplo, a COFINS.

TEXTO ORIGINAL	TEXTO MODIFICADO
Art. 195.	Art. 195. ....
II – do trabalhador e dos demais segurados da previdência social, não incidindo contribuição sobre aposentadoria e pensão concedidas pelo regime geral de previdência social de que trata o art. 201; (Redação dada pela Emenda Constitucional n. 20, de 1998)	II – do trabalhador e dos demais segurados da previdência social, podendo ser adotadas alíquotas progressivas de acordo com o valor do salário de contribuição, não incidindo contribuição sobre aposentadoria e pensão concedidas pelo Regime Geral de Previdência Social; ....

> "Art. 195. ....
> ....
> II – do trabalhador e dos demais segurados da previdência social, podendo ser adotadas alíquotas progressivas de acordo com o valor do salário de contribuição, não incidindo contribuição sobre aposentadoria e pensão concedidas pelo Regime Geral de Previdência Social;
> ....

Os incisos do art. 195 da Constituição mantiveram as suas bases fundamentais, exceto as que dizem respeito ao inciso II, pois ali se previu a **faculdade de instituição de alíquotas progressivas** de acordo com o valor do salário de contribuição, o que, aliás, já se vinha praticando na legislação infraconstitucional em relação, ao menos, às categorias de segurados empregado, empregado doméstico e trabalhador avulso. Abre-se, portanto, espaço para a legislação infraconstitucional criar nova sistemática de alíquotas progressivas, que possam vir a atingir também os contribuintes individuais e os segurados facultativos.

Um segundo ajuste redacional foi dado à **referência ao único regime em que não há incidência de contribuição sobre aposentadorias e pensões**, que é o Regime Geral da Previdência Social, cujo nome substitui, *com razão*, a desnecessária referência cruzada ao "regime geral de previdência social de que trata o art. 201".

TEXTO ORIGINAL	TEXTO MODIFICADO
§ 9º As contribuições sociais previstas no inciso I do *caput* deste artigo poderão ter alíquotas ou bases de cálculo diferenciadas, em razão da atividade econômica, da utilização intensiva de mão de obra, do porte da empresa ou da condição estrutural do mercado de trabalho. (Redação dada pela Emenda Constitucional n. 47, de 2005)	§ 9º As contribuições sociais previstas no inciso I do *caput* deste artigo poderão ter alíquotas diferenciadas em razão da atividade econômica, da utilização intensiva de mão de obra, do porte da empresa ou da condição estrutural do mercado de trabalho, sendo também autorizada a adoção de bases de cálculo diferenciadas apenas no caso das alíneas *b* e *c* do inciso I do *caput*.

§ 9º As contribuições sociais previstas no inciso I do *caput* deste artigo poderão ter alíquotas diferenciadas em razão da atividade econômica, da utilização intensiva de mão de obra, do porte da empresa ou da condição estrutural do mercado de trabalho, sendo também autorizada a adoção de bases de cálculo diferenciadas apenas no caso das alíneas "b" e "c" do inciso I do *caput*.

O § 9º do art. 195 sofreu considerável alteração. A modificação **pôs fim a qualquer nova desoneração da folha de pagamento**, na medida em que **NÃO mais permite a adoção de bases de cálculo diferenciadas** no caso de contribuições do empregador, da empresa e da entidade a ela equiparada na forma da lei incidentes **sobre a folha de salários** e demais rendimentos do trabalho. Nesse âmbito, ou seja, no âmbito das contribuições sobre as folhas de pagamento, permitem-se somente **alíquotas diferenciadas** em razão (1) da atividade econômica, (2) da utilização intensiva de mão de obra; (3) do porte da empresa ou (4) da condição estrutural do mercado de trabalho.

O dispositivo autoriza, na sua parte final, a adoção de bases de cálculo diferenciadas APENAS no caso das alíneas que cuidam das contribuições do empregador, da empresa e da entidade a ela equiparada na forma da lei, incidentes sobre a receita ou o faturamento (alínea *b*) ou lucro (alínea *c*).

Diz-se a que a modificação pôs fim a qualquer **nova** desoneração da folha de pagamento, porque o dispositivo constante do art. 30 da Emenda Constitucional, aqui em análise, prevê que "o disposto no § 9º do art. 195 da Constituição Federal **não se aplica** à diferenciação ou à substituição de base de cálculo da contribuição de que trata o inciso I, "a", do *caput* do art. 195 da Constituição Federal **prevista na legislação vigente** à **data de entrada em vigor desta Emenda Constitucional**". Desse modo, desde que vigentes até a data da entrada em vigor da presente Emenda Constitucional, as diferenciações ou as substituições de base de cálculo de contribuições continuam a valer. Não há, portanto, dúvida de que a substitutiva da contribuição empresarial da associação desportiva que mantém equipe de futebol profissional, prevista no § 6º do art. 22 da Lei n. 8.212/1991, permanecerá vigente e exigível, o mesmo dizendo da substitutiva patronal aplicável ao produtor rural pessoa jurídica, conforme art. 22-A do citado diploma previdenciário, e daquela devida pelas microempresas e empresas de pequeno porte optantes pelo Simples Nacional.

TEXTO ORIGINAL	TEXTO MODIFICADO
§ 11. É vedada a concessão de remissão ou anistia das contribuições sociais de que tratam os incisos I, *a*, e II deste artigo, para débitos em montante superior ao fixado em lei complementar. (Incluído pela Emenda Constitucional n. 20, de 1998)	§ 11. São vedados a moratória e o parcelamento em prazo superior a 60 (sessenta) meses e, na forma de lei complementar, a remissão e a anistia das contribuições sociais de que tratam a alínea *a* do inciso I e o inciso II do *caput*.

§ 11. São vedados a moratória e o parcelamento em prazo superior a 60 (sessenta) meses e, na forma de lei complementar, a remissão e a anistia das contribuições sociais de que tratam a alínea *a* do inciso I e o inciso II do *caput*.

A redação do § 11 foi aprimorada para vedar expressamente a **moratória** e o **parcelamento em prazo superior a sessenta meses**, mas também, na forma da lei complementar, a concessão de **remissão** ou **anistia** das contribuições sociais de que tratam os incisos I, *a*, e II do art. 195 da Constituição Federal.

Para bem entender o dispositivo, é importante conceituar cada uma das situações.

Pois bem. A **moratória** é, em rigor, um favor pelo qual o Estado concede o diferimento, ou seja, a dilação do prazo de pagamento antes da data do vencimento. Aqui o credor adia a cobrança da dívida, renovando o prazo para o pagamento antes mesmo de o devedor incidir em mora. O **parcelamento**, de outro lado, é a divisão em prestações dos débitos tributários não recolhidos até a data de vencimento. O crédito tributário, objeto de parcelamento, estará em atraso e o devedor, para não se complicar mais, desejará fracionar a sua dívida.

Note-se que, no particular às contribuições sociais de que tratam os incisos I, *a*, e II do art. 195 da Constituição Federal, em nenhum caso pode haver moratória. O parcelamento, por sua vez, não pode ser concedido para prazo superior a 60 (sessenta) meses.

A **remissão** é o perdão que se dá tanto em relação ao tributo quanto em face de multas e juros de mora. A **anistia** tributária, por sua vez, significa extinção da punibilidade das infrações fiscais. Ambas estão vedadas na forma da legislação complementar.

Anote-se, por fim, quanto às regras de transição previstas no § 9º do art. 9º desta Emenda Constitucional. Segundo a disposição ali inserida, "o parcelamento ou a moratória de débitos dos entes federativos com seus regimes próprios de previdência social fica limitado ao prazo a que se refere o § 11 do art. 195 da Constituição", ou seja, fica limitado ao máximo de sessenta meses.

No âmbito da temporalidade, deve-se também chamar a atenção para o conteúdo do art. 31 da presente EC. Segundo o que se vê ali disposto, a previsão contida no ora analisado § 11 do art. 195 da Constituição Federal "não se aplica aos parcelamentos previstos na legislação vigente até a data de entrada em vigor desta Emenda Constitucional, sendo vedadas a reabertura ou a prorrogação de prazo para adesão".

TEXTO ORIGINAL	TEXTO MODIFICADO
§ 13. Aplica-se o disposto no § 12 inclusive na hipótese de substituição gradual, total ou parcial, da contribuição incidente na forma do inciso I, *a*, pela incidente sobre a receita ou o faturamento. (Incluído pela Emenda Constitucional n. 42, de 19-12-2003)	§ 13 (REVOGADO)

§ 13 (Revogado).

O dispositivo ora em exame foi revogado porque dispunha contra a previsão contida no novo § 9º do art. 195 da Constituição Federal. Ele, em verdade, propugnava a substituição gradual, total ou parcial da contribuição incidente na forma do inciso I, *a*, do art. 195 pela incidente sobre a receita ou o faturamento, propósito esse abandonado pelo legislador reformista. Como se disse antes, a modificação contida no § 9º do art. 195 pôs fim a qualquer nova desoneração da folha de pagamento, na medida em que NÃO mais permite a adoção de bases de cálculo diferenciadas no caso de contribuições do empregador, da empresa e da entidade a ela equiparada na forma da lei incidentes sobre a folha de salários e demais rendimentos do trabalho.

TEXTO ORIGINAL	TEXTO MODIFICADO
§ 14. INEXISTENTE	§ 14. O segurado somente terá reconhecida como tempo de contribuição ao Regime Geral de Previdência Social a competência cuja contribuição seja igual ou superior à contribuição mínima mensal exigida para sua categoria, assegurado o agrupamento de contribuições.

§ 14. O segurado somente terá reconhecida como tempo de contribuição ao Regime Geral de Previdência Social a competência cuja contribuição seja igual ou superior à contribuição mínima mensal exigida para sua categoria, assegurado o agrupamento de contribuições." (NR)

O novo § 14 trouxe uma novidade para dentro do texto constitucional. Ele, em verdade, reavivou uma ideia que constava do art. 911-A da CLT, ali inserido pela ora não mais vigente Medida Provisória n. 808/2017.

Constava dali que *"os segurados enquadrados como empregados* [todos eles, inclusive os empregados contratados por tempo parcial ou para prestação de trabalho intermitente] **que, no somatório de remunerações auferidas de um ou mais empregadores no período de um mês, independentemente do tipo de contrato de trabalho** [repita-se que independia do tipo contratual], **receberem remuneração inferior ao salário mínimo mensal** [mesmo que essa remuneração inferior ao salário mínimo decorresse do trabalho de pequena fração de dias no primeiro ou no último mês de contrato], **poderiam recolher ao Regime Geral de Previdência Social a diferença entre a remuneração recebida e o valor do salário mínimo mensal** [era faculdade, mas a pena pelo não exercício da faculdade era duríssima], **em que incidirá a mesma alíquota aplicada à contribuição do trabalhador retida pelo empregador".**

Nos termos do § 2º do referido artigo, na hipótese de não ser feito o recolhimento complementar, o mês em que a remuneração total recebida pelo segurado de um ou mais empregadores fosse menor que o salário mínimo mensal não seria ele considerado para fins de aquisição e manutenção de qualidade de segurado do

Regime Geral de Previdência Social nem para cumprimento dos períodos de carência para concessão dos benefícios previdenciários.

Essa sistemática produziu, à época, efeitos deletérios sobre a vida previdenciária dos segurados empregados nas modalidades contratuais em que eles recebiam menos do que um salário mínimo e até mesmo na vida daqueles que em determinados momentos contratuais (admissão, desligamento, retorno de benefício por incapacidade etc.) ganhavam salário proporcional inferior ao mínimo legal.

Pois bem. A regra constante do não mais vigente art. 911-A da CLT voltou e incrustou-se na Constituição. A partir de agora, o segurado – **de qualquer categoria** – seja empregado, empregado doméstico, trabalhador avulso ou contribuinte individual – somente terá reconhecida como tempo de contribuição ao Regime Geral de Previdência Social a competência cuja contribuição seja igual ou superior à contribuição mínima mensal exigida para sua categoria, assegurado o agrupamento de contribuições.

Note-se que a exigência agora não é mais de contribuição igual ou superior ao salário mínimo, mas, para além disso, de **contribuição mínima mensal exigida para a categoria profissional**, se houver. Essa particularidade criará uma imensa dificuldade prática, pois nem sempre será facilmente identificável a categoria profissional do segurado e, ainda que esta seja identificável, nem sempre será possível saber da vigência da norma coletiva, notadamente num momento em que não mais se aplica a ultratividade das normas coletivas (*vide* § 3º do art. 614 da CLT).

De todo modo, é possível agrupar contribuições para, juntas, serem formados blocos de contribuição fundados na base mínima aqui considerada.

Anote-se, por fim, quanto à existência de uma regra transitória que diz respeito ao dispositivo sob exame.

O art. 29 da presente Emenda Constitucional prevê – e em sua previsão deixa claro que o dispositivo aqui em análise não é imediatamente exigível – que, até que entre em vigor lei que disponha sobre o § 14 do art. 195 da Constituição Federal, o segurado que, no somatório de remunerações auferidas no período de um mês, receber remuneração inferior ao limite mínimo mensal do salário de contribuição, poderá:

I – complementar a sua contribuição, de forma a alcançar o limite mínimo exigido;

II – utilizar o valor da contribuição que exceder o limite mínimo de contribuição de uma competência em outra; ou

III – agrupar contribuições inferiores ao limite mínimo de diferentes competências, para aproveitamento em contribuições mínimas mensais.

Os ajustes de complementação ou agrupamento de contribuições previstos nos incisos I, II e III do *caput* do art. 29, entretanto, somente poderão ser feitos ao longo do mesmo ano civil.

TEXTO ORIGINAL	TEXTO MODIFICADO
Art. 201. A previdência social será organizada sob a forma de regime geral, de caráter contributivo e de filiação obrigatória, observados critérios que preservem o equilíbrio financeiro e atuarial, e atenderá, nos termos da lei, a: (Redação dada pela Emenda Constitucional n. 20, de 1998)	Art. 201. A previdência social será organizada sob a forma do Regime Geral de Previdência Social, de caráter contributivo e de filiação obrigatória, observados critérios que preservem o equilíbrio financeiro e atuarial, e atenderá, na forma da lei, a:

"Art. 201. A previdência social será organizada sob a forma do Regime Geral de Previdência Social, de caráter contributivo e de filiação obrigatória, observados critérios que preservem o equilíbrio financeiro e atuarial, e atenderá, na forma da lei, a:

Antes de inciar a análise do novo texto do art. 201 da Constituição Federal, é sempre bom registrar sobre a disposição das regras previdenciárias no corpo do texto constitucional. Em lugar de todas elas estarem inseridas no mesmo espaço topológico, veem-se espalhadas em esferas de tratamento diferente: o regime próprio de previdência social, no Capítulo da Administração Pública, no Título da Organização do Estado; e o regime geral da previdência social, no Capítulo da Seguridade Social, no Título da Ordem Social.

A diferença entre os regimes de previdência social, portanto, já começa a ser evidenciada a partir de dessemelhantes sedes normativas dentro do mesmo corpo constitucional.

Imagina-se, porém, que, daqui a algum tempo, toda a matéria relativa à previdência social deva ocupar um único espaço no texto constitucional, o que, possivelmente, pelas características dos discursos reformistas, será a seção que cuida da Previdência Social, a partir do art. 201 da Constituição Federal.

Pois bem. Feita essa ressalva, vê-se que o novo texto do art. 201 mantém o vício de sempre e dispõe sobre o regime geral da previdência social como se outro, que lhe é paralelo, não existisse. Diz-se ali, como se quisesse antecipar o futuro, que "a previdência social será organizada sob a forma do Regime Geral de Previdência Social".

Retirou-se, portanto, da antiga redação a referência a uma "previdência social [...] organizada sob a forma de regime geral".

No mais, foram mantidas as indispensáveis menções ao "caráter contributivo" e à "filiação obrigatória", bem assim à observância de critérios que "preservem o equilíbrio financeiro e atuarial".

TEXTO ORIGINAL	TEXTO MODIFICADO
I – cobertura dos eventos de doença, invalidez, morte e idade avançada; (Redação dada pela Emenda Constitucional n. 20, de 1998)	I – cobertura dos eventos de incapacidade temporária ou permanente para o trabalho e idade avançada;

I – cobertura dos eventos de incapacidade temporária ou permanente para o trabalho e idade avançada;

Ao referenciar os riscos sociais cobertos pelo regime de previdência social, o inciso I sofreu considerável mudança. Onde constava que se atenderia, nos termos da lei, à **"cobertura dos eventos de doença, invalidez, morte e idade avançada"**, consoante redação determinada pela Emenda Constitucional n. 20, de 1998, passou a se ver redação mais objetiva e singela que ora prevê a **"cobertura dos eventos de incapacidade temporária ou permanente para o trabalho e idade avançada"**.

Note-se que desapareceu a referência à cobertura dos "eventos de doença", reforçando-se ainda mais a ideia de que somente a "incapacidade" temporária ou permanente justifica a fruição do seguro social. Há, como se sabe, uma série de doenças cujo controle permite a manutenção do trabalhador em atividade, não sendo rara, por exemplo, a evidência de cardiopatas ou de portadores de neoplasia maligna em serviço por conta de as suas doenças não significarem óbice à realização dos seus trabalhos.

Outro ponto digno de nota é o desaparecimento do conceito de invalidez. Segundo a lógica ora vigente, pode-se falar em incapacidade permanente, mas não propriamente em invalidez. Como se disse alhures, não há nenhuma referência à palavra "invalidez" no texto da EC ora em análise, pois ela traz em si a carga semântica da "imprestabilidade", da "inutilidade", ideias que, por motivo não apenas relacionado ao equilíbrio financeiro e atuarial, mas também à dignidade do próprio trabalhador, pretendeu-se afastar.

O risco social "morte" passou a ser detalhado e tratado no inciso V e o risco social "idade avançada" se manteve em toda a sua extensão.

TEXTO ORIGINAL	TEXTO MODIFICADO
§ 1º É vedada a adoção de requisitos e critérios diferenciados para a concessão de	§ 1º É vedada a adoção de requisitos ou critérios diferenciados para concessão de

TEXTO ORIGINAL	TEXTO MODIFICADO
aposentadoria aos beneficiários do regime geral de previdência social, ressalvados os casos de atividades exercidas sob condições especiais que prejudiquem a saúde ou a integridade física e quando se tratar de segurados portadores de deficiência, nos termos definidos em lei complementar. (Redação dada pela Emenda Constitucional n. 47, de 2005)	benefícios, ressalvada, nos termos de lei complementar, a possibilidade de previsão de idade e tempo de contribuição distintos da regra geral para concessão de aposentadoria exclusivamente em favor dos segurados: I – com deficiência, previamente submetidos à avaliação biopsicossocial realizada por equipe multiprofissional e interdisciplinar; II – cujas atividades sejam exercidas com efetiva exposição a agentes químicos, físicos e biológicos prejudiciais à saúde, ou associação desses agentes, vedada a caracterização por categoria profissional ou ocupação.

§ 1º É vedada a adoção de requisitos ou critérios diferenciados para concessão de benefícios, ressalvada, nos termos de lei complementar, a possibilidade de previsão de idade e tempo de contribuição distintos da regra geral para concessão de aposentadoria exclusivamente em favor dos segurados:

Tal qual o que se viu no § 4º do art. 40 da Constituição Federal, o legislador reformador vedou também no âmbito do Regime Geral da Previdência Social a adoção de requisitos ou critérios diferenciados para a concessão de benefícios. Ele ressalvou, apenas, nos termos de lei complementar, a possibilidade de idade e tempo de contribuições distintos da regra geral para a concessão de aposentadoria em favor dos segurados que identifica em dois únicos incisos que serão a seguir analisados.

Cabe anotar que, em mudança sutil, tal qual ocorrente no texto do § 4º do art. 40 acima referido, o texto anterior previa a vedação a "adoção de requisitos **e** critérios diferenciados", passando o texto atual a referir a vedação a "adoção de requisitos **ou** critérios diferenciados", tornando assim, com o conectivo "ou", mais ampla a força da negativa.

A segunda sutileza, do mesmo modo ocorrente em relação ao regime próprio de previdência social, foi evidenciada na menção à "concessão de **benefícios**", quaisquer que sejam, e não apenas à "concessão de **aposentadorias**". Segundo a redação atual, **nenhum dos benefícios** previstos no rol daqueles desfrutáveis pelos segurados do RGPS – e não apenas a aposentadoria – poderá ter requisito ou critério diferenciado, exceto, como antedito, a concessão de aposentadoria em favor dos segurados que identifica em dois únicos incisos.

Note-se, de logo, que o regime próprio de previdência social contempla mais exceções do que aquelas visíveis neste dispositivo.

I – com deficiência, previamente submetidos à avaliação biopsicossocial realizada por equipe multiprofissional e interdisciplinar;

A primeira exceção à regra de vedação ao tratamento diferenciado diz respeito às pessoas com deficiência.

Note-se, na mesma chamada de atenção feita em relação ao disposto no § 4º-A do art. 40 da Constituição Federal, que o novo texto abandonou a anacrônica expressão "segurados portadores de deficiência", preferindo, com toda a razão, "segurados com deficiência", na linha da nomenclatura preconizada pela Convenção Internacional sobre os Direitos das Pessoas com Deficiência (Nova York, 2006) e pela Lei n. 13.146, de 6 de julho de 2015, conhecida como Estatuto da Pessoa com Deficiência.

Esse tratamento jurídico diferenciado aos segurados do RGPS com deficiência pressupõe o submetimento prévio a uma avaliação biopsicossocial, assim entendida a análise detalhada e tridimensional que aprecia a causa ou o progresso da deficiência a partir de fatores **biológicos** (fundados, por exemplo, em genética e bioquímica), **psicológicos** (lastreados, entre outros, na avaliação da personalidade, do comportamento e do humor) e **sociais** (egressos, por exemplo, das relações culturais, familiares ou socioeconômicas).

O § 1º do art. 2º da Lei n. 13.146, de 6 de julho de 2015, conhecida como Estatuto da Pessoa com Deficiência, cuida desse modelo de avaliação biopsicossocial, e assim dispõe sobre o assunto:

> *Art. 2º [...]*
> *§ 1º A avaliação da deficiência, quando necessária, será biopsicossocial, realizada por equipe multiprofissional e interdisciplinar e considerará:*
> *I – os impedimentos nas funções e nas estruturas do corpo;*
> *II – os fatores socioambientais, psicológicos e pessoais;*
> *III – a limitação no desempenho de atividades; e*
> *IV – a restrição de participação.*

A equipe que realiza a avaliação biopsicossocial, dada a anunciada tridimensionalidade da análise, deve ser **multiprofissional** e **interdisciplinar**, ou seja, dotada, ao menos, de profissionais das áreas biomédica, psicológica e de serviço social.

II – cujas atividades sejam exercidas com efetiva exposição a agentes químicos, físicos e biológicos prejudiciais à saúde, ou associação desses agentes, vedada a caracterização por categoria profissional ou ocupação.

Aqui, tal qual ocorrente no § 4º-C do art. 40 do texto constitucional, com nova redação, ofereceu-se tratamento jurídico diferenciado para aposentadoria de segurados cujas atividades sejam exercidas com **efetiva exposição a agentes químicos, físicos e biológicos prejudiciais à saúde, ou associação destes agentes**.

A Emenda Constitucional, porém, não estabeleceu exatamente a idade e o tempo de contribuição exigíveis enquanto regra permanente. **O importante detalhamento poderá ser feito por lei complementar**. Enquanto não seja publicada essa lei complementar, as disposições transitórias previstas nesta Emenda serão aplicáveis à situação.

O novo texto não mais menciona aqui, também aqui no art. 201, a expressão *"condições especiais"*, salvo no âmbito das regras transitórias, o que permite crer que o *nomen iuris* "aposentadoria especial" ou "aposentadoria por tempo de contribuição especial" pode dar espaço, na legislação infraconstitucional, a um tipo possivelmente intitulado genericamente como "aposentadoria diferenciada".

Como ressalvado, no § 2º do art. 25 do texto aqui estudado, entretanto, menciona-se a expressão "condições especiais" para tratar de situações havidas **até a data de entrada em vigor desta Emenda**. Veja-se:

> *Art. 25. [...]*
>
> *§ 2º Será reconhecida a conversão de tempo especial em comum, na forma prevista na Lei n. 8.213, de 24 de julho de 1991, ao segurado do Regime Geral de Previdência Social que comprovar tempo de efetivo exercício de atividade **sujeita a condições especiais** que efetivamente prejudiquem a saúde, cumprido até a data de entrada em vigor desta Emenda Constitucional, vedada a conversão para o tempo cumprido após esta data. [...]*

Deixou-se bem claro, por outro lado, que é proibida a caracterização de eventual nocividade por *categoria profissional* ou por *ocupação*. Assim, o texto constitucional afasta pretensões de categorias profissionais ou de específicos trabalhadores de fruírem aposentadoria por idade e tempo de contribuição diferenciados pelo simples fato de realizarem determinadas atividades. Rememore-se aqui que, no passado, aeronautas, por exemplo, pelo simples fato de integrarem essa categoria profissional, eram destinatários de aposentadoria especial que exigia 25 anos de contribuição para tanto.

Em matéria de aposentadoria especial, cabe referir o conteúdo do Projeto de Lei Complementar n. 245/2019, engenhado no transcurso das discussões da Emenda Constitucional de Reforma da Previdência. É bom anotar que, até as derradeiras etapas do processo legislativo no Senado Federal, existia no texto da então PEC n. 6/2019 uma vedação expressa à concessão de aposentadorias diferenciadas em favor de quem atuasse em situação de risco decorrente de periculosidade (risco à integridade física). O projeto apenas oferecia tratamento especial para os trabalhadores cujas atividades fossem exercidas com efetiva exposição a agentes químicos, físicos e biológicos prejudiciais à saúde, ou associação destes agentes.

No segundo turno de votações da PEC n. 6/2019 no Senado, os parlamentares deram-se conta de que o trabalho perigoso não deveria ser tratado com indiferença, haja vista o histórico legislativo e jurisprudencial de proteção a esse tipo de labor. Em decorrência disso, eles retiraram do texto da proposta de emenda constitucional a vedação do enquadramento por periculosidade e comprometeram-se a tratar com prioridade projeto de lei que cuidasse do assunto. E assim ocorreu.

O mencionado PLC n. 245 pretende regulamentar o inciso II do § 1º do art. 201 da Constituição Federal, que dispõe sobre a concessão de aposentadoria especial aos segurados do Regime Geral de Previdência Social. Nada, portanto, tratou no plano dos regimes próprios, mesmo porque eles têm extinção muitas vezes anunciada.

Pois bem. O PLC n. 245 resgatou algumas matérias constitucionais e criou uma sistemática que claramente identificou os pressupostos exigíveis para a aposentadoria especial, ficando claro, de qualquer modo, com base no art. 4º, que a exposição do segurado deverá ocorrer de forma **habitual** e **permanente**, considerando-se tempo de trabalho permanente aquele no qual a exposição do segurado seja indissociável da produção do bem ou da prestação do serviço.

Segundo o disposto no art. 2º do referido projeto, a aposentadoria especial será devida ao segurado cujas atividades sejam exercidas com efetiva exposição a:

- agentes nocivos químicos, físicos e biológicos prejudiciais à saúde, ou associação desses agentes, incluídos em lista definida pelo Poder Executivo, ou
- atividades equiparadas.

Note-se que não há categorização. O benefício será devido de acordo com a atividade, e não de acordo com a categoria. De todo modo, e em qualquer caso, devem ser observadas a carência de 180 (cento e oitenta) contribuições mensais e as seguintes condições:

I – para o segurado que se tenha filiado ao Regime Geral de Previdência Social **até a data de entrada em vigor da Emenda Constitucional n. 103/2019**, quando o total da soma resultante da sua idade e do tempo de contribuição e o tempo de efetiva exposição forem, respectivamente, de:

a) sessenta e seis pontos e quinze anos de efetiva exposição, como a que ocorre com quem trabalhou em atividade de mineração subterrânea, em frente de produção;

b) setenta e seis pontos e vinte anos de efetiva exposição, como a que ocorre com quem trabalhou em atividade de mineração subterrânea, quando houver afastamento da frente de produção ou em exposição a amianto; e

c) oitenta e seis pontos e vinte e cinco anos de efetiva exposição, como, entre outras, a que ocorre com quem trabalhou em atividade em que haja exposição a campos eletromagnéticos de baixa frequência que tenham como fonte a energia elétrica e que realizem serviços dentro de um raio de 100 metros da geração de energia elétrica, linhas de transmissão, estações distribuidoras e transformadoras de energia elétrica, ou subestações, quando o trabalho for interno, mas também a que ocorre com a exposição a risco à integridade física, nos termos da própria Lei Complementar.

II – para o segurado que se tenha filiado ao Regime Geral de Previdência Social **após a data de entrada em vigor da Emenda Constitucional n. 103/2019**, quando a sua idade e o tempo de efetiva exposição forem, respectivamente, de:

a) cinquenta e cinco anos de idade e quinze anos de efetiva exposição, como a que ocorre com quem trabalhou em atividade de mineração subterrânea, em frente de produção;

b) cinquenta e oito anos de idade e vinte anos de efetiva exposição, como a que ocorre com quem trabalhou em atividade de mineração subterrânea, quando houver afastamento da frente de produção ou em exposição a amianto; e

c) sessenta anos de idade e vinte e cinco anos de efetiva exposição, como, entre outras, a que ocorre com quem trabalhou em atividade em que haja exposição a campos eletromagnéticos de baixa frequência que tenham como fonte a energia elétrica e que realizem serviços dentro de um raio de 100 metros da geração de energia elétrica, linhas de transmissão, estações distribuidoras e transformadoras de energia elétrica, ou subestações, quando o trabalho for interno, mas também a que ocorre com a exposição a risco à integridade física, nos termos da própria Lei Complementar.

Mas, afinal, quais seriam as exposições a risco à integridade física consideradas como fato gerador da aposentadoria especial?

O art. 3º do PLC n. 245/2019 deixa claro que isso se dará somente com a (I) vigilância ostensiva e transporte de valores, ainda que sem o uso de arma de fogo, bem como proteção de bens, serviços, logradouros públicos municipais e instalações de município; com o (II) contato direto com energia elétrica de alta tensão; e com o (III) contato direto com explosivos ou armamento.

A comprovação da efetiva exposição do segurado aos agentes nocivos será feita mediante formulário eletrônico encaminhado à Previdência Social pela empresa ou seu preposto ou contribuinte individual, na forma estabelecida pelo INSS, emitido com base em laudo técnico de condições ambientais do trabalho (LTCAT) expedido por médico do trabalho ou engenheiro de segurança do trabalho.

A empresa que não mantiver esse laudo técnico atualizado ou se recusar a fornecer o documento ao trabalhador, estará sujeita a multa de R$ 2.411,28 (dois mil, quatrocentos e onze reais e vinte e oito centavos) a R$ 241.126,88 (duzentos e quarenta e um mil, cento e vinte e seis reais e oitenta e oito centavos), reajustados nas mesmas épocas e com os mesmos índices utilizados para o reajustamento dos valores dos benefícios do Regime Geral de Previdência Social.

Uma grande novidade normativa é o registro expresso e claro de que o contribuinte individual poderá aceder à aposentadoria especial, mas, para tanto, deverá manter laudo técnico de condições ambientais do trabalho atualizado, comprovando que exerce sua atividade exposto, sob pena de não ter reconhecido o período de trabalho como especial.

Para o segurado que houver exercido duas ou mais atividades com efetiva exposição, sem completar em qualquer delas o tempo mínimo exigido para a aposentadoria especial, os respectivos períodos de exercício em condições especiais serão somados após conversão, segundo critérios estabelecidos em regulamento, devendo ser considerada a **atividade preponderante**, ou seja, aquela em que o segurado trabalhou por maior período, para efeito de enquadramento e fixação da idade mínima ou soma de pontos.

É bom atentar para o fato de que o referido projeto reforça o previsto na Carta Constitucional no sentido de que **são vedadas a conversão do tempo de trabalho especial em tempo de trabalho comum e a conversão do tempo de trabalho comum em tempo de trabalho especial.**

Consideram-se especiais, entretanto, os períodos de descanso determinados pela legislação trabalhista, inclusive férias, os de afastamento decorrentes de gozo de benefícios por incapacidade temporária ou permanente acidentários, bem como os de percepção de salário-maternidade, desde que, à data do afastamento, o segurado ou segurada estivessem expostos aos eventos geradores.

Outra novidade do texto normativo ora em análise foi a relativização da permanência do aposentável no trabalho, ainda que sob condições nocivas. Nos termos do art. 7º, depois do cumprimento do tempo de contribuição exigível para a aposentadoria especial, será admitida a continuidade do exercício de atividades com efetiva exposição, **por segurados empregados e trabalhadores avulsos** (apenas por eles), por um **período adicional de 40% (quarenta por cento)** desse tempo.

Então, se alguém poderia ter aposentadoria especial por 25 anos de exposição, ele, sem incorrer em nenhuma violação normativa, poderá manter-se no mesmo meio ambiente por mais 10 anos. É bom anotar que o risco de adoecimento ocupacional do trabalhador e de assunção de eventuais indenizações por danos materiais ou morais será do tomador de serviços, especialmente quando seja dele a iniciativa de manter no posto de serviço o operário exposto à nocividade.

Ao término desse período máximo, a empresa **fica obrigada a readaptar** o segurado para outra atividade em que não haja exposição, sendo garantida ao segurado a manutenção do seu contrato de trabalho na empresa por um período de 24 (vinte e quatro) meses. Essa norma cria, portanto, uma estabilidade em favor dos empregados submetidos à nocividade, caso, evidentemente, seja extrapolado o limite temporal de 40% do tempo necessário para a aposentação especial.

O descumprimento da estabilidade implica a indenização do período restante de garantia de manutenção do contrato de trabalho, bem como, no tocante ao descumprimento da readaptação, o ressarcimento ao Instituto Nacional do Seguro Social (INSS) dos custos com a reabilitação do segurado para o exercício de outra atividade. Haverá, portanto, conversão da obrigação de fazer em obrigação de indenizar.

É interessante observar que a Lei Complementar aqui em exame cria, em favor do empregado ou trabalhador avulso que extrapole os limites temporais para a aposentadoria especial, mas a partir do final do período de estabilidade, uma nova espécie de benefício previdenciário, embora sem indicar correspondente fonte de custeio.

Segundo o art. 8º do referido diploma normativo, depois do período de manutenção do contrato de trabalho, os segurados empregado e trabalhador avulso (e apenas estes) farão jus a um **auxílio por exposição**, de natureza indenizatória, a cargo da Previdência Social, correspondente a 15% (quinze por cento) do valor do salário de benefício.

Esse "auxílio por exposição", que será auferido independentemente de qualquer remuneração ou rendimento recebido pelo segurado, será devido ao segurado a partir:

I – do dia seguinte ao término do período de 24 (vinte e quatro) meses de garantia de manutenção do contrato de trabalho, quando requerido em até 90 (noventa) dias do final desse período; ou

II – da data do requerimento, quando requerido após o prazo previsto no inciso I.

O benefício será, entretanto, devido, tal qual se faz com o assemelhado "auxílio-acidente", até:

I – a véspera do início de qualquer aposentadoria; ou
II – a data do óbito do segurado.

O período de percepção desse novo "auxílio por exposição" não será computado como tempo de contribuição, e o valor da correspondente renda mensal não será considerado no cálculo do salário de benefício de qualquer prestação.

Anote-se que esse benefício especial é, em verdade, uma compensação pela exposição adicional sofrida pelo segurado, motivo pelo qual poderia chamar-se "auxílio por exposição pretérita". Não há – e não pode haver – exposição do segurado a partir do momento em que a vantagem lhe passa a ser devida.

O art. 9º da Lei Complementar aqui em análise trata também da situação de retorno do aposentado especial ao ambiente de nocividade e é claríssimo ao dispor que o referido benefício **será suspenso** (e não cancelado, como antes previa a lei) na hipótese de o segurado continuar no exercício de atividades, ou a elas retornar, que o exponha. A suspensão, porém, deverá ser precedida de processo que garanta a ampla defesa e o contraditório, nos termos do regulamento.

O benefício de aposentadoria especial será restabelecido quando o segurado comprovar a cessação do exercício de atividades que o exponha. Os valores indevidamente recebidos deverão ser ressarcidos, na forma prevista em regulamento.

Até o fechamento desta edição, o Projeto de Lei Complementar ainda não havia sido votado no Senado.

TEXTO ORIGINAL	TEXTO MODIFICADO
§ 7º É assegurada aposentadoria no regime geral de previdência social, nos termos da lei, obedecidas as seguintes condições:	§ 7º ....

TEXTO ORIGINAL	TEXTO MODIFICADO
(Redação dada pela Emenda Constitucional n. 20, de 1998) I – trinta e cinco anos de contribuição, se homem, e trinta anos de contribuição, se mulher; (Incluído dada pela Emenda Constitucional n. 20, de 1998) II – sessenta e cinco anos de idade, se homem, e sessenta anos de idade, se mulher, reduzido em cinco anos o limite para os trabalhadores rurais de ambos os sexos e para os que exerçam suas atividades em regime de economia familiar, nestes incluídos o produtor rural, o garimpeiro e o pescador artesanal. (Incluído dada pela Emenda Constitucional n. 20, de 1998)	I – 65 (sessenta e cinco) anos de idade, se homem, e 62 (sessenta e dois) anos de idade, se mulher, observado tempo mínimo de contribuição; II – 60 (sessenta) anos de idade, se homem, e 55 (cinquenta e cinco) anos de idade, se mulher, para os trabalhadores rurais e para os que exerçam suas atividades em regime de economia familiar, nestes incluídos o produtor rural, o garimpeiro e o pescador artesanal.

§ 7º ....

O *caput* do § 7º do art. 201 do texto constitucional manteve a mesma redação obtida por ocasião da publicação da Emenda Constitucional n. 20/1998. Consta dali referência no sentido de que "é assegurada aposentadoria no regime geral de previdência social, nos termos da lei, obedecidas as seguintes condições":

I – 65 (sessenta e cinco) anos de idade, se homem, e 62 (sessenta e dois) anos de idade, se mulher, observado tempo mínimo de contribuição;

O inciso I do § 7º passou a cuidar unicamente da **idade mínima dos urbanos** para a aposentadoria no Regime Geral da Previdência Social. A soma da idade mínima e do tempo de contribuição mínima, antes não exigível no RGPS, passou a ser a novidade ali aplicável.

Deixou-se aqui, porém, bem claro que, ao lado do requisito da idade mínima, haveria de ser observado um **tempo mínimo de contribuição** cuja dimensão temporariamente será regida pelo art. 19 da Emenda Constitucional aqui em exame.

Nesse sentido, até que lei específica disponha sobre o tempo de contribuição a que se refere este inciso I do § 7º do art. 201 da Constituição Federal, o segurado filiado ao Regime Geral de Previdência Social, após a data de entrada em vigor desta Emenda Constitucional, será aposentado aos 62 (sessenta e dois) anos de idade, se mulher, 65 (sessenta e cinco) anos de idade, se homem, e aos 15 (quinze) anos de tempo de contribuição, se mulher, e 20 (vinte) anos de tempo de contribuição, se homem.

URBANOS				
Idade mínima	👩	62 anos para mulheres	👨	65 anos para homens
Tempo de contribuição	👩	15 anos para mulheres	👨	20 anos para homens

Perceba-se que o inciso I do § 7º do art. 201 da Constituição Federal atribuiu para a legislação infraconstitucional a missão de determinar qual será o tempo de contribuição exigível, não havendo nenhum limite máximo criado.

Assim, **como regra permanente**, a norma constitucional reformada passou a exigir a idade mínima de 65 anos para homens e 62 anos para mulheres. Note-se que a idade mínima dos homens manteve-se na mesma dimensão exigível nos termos da redação anterior, somente sendo acrescida a idade mínima das mulheres, dos 60 anos para os 62 anos de idade.

II – 60 (sessenta) anos de idade, se homem, e 55 (cinquenta e cinco) anos de idade, se mulher, para os trabalhadores rurais e para os que exerçam suas atividades em regime de economia familiar, nestes incluídos o produtor rural, o garimpeiro e o pescador artesanal.

O inciso II do § 7º, por sua vez, passou a cuidar unicamente da **idade mínima dos trabalhadores rurais e para os que exerçam sua atividades em regime de economia familiar, nestes incluídos o produtor rural, o garimpeiro e o pescador artesanal** para a aposentadoria no Regime Geral da Previdência Social.

RURAIS				
Idade mínima	👩	55 anos para mulheres	👨	60 anos para homens

A inevidência de qualquer registro acerca de **um tempo mínimo de contribuição** deixou bem claro que os segurados expressamente ali referidos não estarão submetidos a associação de idade mínima e de tempo mínimo de contribuição. Ao menos para trabalhadores rurais e para trabalhadores que exerçam suas atividades em regime de economia familia, nestes incluídos o produtor rural, o garimpeiro e o pescador artesanal, **bastará cumprir a idade mínima, observado unicamente o eventual cumprimento de carência.**

TEXTO ORIGINAL	TEXTO MODIFICADO
§ 8º Os requisitos a que se refere o inciso I do parágrafo anterior serão reduzidos em cinco anos, para o professor que comprove exclusivamente tempo de efetivo exercício das funções de magistério na educação infantil e no ensino fundamental e médio. (Redação dada pela Emenda Constitucional n. 20, de 1998)	§ 8º O requisito de idade a que se refere o inciso I do § 7º será reduzido em 5 (cinco) anos, para o professor que comprove tempo de efetivo exercício das funções de magistério na educação infantil e no ensino fundamental e médio fixado em lei complementar.

§ 8º O requisito de idade a que se refere o inciso I do § 7º será reduzido em 5 (cinco) anos, para o professor que comprove tempo de efetivo exercício das funções de magistério na educação infantil e no ensino fundamental e médio fixado em lei complementar.

Tal qual se disse em relação aos professores do regime próprio de previdência social, os ocupantes do referido cargo, desde que comprovem tempo de **efetivo exercício** das funções de magistério na **educação infantil** e no **ensino fundamental** e **médio** fixado em lei complementar do respectivo ente federativo, são destinatários de aposentadoria com idade mínima reduzida.

Perceba-se que diferentemente do que ocorreu no §5º do art. 40, a nova redação dada ao dispositivo não se refere aos *"ocupantes do cargo de professor"*, mas apenas, como antes, ao *"professor"*. Rememore-se, porém, que, sobre a extensão do conceito de professor no Supremo Tribunal Federal, já se assentou que a função de magistério não se circunscreve apenas ao trabalho em sala de aula, "abrangendo também a preparação de aulas, a correção de provas, o atendimento aos pais e alunos, a coordenação e o assessoramento pedagógico e, ainda, a direção de unidade escolar".

Nos termos da ADIN 3.772, relatada pelo Min. Ayres Britto, as funções de direção, coordenação e assessoramento pedagógico integravam a carreira do magistério, desde que exercidos, em estabelecimentos de ensino básico, **por professores de carreira, excluídos os especialistas em educação**, fazendo jus aqueles que as desempenham ao regime especial de aposentadoria estabelecido nos arts. 40, § 5º, e 201, § 8º, da Constituição Federal. Há, portanto, margem para uma visão reducionista do conceito do destinatário em exame.

Por outro lado, o dispositivo reformado oferece – da mesma forma que o anterior – a redução de cinco anos em relação às idades ordinariamente exigidas para os demais segurados. Assim, observada essa regra permanente, **uma professora poderá aposentar-se aos 57 anos de idade e um professor aos 60 anos de idade**.

PROFESSORES				
Idade mínima		57 anos para mulheres		60 anos para homens

As **regras de transição** serão analisadas nos dispositivos a ela pertinentes.

TEXTO ORIGINAL	TEXTO MODIFICADO
§ 9º Para efeito de aposentadoria, é assegurada a contagem recíproca do tempo de contribuição na administração pública e na atividade privada, rural e urbana, hipótese em que os diversos regimes de previdência social se compensarão financeiramente, segundo critérios estabelecidos em lei. (Incluído pela Emenda Constitucional n. 20, de 1998)	§ 9º Para fins de aposentadoria, será assegurada a contagem recíproca do tempo de contribuição entre o Regime Geral de Previdência Social e os regimes próprios de previdência social, e destes entre si, observada a compensação financeira, de acordo com os critérios estabelecidos em lei.

§ 9º Para fins de aposentadoria, será assegurada a contagem recíproca do tempo de contribuição entre o Regime Geral de Previdência Social e os regimes próprios de previdência social, e destes entre si, observada a compensação financeira, de acordo com os critérios estabelecidos em lei.

Apesar de extinta a aposentadoria por tempo de contribuição, a sua forma residual continuará a existir em favor daqueles que venham a se valer de regras de transição. Para tanto, os segurados podem realizar a contagem recíproca do tempo de contribuição entre o RGPS e os RPPSs, e destes entre si.

Anote-se que o novo texto foi mais técnico do que o anterior ao dizer que a contagem recíproca do tempo de contribuição se dava "entre o Regime Geral de Previdência Social e os regimes próprios de previdência social, e destes entre si", e não mais – como se dizia – que ela ocorria "na administração pública e na atividade privada, rural e urbana". Atente-se que essa contagem recíproca não se pode valer de:

    a) **tempo de contribuição fictício**, nos termos expressos no § 14 deste art. 201, ou seja, não se pode utilizar de um tempo de contribuição que não esteja efetivamente lastreado por contribuição previdenciária efetivamente vertida ao sistema. Nesse âmbito, não mais se admite (desde a EC n. 20/1998), portanto e por exemplo, que seja contado como tempo de contribuição o fictício período de licença prêmio não concedida;

b) **tempo de contribuição concomitante**, ou seja, tempo de contribuição baseado no mesmo período. Cabe aqui a ilustração de um professor que, entre os anos de 2000 e 2010 trabalhou concomitantemente para o serviço público e para a iniciativa privada. Esse professor, que contribuía simultaneamente para o RPPS e para o RGPS, não se pode valer de contagem recíproca, porque esta não ocorre diante de períodos sobrepostos de contribuição, mas apenas em relação a períodos sucessivos de contribuição;

c) **tempo de contribuição já utilizado** para a concessão de algum benefício previdenciário. Se o segurado aposentou-se por tempo de contribuição no RGPS e, depois disso, ingressou no serviço público mediante concurso, não poderá levar para o RPPS nenhuma fração do tempo utilizado para a conquista da aposentadoria no RGPS;

d) **tempo de serviço sem a correspondente contribuição**. São coisas diferentes "tempo de serviço" e " tempo de contribuição". Se o segurado realizou trabalho (tempo de serviço) que lhe permitia o recolhimento de contribuição previdenciária, mas não a verteu para o regime previdenciário, não poderá valer-se desse "tempo" enquanto não proceder a correspondente indenização.

Averbe-se, afinal, que, por ora, a Lei n. 9.796/99 dispõe sobre a compensação financeira entre o Regime Geral de Previdência Social e os regimes de previdência dos servidores da União, dos Estados, do Distrito Federal e dos Municípios, nos casos de contagem recíproca de tempo de contribuição para efeito de aposentadoria, e dá outras providências.

TEXTO ORIGINAL	TEXTO MODIFICADO
§ 9º-A INEXISTENTE	§ 9º-A O tempo de serviço militar exercido nas atividades de que tratam os arts. 42, 142 e 143 e o tempo de contribuição ao Regime Geral de Previdência Social ou a regime próprio de previdência social terão contagem recíproca para fins de inativação militar ou aposentadoria, e a compensação financeira será devida entre as receitas de contribuição referentes aos militares e as receitas de contribuição aos demais regimes.

§ 9º-A O tempo de serviço militar exercido nas atividades de que tratam os arts. 42, 142 e 143 e o tempo de contribuição ao Regime Geral de Previdência Social ou a regime próprio de previdência social terão contagem recíproca para fins de inativação militar ou aposentadoria, e a compensação financeira será devida entre as receitas de contribuição referentes aos militares e as receitas de contribuição aos demais regimes.

A Emenda Constitucional que ora se analisa criou um parágrafo especial para cuidar da até então não tratada contagem recíproca entre o **tempo de serviço militar exercido nas atividades de que tratam os arts. 42, 142 e 143** e o tempo de contribuição ao Regime Geral de Previdência Social ou a regime próprio de previdência social. O objetivo foi o de deixar clara essa possibilidade e de informar que a compensação financeira será devida entre as receitas de contribuição referentes aos militares e as receitas de contribuição aos demais regimes.

Perceba-se que a Lei n. 9.796/1999 não tratava da aqui analisada contagem recíproca, ora expressamente autorizada pela Constituição da República.

TEXTO ORIGINAL	TEXTO MODIFICADO
§ 10. Lei disciplinará a cobertura do risco de acidente do trabalho, a ser atendida concorrentemente pelo regime geral de previdência social e pelo setor privado. (Incluído dada pela Emenda Constitucional n. 20, de 1998)	§ 10. Lei complementar poderá disciplinar a cobertura de benefícios não programados, inclusive os decorrentes de acidente do trabalho, a ser atendida concorrentemente pelo Regime Geral de Previdência Social e pelo setor privado.

§ 10. Lei complementar poderá disciplinar a cobertura de benefícios não programados, inclusive os decorrentes de acidente do trabalho, a ser atendida concorrentemente pelo Regime Geral de Previdência Social e pelo setor privado.

No texto anteriormente vigente, o tempo verbal utilizado para prever a efetivação do direito sugeria a impositividade da conduta: "Lei disciplinará...". A nova redação, entretanto, cônscia de que o assunto, depois de 20 anos da promulgação da EC n. 20/1998, jamais foi regulamentado, deu ao texto um tom de facultatividade: "Lei complementar poderá disciplinar" a cobertura de benefícios não programados, inclusive os decorrentes de acidente do trabalho.

Perceba-se, quanto ao objeto da regulamentação, que, em lugar da disciplinação da "cobertura do risco de acidente do trabalho", o texto substituinte, em redação bem mais ampliativa, prevê a disciplinação da **"cobertura de benefícios não programados, inclusive os decorrentes de acidente do trabalho"**. Isso quer dizer que a orientação constitucional passou a de se dar a qualquer benefício não programado a possibilidade de "atendimento concorrente pelo Regime Geral da Previdência Social e pelo setor privado".

Mas o que seria um "benefício não programado"?

Também conhecido como "benefício de risco", o benefício não programado é aquele cuja ocorrência não é suscetível de previsão antecipada, podendo ocorrer a qualquer momento, tal como se dá com a incapacidade por adoecimento ou por acidente, com a reclusão ou com a morte. Aliás, a maior parte dos benefícios é essencialmente de natureza não programada. Em rigor, somente um benefício – a aposentadoria voluntária – é propriamente controlável, no sentido de saber-se antecipadamente a data de início da sua provável disponibilidade.

Pois bem. Com a nova redação dada para o §10, não apenas a "cobertura do risco de acidente do trabalho" poderá ser atendida concorrentemente pelo RGPS e setor privado, mas também a cobertura de outros tantos "benefícios não programados".

Haverá, portanto, espaço amplo para a privatização do seguro social dos benefícios não programados, mas essa nova etapa somente seria alcançável depois de detalhada e difícil regulamentação.

TEXTO ORIGINAL	TEXTO MODIFICADO
§ 12. Lei disporá sobre sistema especial de inclusão previdenciária para atender a trabalhadores de baixa renda e àqueles sem renda própria que se dediquem exclusivamente ao trabalho doméstico no âmbito de sua residência, desde que pertencentes a famílias de baixa renda, garantindo-lhes acesso a benefícios de valor igual a um salário mínimo. (Redação dada pela Emenda Constitucional n. 47, de 2005)	§ 12. Lei instituirá sistema especial de inclusão previdenciária, com alíquotas diferenciadas, para atender aos trabalhadores de baixa renda, inclusive os que se encontram em situação de informalidade, e àqueles sem renda própria que se dediquem exclusivamente ao trabalho doméstico no âmbito de sua residência, desde que pertencentes a famílias de baixa renda.

§ 12. Lei instituirá sistema especial de inclusão previdenciária, com alíquotas diferenciadas, para atender aos trabalhadores de baixa renda, inclusive os que se encontram em situação de informalidade, e àqueles sem renda própria que se dediquem exclusivamente ao trabalho doméstico no âmbito de sua residência, desde que pertencentes a famílias de baixa renda.

A Emenda Constitucional n. 47, de 5 de julho de 2005, acrescentou nos §§ 12 e 13 do art. 201 da Constituição previsão no sentido de que Lei disciplinaria um "sistema especial de inclusão previdenciária" para atender aos trabalhadores de baixa renda e aos cidadãos sem renda própria que se dedicassem exclusivamente ao serviço doméstico no âmbito residencial, desde que pertencentes a famílias de baixa renda. Vejam-se as redações originais:

§ 12. *Lei disporá sobre sistema especial de inclusão previdenciária para atender a trabalhadores de baixa renda e àqueles sem renda própria que se dediquem exclusivamente ao trabalho doméstico no âmbito de sua residência, desde que pertencentes a famílias de baixa renda, garantindo-lhes acesso a benefícios de valor igual a um salário mínimo. (Redação dada pela Emenda Constitucional n. 47, de 2005)*

§ 13. *O sistema especial de inclusão previdenciária de que trata o § 12 deste artigo terá alíquotas e carências inferiores às vigentes para os demais segurados do regime geral de previdência social. (Incluído pela Emenda Constitucional n. 47, de 2005)*

Nessas circunstâncias, na medida em que contribuíssem com alíquotas mais vantajosas, e que cumprissem carências inferiores às vigentes, teriam acesso a benefícios de valor igual a um salário mínimo.

Para concretizar a promessa constitucional, a Lei Complementar n. 123, de 14 de dezembro de 2006, conhecida como Estatuto Nacional da Microempresa e da Empresa de Pequeno Porte, foi a primeira a oferecer alguma modificação.

O art. 80 do referido diploma complementar acrescentou dois parágrafos no art. 21 da Lei 8.212/91 (Plano de Custeio), prevendo ser de 11% (antes era de 20%), sobre o valor correspondente ao limite mínimo mensal, a alíquota de contribuição do segurado contribuinte individual que trabalhasse por conta própria, sem relação de trabalho com empresa ou equiparado, e do segurado facultativo desde que optassem pela exclusão do direito ao benefício de aposentadoria por tempo de contribuição.

Alguns registros aqui são importantes:

a) os beneficiários eram unicamente os trabalhadores autônomos que não prestassem serviços a empresas e os segurados facultativos de qualquer natureza;
b) a base de cálculo deveria ser necessariamente a de um salário mínimo;
c) a alíquota era sempre de 11%;
d) as rendas mensais do benefício não passariam de um salário mínimo;
e) essa opção retirava, embora isso não fosse previsto na Constituição, o direito de os segurados inseridos nesse sistema obter aposentadoria por tempo de contribuição e de levar o seu tempo de contribuição para outro regime previdenciário (instituto conhecido como contagem recíproca), salvo se complementassem os 9% faltantes;
f) nenhuma vantagem capaz de diminuir o tempo de carência foi criada.

Pois bem. Esse sistema foi alterado pela Medida Provisória n. 529, de 7 de abril de 2011, convertida posteriormente, com alguns acréscimos, na Lei n. 12.470, de 31 de agosto de 2011. Na mudança, duas categorias de segurados foram ainda mais favorecidas com a redução da alíquota de 11% para 5% (cinco por cento), igualmente sobre o salário mínimo. Esses beneficiados foram:

a) o microempreendedor individual, de que trata o art. 18-A da Lei Complementar n. 123, de 14 de dezembro de 2006, vale dizer, aquele que tenha que auferido receita bruta, no ano-calendário anterior, de até R$ 36.000,00 (trinta e seis mil reais), que seja optante pelo Simples Nacional e que não esteja impedido de optar pela sistemática prevista nesse artigo; e

b) o segurado facultativo sem renda própria que se dedique exclusivamente ao serviço doméstico no âmbito de sua residência (dona de casa), desde que pertencente a família de baixa renda, assim entendida aquela inscrita no Cadastro Único para Programas Sociais do Governo Federal – CadÚnico, cuja renda mensal seja de até 2 (dois) salários mínimos.

Assim, tirante os favorecidos de modo ainda mais especial, foi mantido o sistema oferecido anteriormente para os segurados trabalhadores autônomos que não prestassem serviços a empresas e para os demais segurados facultativos de qualquer natureza.

Pois bem. A Reforma da Previdência de 2019 mudou muito isso.

Inicialmente, é importante chamar a atenção para o fato de que a nova redação não mais refere, em nenhum lugar, nada sobre a concessão de "carências inferiores". As carências são exatamente as mesmas. A única vantagem diz respeito unicamente às alíquotas diferenciadas.

Um segundo aspecto a considerar é que não mais existirá restrição para a fruição de aposentadoria por tempo de contribuição, pois a reforma da previdência, apesar do respeito ao direito adquirido, elimina a espécie de jubilamento baseada unicamente em tempo de contribuição. Igualmente, desaparecerá, salvo na dimensão do direito adquirido, a problemática da contagem recíproca do tempo de contribuição.

Outro ponto a destacar foi a extensão da proteção também aos "que se encontram em situação de informalidade".

TEXTO ORIGINAL	TEXTO MODIFICADO
§ 13. O sistema especial de inclusão previdenciária de que trata o § 12 deste artigo terá alíquotas e carências inferiores às vigentes para os demais segurados do regime geral de previdência social. (Incluído pela Emenda Constitucional n. 47, de 2005)	§ 13. A aposentadoria concedida ao segurado de que trata o § 12 terá valor de um salário mínimo.

§ 13. A aposentadoria concedida ao segurado de que trata o § 12 terá valor de um salário mínimo.

Para bem entender o § 13 é indispensável compreender a história do sistema especial de inclusão previdenciária relatada no parágrafo anterior cuja leitura deverá ser feita pelo leitor. De todo modo, o texto ora em análise apenas se destinou a dizer aquilo que já era dito em favor dos segurados aderentes ao sistema especial de inclusão previdenciária no final da redação do § 12 anteriormente vigente: eles têm garantido o *"acesso a benefícios de valor igual a um salário mínimo".*

Assim o dispositivo constante do § 13 passou a reiterar, singelamente, o que antes se afirmara: "a aposentadoria concedida ao segurado de que trata o § 12 terá valor de um salário mínimo".

Houve, entretanto, a omissão do legislador constitucional em referenciar outros benefícios além da aposentadoria. Não parece, entretanto, que a intenção tenha sido limitar o rol de prestações ofertáveis aos ora analisados aderentes, uma vez que nada expressamente se coloca sobre isso no texto do § 12, mas, essencialmente, deixar patente que a aposentadoria deles não passará de um salário mínimo. A lei infraconstitucional decreto criará, entre outras tantas, uma sistemática para tratar de eventual contribuição híbrida, parte em sistema ordinário, parte em sistema especial de inclusão previdenciária.

TEXTO ORIGINAL	TEXTO MODIFICADO
§ 14. INEXISTENTE	§ 14. É vedada a contagem de tempo de contribuição fictício para efeito de concessão dos benefícios previdenciários e de contagem recíproca.

§ 14. É vedada a contagem de tempo de contribuição fictício para efeito de concessão dos benefícios previdenciários e de contagem recíproca.

A Emenda Constitucional aqui em análise traz para o Regime Geral de Previdência Social uma disposição normativa que já era visível no âmbito do regime próprio de previdência social. Como se sabe, a EC n. 20/1998 criou um parágrafo no art. 40 da Constituição da República – o § 10 – para dispor que "a lei não poderá estabelecer qualquer forma de contagem de tempo de contribuição fictício", ou seja, daquele tempo que não estivesse lastreado em efetiva contribuição previdenciária.

Repete-se, portanto, aqui, na área destinada ao RGPS, a mesma disposição com um pequeno acréscimo. Além de dizer ser vedada a contagem de tempo de contribuição fictício para efeito de concessão dos benefícios previdenciários, o parágrafo aqui analisado deixa claro que ele também não é admitido para fins de contagem recíproca, valendo, obviamente, para todos os regimes de previdência social.

No plano da intertemporalidade, é importante registrar o conteúdo do *caput* do art. 25 desta Emenda, segundo o qual "será assegurada a contagem de tempo de contribuição fictício no Regime Geral de Previdência Social decorrente de hipóteses descritas na legislação vigente até a data de entrada em vigor desta Emenda Constitucional, para fins de concessão de aposentadoria, observado, a partir da sua entrada em vigor, o disposto no § 14 do art. 201 da Constituição Federal".

TEXTO ORIGINAL	TEXTO MODIFICADO
§ 15. INEXISTENTE.	§ 15. Lei complementar estabelecerá vedações, regras e condições para a acumulação de benefícios previdenciários.

§ 15. Lei complementar estabelecerá vedações, regras e condições para a acumulação de benefícios previdenciários.

Trata-se de uma disposição normativa nova, mas de imensa importância. As mais frequentes questões existentes entre os segurados e dependentes dos regimes de previdência social são realmente encontráveis no âmbito das situações que dizem respeito a acumulação de benefícios previdenciários.

Afinal, quais são os benefícios acumuláveis? Quais são os motivos de determinadas acumulações? Tudo isso precisa ser bem esclarecido e o parágrafo ora em análise prevê que lei complementar estabelecerá vedações, regras e condições para a acumulação dos benefícios previdenciários.

TEXTO ORIGINAL	TEXTO MODIFICADO
§ 16. INEXISTENTE	§ 16. Os empregados dos consórcios públicos, das empresas públicas, das sociedades de economia mista e das suas subsidiárias serão aposentados compulsoriamente, observado o cumprimento do tempo mínimo de contribuição, ao atingir a idade máxima de que trata o inciso II do § 1º do art. 40, na forma estabelecida em lei.

§ 16. Os empregados dos consórcios públicos, das empresas públicas, das sociedades de economia mista e das suas subsidiárias serão aposentados compulsoriamente, observado o cumprimento do tempo mínimo de contribuição, ao atingir a idade máxima de que trata o inciso II do § 1º do art. 40, na forma estabelecida em lei." (NR)

O § 16 do art. 201 da Constituição da República deixa claro algo que já era declarado, em alguns casos, pelo Judiciário: empregados dos consórcios públicos, das empresas públicas, das sociedades de economia mista e das suas subsidiárias são **aposentados compulsoriamente**, observado o cumprimento do tempo mínimo de contribuição, ao atingir a idade máxima prevista no inciso II do §1º do art. 40, na forma estabelecida em lei.

Dessa forma, não apenas os servidores públicos, mas também os empregados públicos serão aposentados compulsoriamente por idade avançada (70 anos, em regra; ou 75 anos, para os contemplados pelo disposto na LC n. 152/2015), **desde que cumpram o tempo mínimo de contribuição**. Segundo a regra constante do dispositivo aqui em análise, não bastará o advento do limite etário máximo para que se garanta a aposentadoria compulsória. Será essencial a formação de um tempo mínimo de contribuição para tanto, "na forma estabelecida em lei" (veja-se a parte final do dispositivo em exame e perceba que esse tempo mínimo pode ser regulado no âmbito infraconstitucional).

E se não houver o cumprimento do tempo mínimo de contribuição para a formação da aposentadoria compulsória, o que ocorrerá com o empregado público?

Essa é a principal dúvida trazida pelo dispositivo aqui analisado.

Em rigor, a solução deveria ser a mesma aplicável ao segurado do RPPS, que permanece regido pelo disposto no §1º, II, do art. 40, do texto constitucional. Veja-se:

> *Art. 40 [...]*
> *§ 1º Os servidores abrangidos pelo regime de previdência de que trata este artigo serão aposentados, calculados os seus proventos a partir dos valores fixados na forma dos §§ 3º e 17:*
> *[...]*
> *II – compulsoriamente, com **proventos proporcionais ao tempo de contribuição**, aos 70 (setenta) anos de idade, ou aos 75 (setenta e cinco) anos de idade, na forma de lei complementar;* (grifos não constantes do original)

Perceba-se que o segurado do RPPS terá automática aposentadoria compulsória por advento do limite etário com ***proventos proporcionais ao tempo de contribuição***. Note-se que não há em relação a ele prescrição de cumprimento de tempo mínimo de contribuição. Assim, se esse segurado tem apenas 10 anos de contribuição no momento em que alcança a idade para a aposentação compulsória, ele ter o seu vínculo estatutário extinto e será jubilado com o tempo de trabalho que tiver.

Entre os segurados do RGPS, o tratamento jurídico, sem que existissem razões plausíveis para tanto, foi diferente. No caso dos detentores de empregos públicos, a solução – em lugar da imediata e automática aposentação compulsória com proventos proporcionais ao tempo de contribuição – passou pela exigência do "cumprimento do tempo mínimo de contribuição".

A única interpretação razoável que se pode retirar do texto aqui em análise é a de que a aposentadoria compulsória para os empregados públicos somente se dará depois de ele ter cumprido o **tempo de contribuição mínimo** a ser revelado por lei, o que pode ocorrer, em alguns casos, depois de superado o limite dos 70 anos.

Trata-se, portanto, de uma construção normativa mal feita. Se a intenção foi realmente a de extinguir *ex lege* os contratos dos empregados públicos por elevada idade e de dar-lhes aposentadoria compulsória, não se poderia exigir o cumprimento de um mínimo tempo de contribuição.

TEXTO ORIGINAL	TEXTO MODIFICADO
"Art. 202.	"Art. 202. ....
§ 4º Lei complementar disciplinará a relação entre a União, Estados, Distrito Federal ou Municípios, inclusive suas autarquias, fundações, sociedades de economia mista e empresas controladas direta ou indiretamente, **enquanto patrocinadoras de entidades fechadas de previdência privada, e suas respectivas entidades fechadas de previdência privada.** (Incluído pela Emenda Constitucional n. 20, de 1998)	§ 4º Lei complementar disciplinará a relação entre a União, Estados, Distrito Federal ou Municípios, inclusive suas autarquias, fundações, sociedades de economia mista e empresas controladas direta ou indiretamente, **enquanto patrocinadores de planos de benefícios previdenciários, e as entidades de previdência complementar.**

"Art. 202. ....
....

§ 4º Lei complementar disciplinará a relação entre a União, Estados, Distrito Federal ou Municípios, inclusive suas autarquias, fundações, sociedades de economia mista e empresas controladas direta ou indiretamente, enquanto patrocinadores de planos de benefícios previdenciários, e as entidades de previdência complementar.

A modificação normativa atingiu apenas a parte final do § 4º. Antes o texto fazia menção ao fato de que lei complementar disciplinaria a relação entre os entes federativos, enquanto "patrocinadoras de entidades fechadas de previdência privada" e as "respectivas entidades fechadas de previdência privada". Agora, o texto refere que lei complementar disciplinará a relação entre os entes federativos, enquanto "patrocinadores de planos de benefícios previdenciários", e as "entidades de previdência complementar". Desapareceu, portanto, a expressão "entidades fechadas" e a locução "previdência privada" foi substituída por "previdência complementar".

Tal modificação está, aliás, de acordo com o novo comando contido no § 15 do art. 40 da Constituição, segundo o qual "o regime de previdência complementar [...] observará o disposto no art. 202 e será efetivado por intermédio de entidade fechada de previdência complementar ou de entidade aberta de previdência complementar".

Houve, como se pode perceber, a inserção de permissão expressa para que o RPC possa vir a ser efetivado não apenas "por intermédio de entidades fechadas de previdência complementar, **de natureza pública**", mas também, sem restrição quanto à natureza pública, "**por intermédio de entidade fechada de previdência complementar ou de entidade aberta de previdência complementar**". Assim, em rigor, o RPC dos servidores públicos poderá, no futuro, ser manejado pela iniciativa privada, inclusive por entidade aberta de previdência complementar.

Reiterando o que se disse antes nos comentários feitos ao §15 do art. 40 da Constituição, a entidade fechada de previdência complementar é aquela que, constituída na forma de sociedade civil ou fundação, e sem fins lucrativos, e estruturada na forma do art. 35 da Lei Complementar n. 109, de 29 de maio de 2001, tem por objeto operar plano de benefício de caráter previdenciário acessíveis, exclusivamente, aos servidores ou aos empregados dos patrocinadores; e aos associados ou membros dos instituidores. Por outro lado, a entidade aberta de previdência complementar é aquela, constituída unicamente sob a forma de sociedades anônimas, que tem o objetivo de instituir e de operar planos de benefícios, de caráter previdenciário, concedidos em forma de renda continuada ou pagamento único, *acessíveis a quaisquer pessoas físicas, independentemente de eventuais vínculos de trabalho que possuam*. Ela é regida pelo Decreto-Lei n. 73, de 21 de novembro de 1966, e pela Lei Complementar n. 109, de 29 de maio de 2001, e tem por órgão regulador e órgão fiscalizador o Conselho Nacional de Seguros Privados (CNSP) e a Superintendência de Seguros Privados (SUSEP).

Note-se que o futuro manejo do RPC dos servidores públicos pela iniciativa privada, inclusive por entidade aberta de previdência complementar, somente poderá ocorrer depois de vigente a lei complementar a que se refere o ora analisado § 4º do art. 202 da Constituição Federal.

É importante anotar referência à regra de transição contida no § 6º do art. 9º da EC sob análise. Consta ali que a instituição do regime de previdência complementar na forma dos analisados §§ 14 a 16 do art. 40 da Constituição Federal e a adequação do órgão ou entidade gestora do regime próprio de previdência social ao

§ 20 do art. 40 da Constituição Federal **deverão ocorrer no prazo máximo de dois anos da data de entrada em vigor da Emenda Constitucional** aqui em análise. Outro dispositivo transitório que merece menção é aquele constante do art. 33 da Emenda Constitucional aqui comentada, segundo o qual, "**até que seja disciplinada a relação entre a União, os Estados, o Distrito Federal e os Municípios e entidades abertas de previdência complementar** na forma do disposto nos §§ 4º e 5º do art. 202 da Constituição Federal, **somente entidades fechadas de previdência complementar estão autorizadas a administrar planos de benefícios patrocinados pela União, Estados, Distrito Federal ou Municípios,** inclusive suas autarquias, fundações, sociedades de economia mista e empresas controladas direta ou indiretamente".

TEXTO ORIGINAL	TEXTO MODIFICADO
"Art. 202. .... § 5º A lei complementar de que trata o parágrafo anterior aplicar-se-á, no que couber, às empresas privadas permissionárias ou concessionárias de prestação de serviços públicos, **quando patrocinadoras de entidades fechadas de previdência privada**. (Incluído pela Emenda Constitucional n. 20, de 1998)	"Art. 202. .... § 5º A lei complementar de que trata o § 4º aplicar-se-á, no que couber, às empresas privadas permissionárias ou concessionárias de prestação de serviços públicos, **quando patrocinadoras de planos de benefícios em entidades de previdência complementar.**

§ 5º A lei complementar de que trata o § 4º aplicar-se-á, no que couber, às empresas privadas permissionárias ou concessionárias de prestação de serviços públicos, quando patrocinadoras de planos de benefícios em entidades de previdência complementar.

A expressão "patrocinadoras de entidades fechadas de previdência privada" deu lugar à locução "patrocinadoras de planos de benefícios em entidades de previdência complementar". No mais, a lógica interna é exatamente a mesma, ou seja, o ordenamento jurídico aguarda por lei complementar prevista no § 4º do art. 202 e será aplicável também, no que couber (desde que exista compatibilidade), às empresas privadas permissionárias ou concessionárias de prestação de serviços públicos (veja-se o *caput* do art. 175 da Constituição Federal[4]) quando elas forem "patrocinadoras de planos de benefícios em entidades de previdência complementar".

---

4   Constituição Federal de 1988. Art. 175. Incumbe ao Poder Público, na forma da lei, diretamente ou sob regime de concessão ou permissão, sempre através de licitação, a prestação de serviços públicos.

TEXTO ORIGINAL	TEXTO MODIFICADO
"Art. 202. .... § 6º A lei complementar a que se refere o § 4º deste artigo estabelecerá os requisitos para a designação dos membros das diretorias das entidades fechadas de previdência privada e disciplinará a inserção dos participantes nos colegiados e instâncias de decisão em que seus interesses sejam objeto de discussão e deliberação. (Incluído pela Emenda Constitucional n. 20, de 1998)	"Art. 202. .... § 6º Lei complementar estabelecerá os requisitos para a designação dos membros das diretorias das entidades fechadas de previdência complementar **instituídas pelos patrocinadores de que trata o § 4º** e disciplinará a inserção dos participantes nos colegiados e instâncias de decisão em que seus interesses sejam objeto de discussão e deliberação." (NR)

§ 6º Lei complementar estabelecerá os requisitos para a designação dos membros das diretorias das entidades fechadas de previdência complementar instituídas pelos patrocinadores de que trata o § 4º e disciplinará a inserção dos participantes nos colegiados e instâncias de decisão em que seus interesses sejam objeto de discussão e deliberação." (NR)

Onde havia menção ao estabelecimento de requisitos para a designação dos membros das diretorias das entidades fechadas de "previdência privada", passou a existir, num verdadeiro ajuste redacional com vista à uniformidade de tratamento da matéria, referência ao estabelecimento de requisitos para a designação dos membros das diretorias das entidades fechadas de "previdência complementar" instituídas pelos patrocinadores de que trata o § 4º do art. 202 da Constituição Federal. No mais, nada de adicional foi modificado.

TEXTO ORIGINAL	TEXTO MODIFICADO
Art. 239. A arrecadação decorrente das contribuições para o Programa de Integração Social, criado pela Lei Complementar n. 7, de 7 de setembro de 1970, e para o Programa de Formação do Patrimônio do Servidor Público, criado pela Lei Complementar n. 8, de 3 de dezembro de 1970, passa, a partir da promulgação desta Constituição, a financiar, nos termos que a lei dispuser, o programa do seguro-desemprego e o abono de que trata o § 3º deste artigo.	Art. 239. A arrecadação decorrente das contribuições para o Programa de Integração Social, criado pela Lei Complementar n. 7, de 7 de setembro de 1970, e para o Programa de Formação do Patrimônio do Servidor Público, criado pela Lei Complementar n. 8, de 3 de dezembro de 1970, passa, a partir da promulgação desta Constituição, a financiar, nos termos que a lei dispuser, o programa do seguro-desemprego, **outras ações da previdência social** e o abono de que trata o § 3º deste artigo.

"Art. 239. A arrecadação decorrente das contribuições para o Programa de Integração Social, criado pela Lei Complementar n. 7, de 7 de setembro de 1970, e para o Programa de Formação do Patrimônio do Servidor Público, criado pela Lei Complementar n. 8, de 3 de dezembro de 1970, passa, a partir da promulgação desta Constituição, a financiar, nos termos que a lei dispuser, o programa do seguro-desemprego, outras ações da previdência social e o abono de que trata o § 3º deste artigo.

O novo art. 239 da Constituição da República manteve-se o mesmo em quase toda a sua redação, exceto no tocante à menção de que a arrecadação decorrente das contribuições para o Programa de Integração Social (PIS) e para o Programa de Formação do Patrimônio do Servidor Público (PASEP) financiam não apenas o programa do seguro-desemprego e o abono anual, mas também "**outras ações da previdência social**".

Questiona-se, porém: quais são essas outras ações da previdência social financiáveis por meio dos mencionados recursos? O texto da Emenda Constitucional aqui em exame nada informa, deixando abertas as portas das interpretações.

TEXTO ORIGINAL	TEXTO MODIFICADO
Art. 239. [...] § 1º Dos recursos mencionados no *caput* deste artigo, **pelo menos quarenta por cento** serão destinados a financiar programas de desenvolvimento econômico, através do Banco Nacional de Desenvolvimento Econômico e Social, com critérios de remuneração que lhes preservem o valor.	Art. 239. [...] § 1º Dos recursos mencionados no *caput*, **no mínimo 28% (vinte e oito por cento)** serão destinados para o financiamento de programas de desenvolvimento econômico, por meio do Banco Nacional de Desenvolvimento Econômico e Social, com critérios de remuneração que preservem o seu valor.

§ 1º Dos recursos mencionados no *caput*, no mínimo 28% (vinte e oito por cento) serão destinados para o financiamento de programas de desenvolvimento econômico, por meio do Banco Nacional de Desenvolvimento Econômico e Social, com critérios de remuneração que preservem o seu valor.

O § 1º do art. 239 da CLT trouxe modificação substancial no que diz respeito à dimensão do percentual mínimo de valores destinados ao financiamento de programas de desenvolvimento econômico por meio do BNDES. Antes, o percentual era de "pelo menos quarenta por cento", mas agora ele está no patamar de "no mínimo, vinte e oito por cento".

TEXTO ORIGINAL	TEXTO MODIFICADO
Art. 239. [...] [...]	Art. 239. [...] [...]

TEXTO ORIGINAL	TEXTO MODIFICADO
§ 5º INEXISTENTE.	§ 5º Os programas de desenvolvimento econômico financiados na forma do § 1º e seus resultados serão anualmente avaliados e divulgados em meio de comunicação social eletrônico e apresentados em reunião da comissão mista permanente de que trata o § 1º do art. 166.

§ 5º Os programas de desenvolvimento econômico financiados na forma do § 1º e seus resultados serão anualmente avaliados e divulgados em meio de comunicação social eletrônico e apresentados em reunião da comissão mista permanente de que trata o § 1º do art. 166." (NR)

Na linha da transparência institucional, o § 5º refere-se a uma impositiva forma de avaliação anual e de divulgação dos resultados dos programas de desenvolvimento econômico financiados na forma do § 1º. Afora isso, o texto constitucional prevê que o objeto avaliado e divulgado será apresentado em reunião da comissão mista permanente de Senadores e Deputados de que trata o § 1º do art. 166.

SEÇÃO II
ALTERAÇÕES NO ATO DAS DISPOSIÇÕES CONSTITUCIONAIS TRANSITÓRIAS

ART. 2º

Art. 2º O art. 76 do Ato das Disposições Constitucionais Transitórias passa a vigorar com a seguinte redação:

O Ato das Disposições Constitucionais Transitórias é, como se sabe, o espaço normativo reservado para disposições que envolvam a intertemporalidade entre o antigo e o novo regime. Trata-se, portanto, de um campo normativo para a acomodação razoável daquilo que se revela transitório e merecedor de atenção diferenciada.

A Emenda Constitucional aqui sob exame cuidou de alterar apenas aspectos de natureza previdenciária ou afins, tratando, portanto, unicamente da desvinculação de receitas da União (art. 76). Veja-se:

TEXTO ORIGINAL	TEXTO MODIFICADO
Art. 76. [...]	Art. 76. [...]

Art. 2º   A análise detalhada da Reforma da Previdência de 2019 | **105**

TEXTO ORIGINAL	TEXTO MODIFICADO
[...] § 4º INEXISTENTE	[...] § 4º A desvinculação de que trata o *caput* não se aplica às receitas das contribuições sociais destinadas ao custeio da seguridade social.

"Art. 76. ....
§ 4º A desvinculação de que trata o *caput* não se aplica às receitas das contribuições sociais destinadas ao custeio da seguridade social." (NR)

É sempre importante contextualizar antes de revelar o propósito da nova norma. Então, cabe dizer, inicialmente, que o dispositivo trata da chamada Desvinculação de Receitas da União (DRU), que foi criada em 1994 com o nome de Fundo Social de Emergência (FSE), visando estabilizar a economia logo após a implantação do Plano Real. O FSE recebeu o novo nome de Fundo de Estabilização Fiscal (FEF) no ano de 1996, mas foi rebatizado como Desvinculação de Receitas da União (DRU) a partir do ano 2000. Como se pode perceber, embora criado como instrumento de uso provisório, a sua aplicação foi sendo prorrogada, sob as justificativas da maleabilidade e da governabilidade.

A tese para a criação desse mecanismo era a de que o crescimento contínuo das despesas obrigatórias prejudicava a flexibilidade da política fiscal e reduzia a flexibilidade alocativa para atender outras demandas da sociedade. Segundo se dizia à época, diante do excesso de receitas vinculadas por imposição constitucional, era necessário criar um mecanismo que permitisse o acesso a elas, mesmo porque, em algumas situações, essas receitas vinculadas não eram utilizadas em sua totalidade e, para não serem devolvidas, acabavam sendo usadas com prodigalidade.

Veja-se o art. 71 do ADCT que o instituiu:

Art. 71. É instituído, nos exercícios financeiros de 1994 e 1995, bem assim nos períodos de 01/01/1996 a 30/06/97 e 01/07/97 a 31/12/1999, o Fundo Social de Emergência, com o objetivo de saneamento financeiro da Fazenda Pública Federal e de estabilização econômica, cujos recursos serão aplicados prioritariamente no custeio das ações dos sistemas de saúde e educação, incluindo a complementação de recursos de que trata o § 3º do art. 60 do Ato das Disposições Constitucionais Transitórias, benefícios previdenciários e auxílios assistenciais de prestação continuada, inclusive liquidação de passivo previdenciário, e despesas orçamentárias associadas a programas de relevante interesse econômico e social. (Redação dada pela Emenda Constitucional n. 17, de 1997)
(Vide Emenda Constitucional n. 17, de 1997)
§ 1º Ao Fundo criado por este artigo não se aplica o disposto na parte final do inciso II do § 9º do art. 165 da Constituição. (Renumerado do parágrafo único, pela Emenda Constitucional n. 10, de 1996)

§ 2º O Fundo criado por este artigo passa a ser denominado Fundo de Estabilização Fiscal a partir do início do exercício financeiro de 1996. (Incluído pela Emenda Constitucional n. 10, de 1996)

§ 3º O Poder Executivo publicará demonstrativo da execução orçamentária, de periodicidade bimestral, no qual se discriminarão as fontes e usos do Fundo criado por este artigo. (Incluído pela Emenda Constitucional n. 10, de 1996)

Essa é a cronologia:

1994 a 1995 Fundo Social de Emergência – FSE (EC n. 01/1994)

1º-1-1996 a 30-6-1997 – Fundo de Estabilização Fiscal 1 (EC n. 10/1996)

1º-7-1997 a 31-12-1999 – Fundo de Estabilização Fiscal 2 (EC n. 17/1997)

2000 a 2003 – Desvinculação das Receitas da União 1 (EC n. 27/2000)

2003 a 2007 – Desvinculação das Receitas da União 2 (EC n. 42/2003)

2008 a 2011 – Desvinculação das Receitas da União 3 (EC n. 56/2007)

2012 a 2015 – Desvinculação de Receitas da União 4 (EC n. 68/2011)

2016 a 2023 – Desvinculação de Receitas da União 5 (EC n. 93/2016)

A Desvinculação de Receitas da União (DRU) é, portanto, um mecanismo que permite o governo federal usar livremente um percentual de todos os tributos federais vinculados por lei a fundos ou despesas. O nome "desvinculação" é, assim, demonstrativo de uma situação excepcional, que foge à regra e que permite usar dinheiro que tinha destino preestabelecido.

O que faz, então, a regra nova?

O § 4º do art. 76 do ADCT/1988 foi firme ao dispor que a DRU não se aplica às receitas das contribuições sociais destinadas ao custeio da seguridade social. Assim, toda a receita que seja destinada à seguridade social de uma forma ampla (Contribuição Previdenciária, COFINS, CSLL, PIS, Concurso de prognósticos etc.) continuará vinculada à própria seguridade social, de uma forma mais ampla do que aquela visível em outras exceções de desvinculação como aquelas previstas, por exemplo, no § 2º do art. 76, no parágrafo único do art. 76-A e no parágrafo único do art. 76-B do ADCT.

SEÇÃO III
DISPOSIÇÕES TRANSITÓRIAS E REGRAS DE TRANSIÇÃO ESTABELECIDAS PELA EMENDA CONSTITUCIONAL

ART. 3º

Art. 3º A concessão de aposentadoria ao servidor público federal vinculado a regime próprio de previdência social e ao segurado do Regime Geral de Previdência Social e de pensão por morte aos respectivos dependentes será assegurada, a qualquer tempo, desde que tenham sido cumpridos os requisitos para obtenção desses benefícios até a data de entrada em vigor desta Emenda Constitucional, observados os critérios da legislação vigente na data em que foram atendidos os requisitos para a concessão da aposentadoria ou da pensão por morte.

O *caput* do art. 3º da presente Emenda Constitucional deixa claro o respeito ao direito adquirido, desde que se trate de situação de segurado, quanto à aposentadoria, e de dependente, quanto à pensão, que tenham cumprido integralmente os requisitos para obtenção desses benefícios até a data de entrada em vigor do texto aqui em análise, observados, é claro, os critérios da legislação vigente na data em que foram atendidos os requisitos para a concessão da aposentadoria ou da pensão.

Assim, por exemplo, se um dado servidor público reúne todos os requisitos para a aposentadoria, ele não precisa apressar-se em pedi-la, pois as condições vigentes à época do cumprimento dos requisitos são totalmente mantidas. Se um servidor público, por outro lado, faleceu antes da data de vigência desta EC, os seus dependentes estarão sob a égide da Lei aplicável na data da ocorrência do óbito.

Essa regra de respeito ao direito adquirido é **aplicável indistintamente tanto ao regime próprio de previdência social quanto ao regime geral da previdência social**.

§ 1º Os proventos de aposentadoria devidos ao servidor público a que se refere o *caput* e as pensões por morte devidas aos seus dependentes serão calculados e reajustados de acordo com a legislação em vigor à época em que foram atendidos os requisitos nela estabelecidos para a concessão desses benefícios.

Ao contrário do *caput* do art. 3º, a regra prevista no § 1º é unicamente **aplicável ao servidor público federal vinculado a regime próprio de previdência social**, pois o texto claramente diz "a serem concedidos ao servidor público a que se refere o *caput*". Por meio dela se esclarece que os proventos de aposentadoria e as pensões por morte **serão calculados e reajustados** segundo a legislação em vigor à época em que foram atendidos os requisitos nela estabelecidos para a concessão desses benefícios.

§ 2º Os proventos de aposentadoria devidos ao segurado a que se refere o *caput* e as pensões por morte devidas aos seus dependentes serão apurados de acordo com a legislação em vigor à época em que foram atendidos os requisitos nela estabelecidos para a concessão desses benefícios.

Aqui, diversamente do que ocorre em relação ao §1º do artigo ora analisado, **trata-se unicamente de "segurado" do Regime Geral da Previdência Social**

ou de seus dependentes, pois o texto claramente diz "devidos ao segurado a que se refere o *caput*". Tal qual o dispositivo anterior, trata-se de intertemporalidade, deixando-se claro que os correpondentes benefícios **serão apurados** de acordo com a legislação em vigor à época em que foram atendidos os requisitos nela estabelecidos.

Perceba-se a similitude quase completa dos textos constantes dos §§ 1º e 2º, exceto no tocante ao fato de que os servidores do RPPS têm benefícios "calculados e reajustados" e os segurados do RGPS, "apurados" de acordo com a legislação em vigor à época em que foram atendidos os requisitos nela estabelecidos para a concessão.

§ 3º Até que entre em vigor lei federal de que trata o § 19 do art. 40 da Constituição Federal, o servidor de que trata o *caput* que tenha cumprido os requisitos para aposentadoria voluntária com base no disposto na alínea "a" do inciso III do § 1º do art. 40 da Constituição Federal, na redação vigente até a data de entrada em vigor desta Emenda Constitucional, no art. 2º, no § 1º do art. 3º ou no art. 6º da Emenda Constitucional n. 41, de 19 de dezembro de 2003, ou no art. 3º da Emenda Constitucional n. 47, de 5 de julho de 2005, que optar por permanecer em atividade fará jus a um abono de permanência equivalente ao valor da sua contribuição previdenciária, até completar a idade para aposentadoria compulsória.

O dispositivo trata de disposição transitória relacionada ao § 19 do art. 40 da Constituição da República. Veja-se a sua redação:

Art. 40 [...] § 19. Observados critérios a serem estabelecidos em lei do respectivo ente federativo, o servidor titular de cargo efetivo que tenha completado as exigências para a aposentadoria voluntária e que opte por permanecer em atividade poderá fazer jus a um abono de permanência equivalente, no máximo, ao valor da sua contribuição previdenciária, até completar a idade para aposentadoria compulsória.

Trata-se de **norma que prevê a possibilidade de concessão de abono de permanência** ao servidor titular de cargo efetivo que tenha completado as exigências para a aposentadoria voluntária e que opte por permanecer em atividade.

Há aqui previsão no sentido de que, **até que entre em vigor lei federal de que trata o § 19 do art. 40 da Constituição Federal, o servidor que tenha cumprido os requisitos para aposentadoria voluntária** com base no disposto:

a) na alínea *a* do inciso III do § 1º do art. 40 da Constituição Federal, na redação vigente até a data de entrada em vigor desta Emenda Constitucional;

b) no art. 2º, no § 1º do art. 3º ou no art. 6º da Emenda Constitucional n. 41, de 2003; ou

c) no art. 3º da Emenda Constitucional n. 47, de 2005,

e que optar por permanecer em atividade, **fará jus a um abono de permanência equivalente ao valor da sua contribuição previdenciária, até completar a idade para aposentadoria compulsória.**

Essa previsão mantém o direito adquirido de quem já tinha cumprido todos os requisitos para a fruição do abono de permanência segundo regras que vigiam antes da publicação da presente Emenda Constitucional, como, aliás, sempre há de ser, mas a manutenção da vantagem se dará "até que entre em vigor lei federal de que trata o § 19 do art. 40 da Constituição Federal".

O art. 8º da presente Emenda Constitucional, como se verá adiante, revisita o tema do abono de permanência para dizer que, até que entre em vigor lei federal de que trata o § 19 do art. 40 da Constituição Federal, **o servidor público federal que cumprir as exigências para a concessão da aposentadoria voluntária, nos termos das regras de transição nela própria contidas (conforme o disposto nos seus arts. 4º, 5º, 20, 21 e 22)**, e que optar por permanecer em atividade, **também fará jus** a um abono de permanência equivalente ao valor da sua contribuição previdenciária, até completar a idade para aposentadoria compulsória. Essa previsão contida no art. 8º também mantém o direito adquirido de quem já cumpriu os requisitos para a aposentação segundo a EC que ora se examina e que consequentemente tem o direito subjetivo de receber o abono aqui analisado, mas, igualmente, a manutenção da vantagem se dará "até que entre em vigor lei federal de que trata o § 19 do art. 40 da Constituição Federal".

ART. 4º

Art. 4º O servidor público federal que tenha ingressado no serviço público em cargo efetivo até a data de entrada em vigor desta Emenda Constitucional poderá aposentar-se voluntariamente quando preencher, cumulativamente, os seguintes requisitos:

O art. 4º estabelece regra de transição exclusivamente em favor do servidor público federal que tenha ingressado no serviço público em cargo efetivo até a data de entrada em vigor desta Emenda. A ele se oferece – com efeitos projetados para o futuro – a possibilidade de **voluntariamente** aposentar-se quando vier a preencher, **cumulativamente,** os requisitos da **idade mínima + tempo mínimo de contribuição + tempo mínimo de efetivo exercício no serviço público + tempo mínimo no cargo a aposentar + somatório da idade e do tempo de contribuição (somatório de pontos) conforme disposto em lei.**

I – 56 (cinquenta e seis) anos de idade, se mulher, e 61 (sessenta e um) anos de idade, se homem, observado o disposto no § 1º;

O primeiro requisito é etário. Quem desejar ingressar nessa regra de transição terá de completar 56 (cinquenta e seis) de idade, se mulher, e 61 (sessenta e um) anos de idade, se homem. Atente-se, porém, que há um ajuste da idade previsto no § 1º do artigo aqui em exame. A partir de 1º de janeiro de 2022, a idade mínima a que se refere o inciso I do *caput* será elevada para 57 (cinquenta e sete) anos de idade, se mulher, e 62 (sessenta e dois) anos de idade, se homem.

Idade mínima	♀	57 anos para mulheres	♂	62 anos para homens

II – 30 (trinta anos) de contribuição, se mulher, e 35 (trinta e cinco) anos de contribuição, se homem;

Além da idade mínima, a regra de transição aqui em análise exige, cumulativamente, 30 (trinta) anos de contribuição, se mulher, e 35 (trinta e cinco) anos de contribuição, se homem.

Tempo de contribuição	♀	30 anos para mulheres	♂	35 anos para homens

III – 20 (vinte anos) de efetivo exercício no serviço público;

Não bastará para a aposentação por esta regra de transição a cumulação de idade mínima e de tempo de contribuição mínimo, pois há servidores que têm muito tempo de trabalho – anterior ao serviço público – na iniciativa privada. Para que eles possam pensar na aposentação dentro da presente regra de transição, devem adicionar à cumulação de requisitos a constatação de um tempo mínimo de 20 (vinte) anos de efetivo exercício no serviço público.

Efetivo exercício no serviço público	♀ ♂	20 anos para mulheres e homens

IV – 5 (cinco) anos no cargo efetivo em que se der a aposentadoria; e

Esse requisito cumulativo servirá apenas para determinar o cargo em que se dará a aposentadoria, pois quem tem 20 anos de efetivo exercício no serviço público estará a pelo menos cinco anos em algum cargo. A título de exemplo, veja-se a situação dos magistrados que mudam de cargo na medida em que são promovidos. Assim, um Juiz Titular de Vara Federal somente se aposentará como Desembargador Federal se, no momento da aposentadoria, tiver pelo menos cinco anos no cargo efetivo da segunda instância.

Tempo no cargo efetivo em que se der a aposentadoria	👩 👨	5 anos para mulheres e homens

V – somatório da idade e do tempo de contribuição, incluídas as frações, equivalente a 86 (oitenta e seis) pontos, se mulher, e 96 (noventa e seis) pontos, se homem, observado o disposto nos §§ 2º e 3º.

No momento de aferição dos requisitos cumulativos, é indispensável que o somatório da idade e do tempo de contribuição resulte 86 (oitenta e seis) pontos, se mulher, e 96 (noventa e seis) pontos, se homem, observado o gradualismo previsto no § 2º do artigo aqui em exame.

Ilustrativamente, portanto, uma servidora com os requisitos mínimos de 56 (cinquenta e seis) anos de idade e 30 (trinta) anos de contribuição terá cumprido a pontuação mínima de 86 (oitenta e seis pontos):

56 de idade + 30 de contribuição = 86 pontos.

Igualmente, a título de ilustração, veja-se o caso de um servidor com os requisitos mínimos de 61 (sessenta e um) anos de idade e 35 (trinta) anos de contribuição terá cumprido a pontuação mínima de 96 (noventa e seis pontos):

61 de idade + 35 de contribuição = 96 pontos.

Perceba-se, entretanto, que, a partir de 1º de janeiro de 2020, segundo o disposto no § 2º do presente artigo, a essa pontuação será acrescido um ponto até que seja atingido o limite de 100 pontos para as mulheres e de 105 pontos para os homens. Assim:

2019: 96 (homens) e 86 (mulheres)

2020: 97 (homens) e 87 (mulheres)

2021: 98 (homens) e 88 (mulheres)

2022: 99 (homens) e 89 (mulheres)

2023: 100 (homens) e 90 (mulheres)

2024: 101 (homens) e 91 (mulheres)

2025: 102 (homens) e 92 (mulheres)
2026: 103 (homens) e 93 (mulheres)
2027: 104 (homens) e 94 (mulheres)
==2028: 105 (homens) e 95 (mulheres)==: pontuação masculina é congelada.
2029: 105 (homens) e 96 (mulheres)
2030: 105 (homens) e 97 (mulheres)
2031: 105 (homens) e 98 (mulheres)
2032: 105 (homens) e 99 (mulheres)
2033: 105 (homens) e 100 (mulheres)

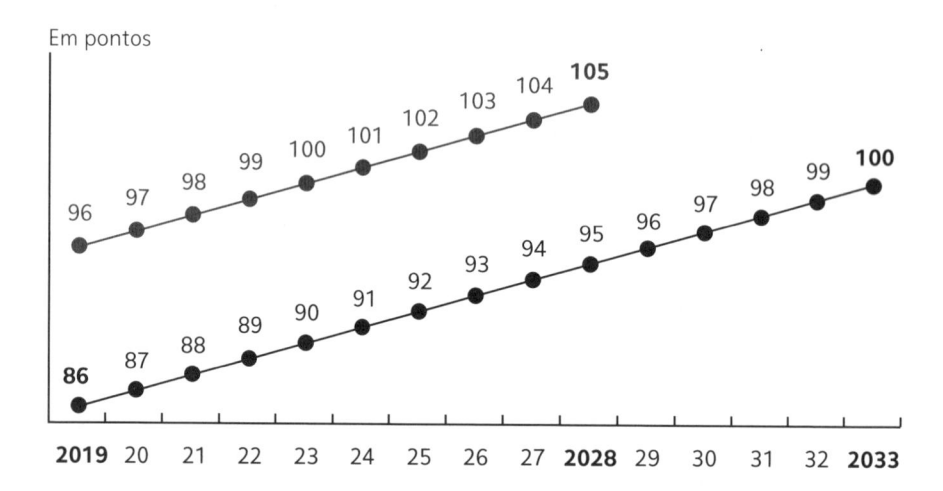

Em pontos

Ano	2019	20	21	22	23	24	25	26	27	2028	29	30	31	32	2033
Homens	96	97	98	99	100	101	102	103	104	105					
Mulheres	86	87	88	89	90	91	92	93	94	95	96	97	98	99	100

A pontuação masculina será congelada em 2028 em 105 (cento e cinco) pontos, enquanto a feminina somente verá cessada a ascensão paulatina em 2033, quando forem formados os 100 (cem) pontos. Nesse momento, a diferença da pontuação entre homens e mulheres cairá para 5 (cinco) pontos.

==§ 1º A partir de 1º de janeiro de 2022, a idade mínima a que se refere o inciso I do *caput* será de 57 (cinquenta e sete) anos de idade, se mulher, e 62 (sessenta e dois) anos de idade, se homem.==

A idade mínima para a aposentadoria, segundo a regra de transição que ora se estuda, é ajustada para 57 anos de idade, se mulher, e 62 anos de idade, se homem. Observe-se o crescimento de um dígito etário no ano de 2022. Não será possível a partir daí aposentadorias com idades mínimas inferiores, mas, caso seja mantida essa idade, o servidor ou servidora terá de acrescer tempo de contribuição para cumprir a escala ascendente da pontuação.

§ 2º A partir de 1º de janeiro de 2020, a pontuação a que se refere o inciso V do *caput* será acrescida a cada ano de 1 (um) ponto, até atingir o limite de 100 (cem) pontos, se mulher, e de 105 (cento e cinco) pontos, se homem.

Consoante antedito, a sistemática de pontuação terá, a partir de 2020, um gradualismo de um ponto por ano, o que levará a sua exigência até os 100 pontos para as mulheres e até 105 pontos para os homens. Observe-se que a formação dos pontos deve observar, como base, pelo menos a idade mínima e pelo menos o tempo mínimo de contribuição. Observada essa particularidade, será indiferente que os pontos sejam acrescidos no fator etário ou no fator tempo de contribuição. Relevante mesmo será que a soma desses fatores produza com resultado a pontuação exigida em um determinado ano.

§ 3º A idade e o tempo de contribuição serão apurados em dias para o cálculo do somatório de pontos a que se referem o inciso V do *caput* e o § 2º.

O dispositivo refere que tanto a idade quanto o tempo de contribuição podem ser expressos na forma fracionada. Assim, é possível somar os fragmentos de idade aos de tempo de contribuição. Por exemplo: em 2020 uma mulher precisará formar 87 pontos para aposentar-se, sendo impositivo o mínimo de 56 anos de idade e de 30 anos de contribuição. Nesse caso, se ela tiver 56,5 anos de vida + 30,5 anos de contribuição poderá alcançar os necessários 87 pontos. Assim:

56 anos e seis meses de idade + 30 anos e seis meses de contribuição = 87 pontos

A regra facilita, portanto, a soma de pontos mediante a aglutinação de frações, o que representa nada menos do que a justiça manifestada e aplicada.

REGRA DE TRANSIÇÃO
ART. 4º, *CAPUT*, e §§ 1º, 2º e 3º
EXCLUSIVA PARA SERVIDORES PÚBLICOS EM CARGO EFETIVO
REGRA GERAL
TRANSIÇÃO COM IDADE MÍNIMA E PONTOS

BENEFICIÁRIO:
Unicamente o servidor público federal que tenha ingressado no serviço público em cargo efetivo até a data de entrada em vigor desta Emenda Constitucional

REQUISITOS CUMULATIVOS:	MULHER	HOMEM
IDADE MÍNIMA:	56 anos	61 anos
IDADE MÍNIMA SERÁ ELEVADA a partir de 01/01/2022, eleva-se para:	57 anos	62 anos

TEMPO MÍNIMO DE CONTRIBUIÇÃO:	30 anos	35 anos
TEMPO DE EFETIVO EXERCÍCIO NO SERVIÇO PÚBLICO:	20 anos	20 anos
TEMPO NO CARGO EFETIVO EM QUE SE DER A APOSENTADORIA	5 anos	5 anos
IDADE + TEMPO DE CONTRIBUIÇÃO: A partir de 01/01/2020, + 1 ponto a cada ano, até atingir o limite de:		2019: 96 (homens) e 86 (mulheres) 2020: 97 (homens) e 87 (mulheres) 2021: 98 (homens) e 88 (mulheres) 2022: 99 (homens) e 89 (mulheres) 2023: 100 (homens) e 90 (mulheres) 2024: 101 (homens) e 91 (mulheres) 2025: 102 (homens) e 92 (mulheres) 2026: 103 (homens) e 93 (mulheres) 2027: 104 (homens) e 94 (mulheres) 2028: 105 (homens) e 95 (mulheres): pontuação masculina é congelada. 2029: 105 (homens) e 96 (mulheres) 2030: 105 (homens) e 97 (mulheres) 2031: 105 (homens) e 98 (mulheres) 2032: 105 (homens) e 99 (mulheres) 2033: 105 (homens) e 100 (mulheres)

§ 4º Para o titular do cargo de professor que comprovar exclusivamente tempo de efetivo exercício das funções de magistério na educação infantil e no ensino fundamental e médio, os requisitos de idade e de tempo de contribuição de que tratam os incisos I e II do *caput* serão:

I – 51 (cinquenta e um) anos de idade, se mulher, e 56 (cinquenta e seis) anos de idade, se homem;

II – 25 (vinte e cinco) anos de contribuição, se mulher, e 30 (trinta) anos de contribuição, se homem; e

III – 52 (cinquenta e dois) anos de idade, se mulher, e 57 (cinquenta e sete) anos de idade, se homem, a partir de 1º de janeiro de 2022.

O § 4º, ora em análise, cuida de regra de transição para o titular de cargo de professor (servidor público federal que tenha ingressado no serviço público em cargo efetivo até a data de entrada em vigor desta Emenda Constitucional) que comprovar exclusivamente tempo de efetivo exercício das funções de magistério na educação infantil e no ensino fundamental e médio.

A ele se oferece – com efeitos projetados para o futuro – a possibilidade de **voluntariamente** aposentar-se quando vier a preencher, **cumulativamente**, os requisitos da **idade mínima + tempo mínimo de contribuição + somatório da idade e do tempo de contribuição (somatório de pontos)** conforme disposto em lei.

§ 5º O somatório da idade e do tempo de contribuição de que trata o inciso V do *caput* para as pessoas a que se refere o § 4º, incluídas as frações, será de 81 (oitenta e um) pontos, se mulher, e 91 (noventa e um) pontos, se homem, aos quais serão acrescidos, a partir de 1º de janeiro de 2020, 1 (um) ponto a cada ano, até atingir o limite de 92 (noventa e dois) pontos, se mulher, e de 100 (cem) pontos, se homem.

O sistema de pontos criado para os professores apresenta uma aparente incongruência na soma das parcelas "idade mínima" e "tempo de contribuição". Perceba-se que a soma dessas parcelas produz um resultado menor do que aquele previsto no sistema de pontos. Assim, um professor que tenha os mínimos requisitos de idade e de tempo de contribuição formará 86 pontos (56 de idade + 30 de tempo de contribuição), mas dele se exigirá a formação de mínimos 91 pontos, ou seja, cinco a mais do que aquele que lhe deveria ser exigível. Pelo que se vê, o sistema de ponto retira dos professores a vantagem de uma menor dimensão da idade e do tempo de contribuição.

De todo modo, anotada a incoerência, o gradualismo é assim ajustado:

2019: 91 (homens) e 81 (mulheres)
2020: 92 (homens) e 82 (mulheres)
2021: 93 (homens) e 83 (mulheres)
2022: 94 (homens) e 84 (mulheres)
2023: 95 (homens) e 85 (mulheres)
2024: 96 (homens) e 86 (mulheres)
2025: 97 (homens) e 87 (mulheres)
2026: 98 (homens) e 88 (mulheres)
2027: 99 (homens) e 89 (mulheres)
2028: 100 (homens) e 90 (mulheres): pontuação masculina é congelada
2029: 100 (homens) e 91 (mulheres)
2030: 100 (homens) e 92 (mulheres)

A pontuação masculina será congelada em 2028 em 100 (cem) pontos, enquanto a feminina somente verá cessada a ascensão paulatina em 2030, quando forem formados os 92 (noventa e dois) pontos. Nesse momento, a diferença da pontuação entre homens e mulheres cairá para 8 (oito) pontos.

REGRA DE TRANSIÇÃO		
§§ 4º e 5º do ART. 4º		
EXCLUSIVA PARA TITULARES DE CARGO DE PROFESSOR		
TRANSIÇÃO COM IDADE MÍNIMA E PONTOS		
BENEFICIÁRIO: Unicamente o servidor público federal, titular do cargo de professor que comprovar exclusivamente tempo de efetivo exercício das funções de magistério na educação infantil e no ensino fundamental e médio, que tenha ingressado no serviço público em cargo efetivo até a data de entrada em vigor desta Emenda Constitucional		
REQUISITOS CUMULATIVOS:	**MULHER**	**HOMEM**
IDADE MÍNIMA:	51 anos	56 anos
IDADE MÍNIMA SERÁ ELEVADA a partir de 01/01/2022, eleva-se para:	52 anos	57 anos
TEMPO MÍNIMO DE CONTRIBUIÇÃO:	25 anos	30 anos
TEMPO DE EFETIVO EXERCÍCIO NO SERVIÇO PÚBLICO:	20 anos	20 anos
TEMPO NO CARGO EFETIVO EM QUE SE DER A APOSENTADORIA	5 anos	5 anos
IDADE + TEMPO DE CONTRIBUIÇÃO: A partir de 01/01/2020, + 1 ponto a cada ano, até atingir o limite de:	2019: 91 (homens) e 81 (mulheres) 2020: 92 (homens) e 82 (mulheres) 2021: 93 (homens) e 83 (mulheres) 2022: 94 (homens) e 84 (mulheres) 2023: 95 (homens) e 85 (mulheres) 2024: 96 (homens) e 86 (mulheres) 2025: 97 (homens) e 87 (mulheres) 2026: 98 (homens) e 88 (mulheres) 2027: 99 (homens) e 89 (mulheres) 2028: 100 (homens) e 90 (mulheres): pontuação masculina é congelada 2029: 100 (homens) e 91 (mulheres) 2030: 100 (homens) e 92 (mulheres)	

§ 6º Os proventos das aposentadorias concedidas nos termos do disposto neste artigo corresponderão:

O § 6º deste art. 4º regula a dimensão e as características dos proventos das aposentadorias concedidas aos servidores públicos federais, levando em consideração um tratamento diferenciado constante do item I para quem o servidor público que tenha ingressado no serviço público em cargo efetivo até 31 de dezembro de 2003 e que não tenha feito a opção de que trata o § 16 do art. 40 da Constituição

Federal e um tratamento sem qualquer vantagem particularizada constante do item II para o servidor público não contemplado no inciso I. Vejam-se:

> I – à totalidade da remuneração do servidor público no cargo efetivo em que se der a aposentadoria, observado o disposto no § 8º, para o servidor público que tenha ingressado no serviço público em cargo efetivo até 31 de dezembro de 2003 e que não tenha feito a opção de que trata o § 16 do art. 40 da Constituição Federal, desde que tenha, no mínimo, 62 (sessenta e dois) anos de idade, se mulher, e 65 (sessenta e cinco) anos de idade, se homem, ou, para os titulares do cargo de professor de que trata o § 4º, 57 (cinquenta e sete) anos de idade, se mulher, e 60 (sessenta) anos de idade, se homem;

O inciso I cuida da chamada *regra da integralidade*, que é destinada ao servidor público que tenha ingressado no serviço público em cargo efetivo até 31 de dezembro de 2003 (data da publicação da EC 41/2003) e que não tenha feito a opção de que trata o § 16 do art. 40 da Constituição Federal, desde que se aposente aos 62 (sessenta e dois) anos de idade, se mulher, e aos 65 (sessenta e cinco) anos de idade, se homem, ou aos 57 (cinquenta e sete) anos de idade, se mulher, e aos 60 (sessenta) anos de idade, se homem, para os titulares do cargo de professor de que trata o § 4º. Para esses segurados os proventos de aposentadoria serão atribuídos na totalidade da remuneração, garantida, portanto, a referida integralidade.

> II – ao valor apurado na forma da lei, para o servidor público não contemplado no inciso I.

Aos servidores não contemplados no inciso I, caberá apenas a expectativa quanto à futura regulação que será dada na forma da legislação infraconstitucional.

A renda mensal da aposentadoria concedida com base na regra de transição contida no presente artigo será apurada segundo uma sistemática que será ditada nos termos de legislação infraconstitucional.

Enquanto essa legislação não surge, aplica-se o disposto no art. 26 desta Emenda Constitucional. Veja-se:

> *Art. 26. Até que lei discipline o cálculo dos benefícios do regime próprio de previdência social da União e do Regime Geral de Previdência Social, será utilizada a média aritmética simples dos salários de contribuição e das remunerações adotados como base para contribuições a regime próprio de previdência social e ao Regime Geral de Previdência Social, ou como base para contribuições decorrentes das atividades militares de que tratam os arts. 42 e 142 da Constituição Federal, atualizados monetariamente, correspondentes a 100% (cem por cento) do período contributivo desde a competência julho de 1994 ou desde o início da contribuição, se posterior àquela competência.*

§ 1º A média a que se refere o "caput" será limitada ao valor máximo do salário de contribuição do Regime Geral de Previdência Social para os segurados desse regime e para o servidor que ingressou no serviço público em cargo efetivo após a implantação do regime de previdência complementar ou que tenha exercido a opção correspondente, nos termos do disposto nos §§ 14 a 16 do art. 40 da Constituição Federal.

§ 2º O valor do benefício de aposentadoria corresponderá a 60% (sessenta por cento) da média aritmética definida na forma prevista no "caput" e no § 1º, com acréscimo de 2 (dois) pontos percentuais para cada ano de contribuição que exceder o tempo de 20 (vinte) anos de contribuição nos casos:

I – *do inciso II do § 6º do art. 4º*, do § 4º do art. 15, do § 3º do art. 16 e do § 2º do art. 18;

[...]

O art. 26 estabelece importantes regras transitórias, ou seja, regras que valem até que lei discipline de forma diversa. E o dispositivo em exame cuida do **cálculo dos benefícios** de ambos os regimes de previdência social – RPPS e RGPS – impondo a utilização da **média aritmética simples** dos salários de contribuição e das remunerações adotados como base para contribuições **correspondentes a 100% (cem por cento) do período contributivo desde julho de 1994,** quando a unidade do Sistema Monetário Nacional passa a ser o Real, ou desde o início da contribuição, se posterior àquela competência.

Apenas para deixar anotado um registro histórico, a sistemática antes vigente sinalizava no sentido de que a renda mensal do benefício seria apurada a partir da média aritmética simples dos maiores salários de contribuição correspondentes a 80% (oitenta por cento) de todo o período contributivo decorrido desde a competência julho de 1994. Antes disso, até o dia 28 de novembro de 1999, véspera da publicação da Lei n. 9.876, de 26 de novembro de 1999, o cálculo do valor inicial, segundo as regras até então vigentes, considerava como Período Básico de Cálculo (PBC) os últimos 36 (trinta e seis) salários de contribuição, apurados em período não superior a 48 (quarenta e oito) meses imediatamente anteriores àquela data.

Vê-se, portanto, que a sistemática foi sendo piorada ao longo do tempo e que, especialmente agora, não mais se permite desprezar os 20% menores salários de contribuição de todo o período contributivo.

A média apurável segundo a nova sistemática não mais levará em conta o mecanismo de descarte que diminuía os impactos dos altos e baixos retributivos da vida laboral do segurado. A média agora é feita com base em todo o período de contribuição.

A média apurada pela sistemática de cálculo prevista no *caput* do art. 26 será limitada ao valor máximo do salário de contribuição do Regime Geral de Previdência Social (ora, R$ 5.839,45) para (1) os **segurados deste regime** e para (2) o servidor que ingressou no serviço público em cargo efetivo após a implantação do regime de previdência complementar ou que tenha exercido a opção correspondente, nos termos do disposto nos §§ 14 a 16 do art. 40 da Constituição Federal.

A regra contida no § 2º do art. 26 dispõe que a renda mensal do benefício de aposentadoria corresponderá a **60% (sessenta por cento)** da média aritmética definida no *caput* e no § 1º com o acréscimo de **2% por cada ano de contribuição excedente do tempo de 20 (vinte anos)** de contribuição nos casos que a seguir serão analisados.

Assim, um segurado do Regime Geral da Previdência Social que completou 20 (vinte) anos de contribuição e que alcançou a média aritmética simples de R$5.000,00 (cinco mil reais) terá direito a aposentadoria com renda mensal de R$3.000,00 (três mil reais) porque esse valor corresponde a 60% da média apurada.

Esse mesmo segurado poderá aumentar essa renda mensal caso forme tempo de contribuição excedente em virtude do qual se atribuirá uma adição de 2% (dois por cento) por cada ano de contribuição.

Assim, se esse segurado tiver 25 anos de contribuição, ele ganhará um acréscimo de 10% (2% × 5 = 10%) sobre a renda mensal de sua aposentadoria. Desse modo, ele terá direito a aposentadoria com renda mensal de R$3.500,00 (três mil e quinhentos reais) porque esse valor corresponde a 70% da média apurada.

25 anos de contribuição: 60% (pelos 20 anos) + 2% × 5 excedentes = 70% da média.

Na mesma ordem de ideias:

30 anos de contribuição: 60% (pelos 20 anos) + 2% × 10 excedentes = 80% da média.

35 anos de contribuição: 60% (pelos 20 anos) + 2% × 15 excedentes = 90% da média.

40 anos de contribuição: 60% (pelos 20 anos) + 2% × 20 excedentes = 100% da média.

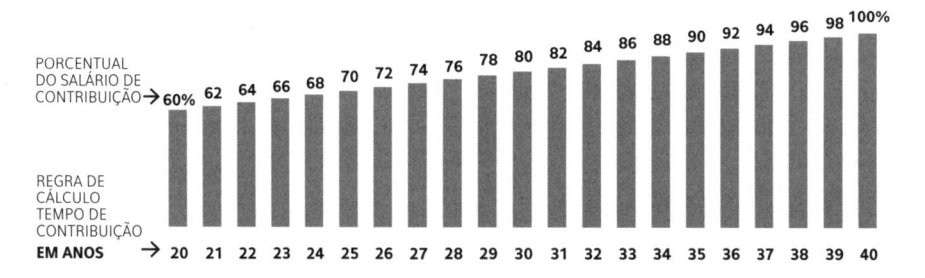

§ 7º Os proventos das aposentadorias concedidas nos termos do disposto neste artigo não serão inferiores ao valor a que se refere o § 2º do art. 201 da Constituição Federal e serão reajustados:

O *caput* do §7º do art. 4º desta Emenda Constitucional traz em si uma das regras de ouro da previdência social, aquela segundo a qual os benefícios que substituem o salário – e a aposentadoria é o mais importante deles – não são inferiores ao valor do salário mínimo. O § 2º do art. 201 do texto constitucional é claro nesse sentido:

> Art. 201 [...]
> § 2º *Nenhum benefício que substitua o salário de contribuição ou o rendimento do trabalho do segurado terá valor mensal inferior ao salário mínimo.*

O dispositivo, entretanto, oferece balizas definidoras da sistemática de reajustamento com vista à manutenção da irredutibilidade real dos benefícios previdenciários. É o que se vê nos incisos a seguir expendidos.

I – de acordo com o disposto no art. 7º da Emenda Constitucional n. 41, de 19 de dezembro de 2003, se cumpridos os requisitos previstos no inciso I do § 6º; ou

O reajustamento será feito de acordo com a **regra da paridade** disposta no art. 7º da Emenda Constitucional n. 41/2003, segundo o qual os benefícios "serão revistos na mesma proporção e na mesma data, sempre que se modificar a remuneração dos servidores em atividade", se a aposentadoria tiver sido concedida nos termos do disposto no inciso I do § 6º, ou seja, se tiver sido concedida com **integralidade** ao servidor público que tenha ingressado no serviço público em cargo efetivo **até** 31 de dezembro de 2003 (data da publicação da EC n. 41/2003) e que não tenha feito a opção de que trata § 16 do art. 40 da Constituição Federal.

II – nos termos estabelecidos para o Regime Geral de Previdência Social, na hipótese prevista no inciso II do § 6º.

O reajustamento será feito **sem paridade**, ou seja, sem a revisão na mesma proporção e na mesma data, sempre que se modificar a remuneração dos servidores em atividade, para o servidor público que tenha ingressado no serviço público em cargo efetivo **depois de** 31 de dezembro de 2003 (data da publicação da EC n. 41/2003).

§ 8º Considera-se remuneração do servidor público no cargo efetivo, para fins de cálculo dos proventos de aposentadoria com fundamento no disposto no inciso I do § 6º ou no inciso I do § 2º do art. 20, o valor constituído pelo subsídio, pelo vencimento e pelas vantagens pecuniárias permanentes do cargo, estabelecidos em lei, acrescidos dos adicionais de caráter individual e das vantagens pessoais permanentes, observados os seguintes critérios:

Aqui se define o que seja *"remuneração do servidor público no cargo efetivo"* para fins de cálculo dos proventos de servidor público em cargo efetivo cuja aposentadoria tenha sido concedida nos termos dispostos no inciso I do § 6º deste artigo ou conforme o inciso I do § 2º do art. 20 desta Emenda Constitucional. Pois bem. A referida remuneração é *"o valor constituído pelo subsídio, pelo vencimento e pelas vantagens pecuniárias permanentes do cargo, estabelecidos em lei, acrescidos dos adicionais de caráter individual e das vantagens pessoais permanentes"*. Mas há critérios a considerar, nos termos dos incisos a seguir apresentados:

I – se o cargo estiver sujeito a variações na carga horária, o valor das rubricas que refletem essa variação integrará o cálculo do valor da remuneração do servidor público no cargo efetivo em que se deu a aposentadoria, considerando a média aritmética simples dessa carga horária proporcional ao número de anos completos de recebimento e contribuição, contínuos ou intercalados, em relação ao tempo total exigido para a aposentadoria;

Diante de variações na carga horária, a remuneração será o resultado da "média aritmética simples dessa carga horária proporcional ao número de anos completos de recebimento e contribuição, contínuos ou intercalados, em relação ao tempo total exigido para a aposentadoria".

II – se as vantagens pecuniárias permanentes forem variáveis por estarem vinculadas a indicadores de desempenho, produtividade ou situação similar, o valor dessas vantagens integrará o cálculo da remuneração do servidor público no cargo efetivo mediante a aplicação, sobre o valor atual de referência das vantagens pecuniárias permanentes variáveis, da média aritmética simples do indicador, proporcional ao número de anos completos de recebimento e de respectiva contribuição, contínuos ou intercalados, em relação ao tempo total exigido para a aposentadoria ou, se inferior, ao tempo total de percepção da vantagem.

Raciocínio semelhante ao da variação da carga horária há de ser aplicado se a situação envolver "vantagens pecuniárias permanentes", porém variáveis (com valores oscilantes de mês a mês). Nesse caso, esses complementos irão se integrar ao cálculo da remuneração do servidor pela sua média aritimética simples, considerada a proporcionalidade entre o número de anos completos de recebimento e a contribuição.

§ 9º Aplicam-se às aposentadorias dos servidores dos Estados, do Distrito Federal e dos Municípios as normas constitucionais e infraconstitucionais anteriores à data de entrada em vigor desta Emenda Constitucional, enquanto não promovidas alterações na legislação interna relacionada ao respectivo regime próprio de previdência social.

O dispositivo aqui em exame cria uma disposição transitória para reger a aposentadoria dos servidores dos Estados, do Distrito Federal e dos Municípios, enquanto não promovidas as alterações na legislação interna relacionada ao seu respectivo regime próprio de previdência social. Até que esses ajustes ou alterações sejam realizados, serão aplicadas as normas constitucionais e infraconstitucionais anteriores à data de entrada em vigor desta Emenda Constitucional.

§ 10. Estende-se o disposto no § 9º às normas sobre aposentadoria de servidores públicos incompatíveis com a redação atribuída por esta Emenda Constitucional aos §§ 4º, 4º-A, 4º-B e 4º-C do art. 40 da Constituição Federal.

Aplica-se aqui também a mesma lógica contida no § 9º. Até que alterações sejam realizadas no tocante aos destinatários das regras inseridas nos §§ 4º, 4º-A, 4º-B e 4º-C do art. 40 da Constituição Federal pelos Estados, pelo Distrito Federal e pelos Municípios nos seus respectivos regimes próprios de previdência social, serão aplicadas as normas constitucionais e infraconstitucionais anteriores à data de entrada em vigor desta Emenda Constitucional.

ART. 5º

Art. 5º O policial civil do órgão a que se refere o inciso XIV do *caput* do art. 21 da Constituição Federal, o policial dos órgãos a que se referem o inciso IV do *caput* do art. 51, o inciso XIII do *caput* do art. 52 e os incisos I a III do *caput* do art. 144 da Constituição Federal e o ocupante do cargo de agente federal penitenciário ou socioeducativo que tenham ingressado na respectiva carreira até a data de entrada em vigor desta Emenda Constitucional poderão aposentar-se, na forma da Lei Complementar n. 51, de 20 de dezembro de 1985, observada a idade mínima de 55 (cinquenta e cinco) anos para ambos os sexos ou o disposto no § 3º.

O dispositivo ora em análise cuida exclusivamente da figura do policial, designadamente dos seguintes policiais:

a) policial civil do órgão a que se refere o inciso XIV do *caput* do art. 21 da Constituição Federal, ou seja, o **policial civil do Distrito Federal**;

b) o policial do órgão a que se refere o inciso IV do *caput* do art. 51 da Constituição Federal, ou seja, o **policial da Câmara dos Deputados**;
c) o policial do órgão a que se refere o inciso XIII do *caput* do art. 52 da Constituição Federal, ou seja, o **policial do Senado Federal**;
d) o policial dos órgãos a que se referem os incisos I a III do *caput* do art. 144 da Constituição Federal, ou seja, **o policial federal; o policial rodoviário federal e o policial ferroviário federal**;
e) e os ocupantes dos cargos de **agente federal penitenciário ou socioeducativo**.

Estes policiais, desde que tenham ingressado na respectiva carreira *até a data de entrada em vigor desta Emenda Constitucional (depois desse marco temporal, veja-se o conteúdo do §3º deste artigo)*, poderão aposentar-se, na forma da Lei Complementar n. 51, de 20 de dezembro de 1985, observada a idade mínima de **55 (cinquenta e cinco) anos para ambos os sexos** ou o disposto no § 3º.

Rememore-se que, nos termos da referida Lei Complementar, há exigência conjuntiva de tempo de contribuição e de exercício em **cargo de natureza estritamente policial, nos seguintes moldes:**

a) 30 (trinta) anos de contribuição, desde que conte, pelo menos, 20 (vinte) anos de exercício em **cargo de natureza estritamente policial**, se homem;
b) 25 (vinte e cinco) anos de contribuição, desde que conte, pelo menos, 15 (quinze) anos de exercício em **cargo de natureza estritamente policial**, se mulher.

§ 1º Serão considerados tempo de exercício em cargo de natureza estritamente policial, para os fins do inciso II do art. 1º da Lei Complementar n. 51, de 1985, o tempo de atividade militar nas Forças Armadas, nas polícias militares e nos corpos de bombeiros militares e o tempo de atividade como agente penitenciário ou socioeducativo.

Este dispositivo identifica aquilo que se entende como "tempo de exercício em cargo de natureza estritamente policial" para que se possa ver aplicado o inciso II do art. 1º da LC n. 51, de 1985, que assim dispõe:

> *Art. 1º O servidor público policial será aposentado: (Redação dada pela Lei Complementar n. 144, de 2014)*
> *[...]*
> *II – voluntariamente, com proventos integrais, independentemente da idade: (Redação dada pela Lei Complementar n. 144, de 2014)*
> *a) após 30 (trinta) anos de contribuição, desde que conte, pelo menos, 20 (vinte) anos de exercício em **cargo de natureza estritamente policial**, se homem; (Incluído pela Lei Complementar n. 144, de 2014)*

*b) após 25 (vinte e cinco) anos de contribuição, desde que conte, pelo menos, 15 (quinze) anos de exercício em **cargo de natureza estritamente policial**, se mulher. (Incluído pela Lei Complementar n. 144, de 2014)*

Então, segundo a norma ora em exame, serão considerados tempo de exercício em cargo de natureza estritamente policial, para os fins da norma acima expendida:

a) o tempo de atividade militar nas Forças Armadas,

b) o tempo de atividade militar nas polícias militares e nos corpos de bombeiros militares; e

c) o tempo de atividade como agente penitenciário ou socioeducativo.

REGRA DE TRANSIÇÃO ART. 5º, *CAPUT* EXCLUSIVA PARA CARGOS DE NATUREZA ESTRITAMENTE POLICIAL TRANSIÇÃO EM REGRA GERAL COM IDADE MÍNIMA E TEMPO DE CONTRIBUIÇÃO MÍNIMO			
BENEFICIÁRIO: policiais referidos no *caput* do art. 5º da Emenda Constitucional			
REQUISITOS CUMULATIVOS:		**MULHER**	**HOMEM**
IDADE MÍNIMA:		55 anos	55 anos
TEMPO MÍNIMO DE CONTRIBUIÇÃO:		25 anos	30 anos
TEMPO DE EFETIVO EXERCÍCIO EM CARGO DE NATUREZA ESTRITAMENTE POLICIAL:		20 anos	20 anos

§ 2º Aplicam-se às aposentadorias dos servidores dos Estados de que trata o § 4º-B do art. 40 da Constituição Federal as normas constitucionais e infraconstitucionais anteriores à data de entrada em vigor desta Emenda Constitucional, enquanto não promovidas alterações na legislação interna relacionada ao respectivo regime próprio de previdência social.

O dispositivo aqui em exame cria disposição transitória para reger a aposentadoria dos **servidores dos Estados de que trata o § 4º B do art. 40 da Constituição Federal**, enquanto não promovidas as alterações na legislação interna relacionada ao seu respectivo regime próprio de previdência social. Até que esses ajustes ou alterações sejam realizados, serão aplicadas as normas constitucionais e infraconstitucionais anteriores à data de entrada em vigor desta Emenda Constitucional.

Art. 5º   A análise detalhada da Reforma da Previdência de 2019 | **125**

§ 3º Os servidores de que trata o *caput* poderão se aposentar aos 52 (cinquenta e dois) anos de idade, se mulher, e aos 53 (cinquenta e três) anos de idade, se homem, desde que cumprido período adicional de contribuição correspondente ao tempo que, na data de entrada em vigor desta Emenda Constitucional, faltaria para atingir o tempo de contribuição previsto na Lei Complementar n. 51, de 20 de dezembro de 1985.

Há aqui uma regra de transição exclusiva para os policiais. Eles poderão aposentar-se depois de iniciada a vigência desta Emenda Constitucional, aos 52 (cinquenta e dois) anos de idade, se mulher, e aos 53 (cinquenta e três) anos de idade, se homem, desde que cumpram um pedágio de 100% (período adicional de contribuição) correspondente ao tempo que, na data de entrada em vigor desta Emenda Constitucional, faltaria para atingir o tempo de contribuição previsto na Lei Complementar n. 51, de 1985.

CARGO DE NATUREZA ESTRITAMENTE POLICIAL	
52 anos de idade	53 anos de idade
25 anos de contribuição	30 anos de contribuição
Pedágio de 100% sobre o tempo que falta para cumprir 25 anos de contribuição	Pedágio de 100% sobre o tempo que falta para cumprir 30 anos de contribuição

Um exemplo ajudará a entender: se um policial do sexo masculino tiver completado 53 anos, e, à data de entrada em vigor desta Emenda Constitucional, tiver vinte e cinco anos de contribuição, caber-lhe-á cumprir os cinco restantes para alcançar os 30 anos exigíveis nos termos da Lei Complementar n. 51, de 1985 para aposentar-se, e mais outros cinco anos a título de pedágio.

REGRA DE TRANSIÇÃO § 3º do ART. 5º EXCLUSIVA PARA CARGOS DE NATUREZA ESTRITAMENTE POLICIAL TRANSIÇÃO EM REGRA ALTERNATIVA COM IDADE MÍNIMA, TEMPO DE CONTRIBUIÇÃO MÍNIMO E PEDÁGIO DE 100%		
BENEFICIÁRIO: policiais referidos no *caput* do art. 5º da Emenda Constitucional		
REQUISITOS CUMULATIVOS:	**MULHER**	**HOMEM**
IDADE MÍNIMA:	52 anos	53 anos

TEMPO MÍNIMO DE CONTRIBUIÇÃO:	25 anos	30 anos
TEMPO DE EFETIVO EXERCÍCIO EM CARGO DE NATUREZA ESTRITAMENTE POLICIAL:	20 anos	20 anos
PEDÁGIO DE 100% PARA COMPENSAR IDADE MENOR DO QUE A DA REGRA GERAL	Pedágio de 100% sobre o tempo que falta para cumprir 25 anos de contribuição	Pedágio de 100% sobre o tempo que falta para cumprir 30 anos de contribuição

ART. 6º

Art. 6º O disposto no § 14 do art. 37 da Constituição Federal não se aplica a aposentadorias concedidas pelo Regime Geral de Previdência Social até a data de entrada em vigor desta Emenda Constitucional.

Em mais uma disposição transitória, feita em homenagem à intertemporalidade normativa, a Emenda Constitucional aqui em exame deixa claro que o disposto no § 14 do art. 37 da Constituição **NÃO SE APLICA** a aposentadorias concedidas pelo RGPS até a data de entrada em vigor deste texto normativo. Assim, eventuais aposentadorias concedidas **antes** da vigência desta Emenda à Constituição tornarão o segurado imune ao efeito previsto no referido § 14 do art. 37 da Constituição.

Mas o que há no § 14 do art. 37 da Constituição?

Veja-se o texto:

§ 14. A aposentadoria concedida com a utilização de tempo de contribuição decorrente de cargo, emprego ou função pública, inclusive do Regime Geral de Previdência Social, acarretará o rompimento do vínculo que gerou o referido tempo de contribuição.

O dispositivo prevê que a aposentadoria concedida com a utilização de tempo de contribuição decorrente de **cargo, emprego ou função pública**, inclusive com tempo de contribuição do Regime Geral de Previdência Social, acarretará o rompimento do vínculo que gerou o referido tempo de contribuição.

O dispositivo, portanto, atinge, indistintamente, qualquer segurado, de qualquer dos regime de previdência social (RPPS ou RGPS) que tenha espontaneamente solicitado a aposentadoria e os **efeitos disso serão constatáveis a partir da concessão do benefício**.

Assim, tirante aqueles que estejam em situações blindadas pelo direito adquirido, a regra é muito simplesmente enunciável: "**aposentou espontaneamen-**

te, rompeu-se o vínculo com a administração direta ou indireta", independentemente de esse vínculo ter natureza estatutária ou contratual.

Como se antedisse nos comentários feitos ao § 14 do art. 37 da Constituição, no âmbito dos vínculos de natureza contratual, o texto faz renascer vetusta regra contida no § 1º do art. 453 da CLT[5], que produzia a extinção automática dos contratos dos empregados públicos que se aposentassem espontaneamente, mas agora em privilegiada sede constitucional. Essa regra do § 1º do art. 453 da CLT teve suspensa a sua aplicabilidade por decisão do STF, nos autos da ADIN 1.770-4.

A partir da vigência do texto aqui em análise, portanto, o empregador não estará a despedir o empregado, tampouco o empregado estará a pedir demissão. O **vínculo simplesmente se romperá a partir da concessão da aposentadoria sem que os contratantes tenham de assumir indenizações pelo desenlace**, salvo o pagamento das vantagens já conquistadas e proporcionais, a exemplo de férias devidas e proporcionais, acrescidas de 1/3, e de décimos terceiros não pagos.

Repetindo o que se disse antes, e que aqui se repete em busca da coesão de ideias da obra, a medida normativa é uma das muitas que visam atuar no equilíbrio financeiro do sistema previdenciário, pois, segundo constatou o governo, muitos dos que se aposentam em empregos públicos permanecem em atividade, cumulando o salário e os proventos da aposentadoria. O melhor dos mundos para o governo seria o desestímulo à aposentadoria dos que ora atuam em cargos, empregos e funções públicas. A postulação de aposentadoria deles ensejará, mais cedo ou mais tarde, a necessidade de realocação do posto livre. Exatamente por isso a medida será uma preocupação para as empresas estatais, pois a aposentadoria de qualquer um dos seus empregados importará a necessidade de seu imediato afastamento sem que a reposição seja fácil ou instantânea, pois dependente de concurso público.

O dispositivo aqui em exame atua no âmbito da intertemporalidade. Segundo o que aqui se lê, "o disposto no § 14 do art. 37 da Constituição Federal **não se aplica a aposentadorias concedidas** pelo Regime Geral de Previdência Social até a data de entrada em vigor desta Emenda Constitucional".

---

5 Art. 453. [....]
§ 1º Na aposentadoria espontânea de empregados das empresas públicas e sociedades de economia mista é permitida sua readmissão desde que atendidos aos requisitos constantes do art. 37, inciso XVI, da Constituição, e condicionada à prestação de concurso público (Incluído pela Lei n. 9.528, de 10-12-1997).
Esse dispositivo foi declarado inconstitucional nos autos da ADIN 1.770-4.

Dessa forma, e em rigor, aqueles que tiverem a aposentadoria concedida pelo (**e não apenas pedida ao**) Regime Geral de Previdência Social até a data de início da vigência desta Emenda não estarão submetidos aos efeitos do rompimento do vínculo que gerou o referido tempo de contribuição.

Esse ponto será objeto de muitas discussões, mas o bom senso certamente conduzirá à conclusão de que estarão protegidos contra os efeitos do disposto no § 14 do art. 37 da Constituição aqueles que tenham requerido a aposentadoria antes da vigência da Emenda Constitucional aqui em análise, pois o segurado não poderia (ou, pelo menos, não deveria) ser prejudicado pela morosidade da própria administração pública no processo de concessão da aposentadoria. O afastamento automático, entretanto, somente ocorrerá a partir da concessão do benefício. Essa deverá ser a orientação.

ART. 7º

Art. 7º O disposto no § 15 do art. 37 da Constituição Federal não se aplica a complementações de aposentadorias e pensões concedidas até a data de entrada em vigor desta Emenda Constitucional.

Em mais uma disposição transitória, igualmente em homenagem à intertemporalidade normativa, o art. 7º deixa claro que o disposto no § 15 do art. 37 da Constituição Federal **NÃO SE APLICA** a complementações de aposentadorias e pensões **concedidas até a data de entrada em vigor** desta Emenda Constitucional.

Veja-se o texto do § 15 do art. 37 da Constituição Federal:

Art. 37
[...]
§ 15. É vedada a complementação de aposentadorias de servidores públicos e de pensões por morte a seus dependentes que não seja decorrente do disposto nos §§ 14 a 16 do art. 40 ou que não seja prevista em lei que extinga regime próprio de previdência social.

Então, a complementação de aposentadorias e pensões concedidas **a partir da data de entrada em vigor desta Emenda Constitucional terá de estar de acordo com os §§ 14 a 16 do art. 40 ou terá de estar conforme a lei que extinga o regime próprio de previdência social.**

Rememore-se aqui o texto dos novos §§ 14 e 15 do art. 40 e do § 16 do mesmo dispositivo, que, porém, não foi mudado pela presente Emenda:

Art. 40
[...]

§ 14. A União, os Estados, o Distrito Federal e os Municípios instituirão, por lei de iniciativa do respectivo Poder Executivo, regime de previdência complementar para servidores públicos ocupantes de cargo efetivo, observado o limite máximo dos benefícios do Regime Geral de Previdência Social para o valor das aposentadorias e das pensões em regime próprio de previdência social, ressalvado o disposto no § 16.

§ 15. O regime de previdência complementar de que trata o § 14 oferecerá plano de benefícios somente na modalidade contribuição definida, observará o disposto no art. 202 e será efetivado por intermédio de entidade fechada de previdência complementar ou de entidade aberta de previdência complementar.

§ 16. Somente mediante sua prévia e expressa opção, o disposto nos §§ 14 e 15 poderá ser aplicado ao servidor que tiver ingressado no serviço público até a data da publicação do ato de instituição do correspondente regime de previdência complementar. (Incluído pela Emenda Constitucional n. 20, de 15-12-1998)

ART. 8º

Art. 8º Até que entre em vigor lei federal de que trata o § 19 do art. 40 da Constituição Federal, o servidor público federal que cumprir as exigências para a concessão da aposentadoria voluntária nos termos do disposto nos arts. 4º, 5º, 20, 21 e 22 e que optar por permanecer em atividade fará jus a um abono de permanência equivalente ao valor da sua contribuição previdenciária, até completar a idade para aposentadoria compulsória.

A disposição transitória contida neste art. 8º prevê que, até que entre em vigor a lei federal que estabelecerá critérios que levem o servidor titular de cargo efetivo ao recebimento do abono de permanência, este terá direito à referida vantagem caso cumpra as exigências para a concessão da aposentadoria voluntária nos termos dispostos nos arts. 4º, 5º, 20, 21 e 22 desta Emenda Constitucional e desde que, obviamente, opte por permanecer em atividade. Deixa-se claro, com isso, que, mesmo aqueles que tenham direito à aposentadoria mediante as regras de transição, terão também direito ao abono de permanência, mas isso somente ocorrerá, como diz o dispositivo ora em exame, "até que entre em vigor a lei federal de que trata o § 19 do art. 40 da Constituição Federal".

ART. 9º

Art. 9º Até que entre em vigor lei complementar que discipline o § 22 do art. 40 da Constituição Federal, aplicam-se aos regimes próprios de previdência social o disposto na Lei n. 9.717, de 27 de novembro de 1998, e o disposto neste artigo.

A disposição transitória contida neste art. 9º prevê que, até que entre em vigor a lei complementar que discipline **normas gerais de organização, de funcionamento e de responsabilidade em sua gestão** para os remanescentes regimes próprios de previdência social, aplicar-se-ão a eles o disposto na Lei n. 9.717, de 1998 mas, também, o disposto neste artigo.

§ 1º O equilíbrio financeiro e atuarial do regime próprio de previdência social deverá ser comprovado por meio de garantia de equivalência, a valor presente, entre o fluxo das receitas estimadas e das despesas projetadas, apuradas atuarialmente, que, juntamente com os bens, direitos e ativos vinculados, comparados às obrigações assumidas, evidenciem a solvência e a liquidez do plano de benefícios.

A comprovação do equilíbrio financeiro e atuarial, até que entre em vigor a lei complementar que venha a disciplinar **normas gerais de organização, de funcionamento e de responsabilidade em sua gestão** para os remanescentes regimes próprios de previdência social, será feita mediante a *garantia de equivalência, a valor presente*, entre o fluxo das entradas (receitas) e das saídas (despesas) permissivo da evidência de solvência e liquidez do plano de benefícios.

§ 2º O rol de benefícios dos regimes próprios de previdência social fica limitado às aposentadorias e à pensão por morte.

Os benefícios que mais dependem do equilíbrio financeiro e atual são, sem dúvida, as aposentadorias e as pensões por morte. Exatamente por isso, até que entre em vigor a lei complementar que venha a disciplinar **normas gerais de organização, de funcionamento e de responsabilidade em sua gestão** para os remanescentes regimes próprios de previdência social, estes serão os únicos benefícios oferecidos pelos regimes próprios de previdência social. Os demais benefícios, inclusive os não programados, à luz do que se verá no parágrafo seguinte, serão pagos diretamente pelo ente federativo instituidor do regime próprio de previdência social ao qual o servidor se vincula.

§ 3º Os afastamentos por incapacidade temporária para o trabalho e o salário-maternidade serão pagos diretamente pelo ente federativo e não correrão à conta do regime próprio de previdência social ao qual o servidor se vincula.

Até que entre em vigor a lei complementar que venha a disciplinar **normas gerais de organização, de funcionamento e de responsabilidade em sua gestão** para os remanescentes regimes próprios de previdência social, não correrão por conta deles os pagamentos dos benefícios por incapacidade, tampouco os salários-maternidade. Estes serão honrados pelo ente federativo instituidor do regime próprio.

§ 4º Os Estados, o Distrito Federal e os Municípios não poderão estabelecer alíquota inferior à da contribuição dos servidores da União, exceto se demonstrado que o respectivo regime próprio de previdência social não possui déficit atuarial a ser equacionado, hipótese em que a alíquota não poderá ser inferior às alíquotas aplicáveis ao Regime Geral de Previdência Social.

Também até que entre em vigor a lei complementar que venha a disciplinar **normas gerais de organização, de funcionamento e de responsabilidade em sua gestão** para os remanescentes regimes próprios de previdência social, os Estados, o Distrito Federal e os Municípios não poderão estabelecer alíquota inferior à da contribuição dos servidores da União, salvo se demonstrado que o respectivo regime próprio de previdência social não possui déficit atuarial a ser equacionado.

Ainda assim, mesmo que o regime próprio de determinado ente federativo não possua déficit atuarial, a alíquota por ele aplicada não poderá ser inferior às alíquotas exigíveis no Regime Geral de Previdência Social, observadas as suas correspondentes faixas.

§ 5º Para fins do disposto no § 4º, não será considerada como ausência de déficit a implementação de segregação da massa de segurados ou a previsão em lei de plano de equacionamento de déficit.

Para o fim especial de permitir que os Estados, o Distrito Federal e os Municípios tenham alíquota inferior à da contribuição dos servidores da União, não será considerada a implementação de segregação da massa de segurados ou a previsão em lei de plano de equacionamento de déficit como artifícios suficientes para demonstrar a ausência de déficit atuarial a ser equacionado.

§ 6º A instituição do regime de previdência complementar na forma dos §§ 14 a 16 do art. 40 da Constituição Federal e a adequação do órgão ou entidade gestora do regime próprio de previdência social ao § 20 do art. 40 da Constituição Federal deverão ocorrer no prazo máximo de dois anos da data de entrada em vigor desta Emenda Constitucional.

Por esta disposição transitória, a instituição do regime de previdência complementar na forma dos analisados §§ 14 a 16 do art. 40 da Constituição Federal e a adequação do órgão ou entidade gestora do regime próprio de previdência social ao § 20 do art. 40 da Constituição Federal **deverão ocorrer no prazo máximo de dois anos da data de entrada em vigor da Emenda Constitucional** aqui em análise.

§ 7º Os recursos de regime próprio de previdência social poderão ser aplicados na concessão de empréstimos a seus segurados, na modalidade de consignados, observada regulamentação específica estabelecida pelo Conselho Monetário Nacional.

Partindo do pressuposto da inexistência de déficit, o § 7º admite a possibilidade (não se trata de direito subjetivo) de aplicação dos recursos de regime próprio na concessão de empréstimos consignados aos seus próprios segurados, observada a regulamentação específica ditada pelo Conselho Monetário Nacional.

§ 8º Por meio de lei, poderá ser instituída contribuição extraordinária pelo prazo máximo de 20 (vinte) anos, nos termos dos §§ 1º-B e 1º-C do art. 149 da Constituição Federal.

O § 8º deve ser analisado conjuntamente com os dispositivos constantes dos §§ 1º-B e 1º-C do art. 149 da Constituição Federal, pois cria disposição transitória até que surja a lei que venha a determinar o tempo de vigência da contribuição extraordinária eventualmente instituída. Sabe-se, por ora, apenas, por força dessa disposição transitória, que esse tempo não poderá ter dimensão superior a 20 (vinte) anos.

§ 9º O parcelamento ou a moratória de débitos dos entes federativos com seus regimes próprios de previdência social fica limitado ao prazo a que se refere o § 11 do art. 195 da Constituição.

O dispositivo aqui em análise, como sugere a sua própria remissão, tem relação sistemática com o § 11 do art. 195 da Constituição, ficando claro, portanto, que o parcelamento ou a moratória de débitos dos entes federativos com seus regimes próprios de previdência social não poderá exceder sessenta meses.

ART. 10

Art. 10. Até que entre em vigor lei federal que discipline os benefícios do regime próprio de previdência social dos servidores da União, aplica-se o disposto neste artigo.

A disposição transitória contida no art. 10 valerá até que lei federal seja instituída para disciplinar os benefícios do ora residual regime próprio de previdência social dos servidores da União. Enquanto essa norma não vem, os servidores públicos federais serão submetidos às disposições a seguir expendidas:

§ 1º Os servidores públicos federais serão aposentados:
I – voluntariamente, observados, cumulativamente, os seguintes requisitos:
a) 62 (sessenta e dois) anos de idade, se mulher, e 65 (sessenta e cinco) anos de idade, se homem; e
b) 25 (vinte e cinco) anos de contribuição, desde que cumprido o tempo mínimo de 10 (dez) anos de efetivo exercício no serviço público e de 5 (cinco) anos no cargo efetivo em que for concedida a aposentadoria;

Até que entre em vigor lei federal que discipline os benefícios do regime próprio de previdência social dos servidores da União, eles se aposentarão **espontaneamente**, em caráter voluntário, quando observados, **cumulativamente**, a idade de 62 (sessenta e dois) anos, se mulher, e 65 (sessenta e cinco) anos, se homem; e também 25 (vinte e cinco) anos de contribuição, desde que cumprido o tempo mínimo de 10 (dez) anos de efetivo exercício no serviço público e de 5 (cinco) anos no cargo efetivo em que for concedida a aposentadoria.

II – por incapacidade permanente para o trabalho, no cargo em que estiverem investidos, quando insuscetíveis de readaptação, hipótese em que será obrigatória a realização de avaliações periódicas para verificação da continuidade das condições que ensejaram a concessão da aposentadoria; ou

Até que entre em vigor lei federal que discipline os benefícios do regime próprio de previdência social dos servidores da União, eles se aposentarão **por incapacidade permanente para o trabalho**, no cargo em que estiverem investidos, quando insuscetíveis de readaptação. Assim, se não se demonstrar possível a readaptação, o segurado viverá uma aposentação a título precário, tornando-se obrigado a submeter-se a avaliações periódicas para a constatação da continuidade da incapacidade permanente.

III – compulsoriamente, na forma do disposto no inciso II do § 1º do art. 40 da Constituição Federal.

Até que entre em vigor lei federal que discipline os benefícios do regime próprio de previdência social dos servidores da União, eles se aposentarão compulsoriamente, na forma do disposto no inciso II do § 1º do art. 40 da Constituição Federal, ou seja, *eles se aposentarão com* **proventos proporcionais ao tempo de contribuição**, *aos 70 (setenta) anos de idade, ou aos 75 (setenta e cinco) anos de idade, na forma de lei complementar.*

No que diz respeito à renda mensal do benefício, há de observar-se o disposto no § 4º do art. 26 desta Emenda Constitucional, *in verbis*:

Art. 26. [...]
*§ 4º O valor do benefício da aposentadoria de que trata o **inciso III do § 1º do art. 10** corresponderá ao resultado do tempo de contribuição dividido por 20 (vinte) anos, limitado a um inteiro, multiplicado pelo valor apurado na forma do "caput" do § 2º deste artigo, ressalvado o caso de cumprimento de critérios de acesso para aposentadoria voluntária que resulte em situação mais favorável.*

Vê-se, então, que a aposentadoria a que se refere este dispositivo corresponderá ao resultado do tempo de contribuição dividido por 20 anos, não podendo esse resultado ser inferior a 1 (um), multiplicado pelo valor apurado na forma do *caput* do § 2º do art. 26 desta Emenda Constitucional.

§ 2º Os servidores públicos federais com direito a idade mínima ou tempo de contribuição distintos da regra geral para concessão de aposentadoria, na forma dos §§ 4º-B, 4º-C e 5º do art. 40 da Constituição Federal, poderão aposentar-se, observados os seguintes requisitos:

Até que entre em vigor lei federal que discipline os benefícios do regime próprio de previdência social dos servidores da União com direito a idade mínima ou tempo de contribuição distintos da regra geral para concessão de aposentadoria, eles se aposentarão, observados os requisitos a seguir:

I – o policial civil do órgão a que se refere o inciso XIV do *caput* do art. 21 da Constituição Federal, o policial dos órgãos a que se referem o inciso IV do *caput* do art. 51, o inciso XIII do *caput* do art. 52 e os incisos I a III do *caput* do art. 144 da Constituição Federal e o ocupante de cargo de agente federal penitenciário ou socioeducativo, aos 55 (cinquenta e cinco) anos de idade, com 30 (trinta) anos de contribuição e 25 (vinte e cinco) anos de efetivo exercício em cargo dessas carreiras, para ambos os sexos;

Na linha daquilo que se disse no § 4º-B do art. 40 da Constituição Federal, os policiais conseguiram tratamento diferenciado durante o transcurso da Reforma da Previdência, entre os quais se referem os policiais civis do Distrito Federal, os agentes penitenciários, os agentes socioeducativos, os policiais da Câmara dos Deputados (art. 51, IV, da Constituição Federal), os policiais do Senado Federal (art. 512, XIII, da Constituição Federal), os policiais federais, os policiais rodoviários federais e os policiais ferroviários federais (referidos nos incisos I a III do art. 144 da Constituição Federal) que se aposentarão aos 55 (cinquenta e cinco) anos de idade, 30 (trinta) anos de contribuição e 25 (vinte e cinco) anos de efetivo exercício em cargo destas carreiras, para ambos os sexos. Note-se que, diferentemente do que ocorre em situações ordinárias, não há distinção de tratamento entre homens e mulheres no âmbito policial.

II – o servidor público federal cujas atividades sejam exercidas com **efetiva exposição** a agentes químicos, físicos e biológicos prejudiciais à saúde, ou associação desses agentes, vedadas a caracterização por categoria profissional ou ocupação, aos 60 (sessenta) anos de idade com 25 (vinte e cinco) anos de efetiva exposição e contribuição, 10 (dez) anos de efetivo exercício de serviço público e 5 (cinco) anos no cargo efetivo em que for concedida a aposentadoria;

Aqui, o tratamento diferenciado é dado ao servidor público federal efetivamente submetido a trabalho em ambiente insalubre, eivado por agentes químicos, físicos e biológicos prejudiciais à saúde, ou associação destes agentes, tirante a caracterização por categoria profissional ou ocupação (pelo simples fato do exercício de um trabalho, ofício ou profissão). Para esse servidor público federal a aposentação ocorrerá aos 60 (sessenta) anos de idade, 25 (vinte e cinco) anos de efetiva exposição e contribuição, 10 (dez) anos de efetivo exercício de serviço público e 5 (cinco) anos no cargo efetivo em que for concedida a aposentadoria.

Note-se que, diferentemente do que ocorre em situações ordinárias, não há distinção de tratamento entre homens e mulheres no âmbito da efetiva exposição a agentes químicos, físicos e biológicos prejudiciais à saúde.

Nunca será demasiada a lembrança de que essa disposição transitória, designadamente por conta do estabelecimento de idade mínima, aniquilou a razão jurídica dessa especial forma de jubilamento. Como se pode admitir que alguém, desgastado pela nocividade do meio ambiental desde os primeiros anos de sua vida laboral, tenha de alcançar a idade de 60 (sessenta) anos para aposentar-se na modalidade diferenciada aqui em discussão?

Até mesmo por respeito ao direito fundamental à redução dos riscos inerentes ao trabalho (art. 7º, XXII, da Constituição Federal), um trabalhador que inicia a sua atividade laboral em ambiente insalubre aos 18 anos, não poderá manter-se ali por outros 42 anos seguidos para ser aposentado na modalidade aqui em discussão.

Ademais, a norma aqui em análise não cuidou de estabelecer diferenciados tempos de efetiva exposição para diferentes situações de insalubridade, como, aliás, há anos se vê no âmbito do RGPS. Aqui não se aplicou o tradicional referencial de aposentadoria especial depois de 15 anos de exposição no trabalho prestado nas frentes de produção de minas de subsolo ou de 20 anos de exposição no trabalho prestado em contato permanente e não intermitente com amianto. Não. Aqui foi diferente. Para todos os casos, o tempo de exposição exigido foi o de 25 anos, sem nenhuma vantagem qualificada para quem estivesse em situação potencialmente mais nociva.

III – o titular do cargo federal de professor, aos 60 (sessenta) anos de idade, se homem, aos 57 (cinquenta e sete) anos, se mulher, com 25 (vinte e cinco) anos de contribuição exclusivamente em efetivo exercício das funções de magistério na educação infantil e no ensino fundamental e médio, 10 (dez) anos de efetivo exercício de serviço público e 5 (cinco) anos no cargo efetivo em que for concedida a aposentadoria, para ambos os sexos.

Aqui, no inciso III, o titular do cargo federal de professor terá aposentação aos 60 (sessenta) anos de idade, se homem, e aos 57 (cinquenta e sete) anos, se mulher, desde que acumule 25 (vinte e cinco anos) de contribuição exclusivamente em efetivo exercício das funções de magistério na educação infantil e no ensino fundamental e médio, além de 10 (dez) anos de efetivo exercício de serviço público e 5 (cinco) anos no cargo efetivo em que for concedida a aposentadoria, para ambos os sexos.

Note-se que, diferentemente do que ocorre nas demais situações diferenciadas, há distinção de tratamento entre homens e mulheres.

§ 3º A aposentadoria a que se refere o § 4º-C do art. 40 da Constituição Federal observará adicionalmente as condições e os requisitos estabelecidos para o Regime Geral de Previdência Social, naquilo em que não conflitarem com as regras específicas aplicáveis ao regime próprio de previdência social da União, vedada a conversão de tempo especial em comum.

Ainda no que diz respeito à aposentadoria prevista no § 4º-C (aposentadoria de servidores cujas atividades sejam exercidas com efetiva exposição a agentes químicos, físicos e biológicos prejudiciais à saúde, ou associação destes agentes), e até que entre em vigor lei federal que discipline os benefícios do regime próprio de previdência social dos servidores da União, deverão ser observadas adicionalmente as condições e os requisitos estabelecidos para o Regime Geral de Previdência Social, naquilo em que não conflitarem com as regras específicas aplicáveis ao regime próprio de previdência social da União. De todo modo, apesar das muitas discussões que possam existir sobre o que se poderia ou não observar adicionalmente ou ainda sobre o que conflita ou não com as regras específicas aplicáveis ao regime próprio de previdência social da União, é fato que não se admite, de nenhuma forma, a conversão de tempo de contribuição especial em tempo de contribuição comum.

§ 4º Os proventos das aposentadorias concedidas nos termos do disposto neste artigo serão apurados na forma da lei.

A renda mensal da aposentadoria concedida com base na regra de transição contida no presente artigo será apurada segundo uma sistemática que será ditada nos termos de legislação infraconstitucional.

Enquanto essa legislação não surge, aplica-se o disposto no art. 26 desta Emenda Constitucional. Veja-se:

> Art. 26. *Até que lei discipline o cálculo dos benefícios do regime próprio de previdência social da União e do Regime Geral de Previdência Social, será utilizada a média aritmética simples dos salários de contribuição e das remunerações adotados como base para contribuições a regime próprio de previdência social e ao Regime Geral de Previdência Social, ou como base para contribuições decorrentes das atividades militares de que tratam os arts. 42 e 142 da Constituição Federal, atualizados monetariamente, correspondentes a 100% (cem por cento) do período contributivo desde a competência julho de 1994 ou desde o início da contribuição, se posterior àquela competência.*
>
> *§ 1º A média a que se refere o "caput" será limitada ao valor máximo do salário de contribuição do Regime Geral de Previdência Social para os segurados desse regime e para o servidor que ingressou no serviço público em cargo efetivo após a implantação do regime de previdência complementar ou que tenha exercido a opção correspondente, nos termos do disposto nos §§ 14 a 16 do art. 40 da Constituição Federal.*
>
> *§ 2º O valor do benefício de aposentadoria corresponderá a 60% (sessenta por cento) da média aritmética definida na forma prevista no "caput" e no § 1º, com acréscimo de 2 (dois) pontos percentuais para cada ano de contribuição que exceder o tempo de 20 (vinte) anos de contribuição nos casos:*
>
> *I – do inciso II do § 6º do art. 4º, do § 4º do art. 15, do § 3º do art. 16 e do § 2º do art. 18;*
>
> *II – do § **4º do art. 10**, ressalvado o disposto no inciso II do § 3º e no § 4º [estas ressalvas referem-se ao próprio artigo 26 da Emenda Constitucional aqui em exame];*
>
> *[...]*

O art. 26 estabelece importantes regras transitórias, ou seja, regras que valem até que lei discipline de forma diversa. E o dispositivo em exame cuida do **cálculo dos benefícios** de ambos os regimes de previdência social – RPPS e RGPS – impondo a utilização da **média aritmética simples** dos salários de contribuição e das remunerações adotados como base para contribuições **correspondentes a 100% (cem por cento) do período contributivo desde julho de 1994**, quando a unidade do Sistema Monetário Nacional passa a ser o Real, ou desde o início da contribuição, se posterior àquela competência.

Apenas para deixar anotado um registro histórico, a sistemática antes vigente sinalizava no sentido de que a renda mensal do benefício seria apurada a partir da média aritmética simples dos maiores salários de contribuição correspondentes a 80% (oitenta por cento) de todo o período contributivo decorrido desde a competência julho de 1994. Antes disso, até o dia 28 de novembro de 1999, véspera da publicação da Lei n. 9.876, de 26 de novembro de 1999, o cálculo do valor inicial, segundo as regras até então vigentes, considerava como Período Básico de Cálculo (PBC) os últimos 36 (trinta e seis) salários de contribuição, apurados em período não superior a 48 (quarenta e oito) meses imediatamente anteriores àquela data.

Vê-se, portanto, que a sistemática foi sendo piorada ao longo do tempo e que, especialmente agora, não mais se permite desprezar os 20% menores salários de contribuição de todo o período contributivo.

A média apurável segundo a nova sistemática não mais levará em conta o mecanismo de descarte que diminuía os impactos dos altos e baixos retributivos da vida laboral do segurado. A média agora é feita com base em todo o período de contribuição.

A média apurada pela sistemática de cálculo prevista no *caput* do art. 26 será limitada ao valor máximo do salário de contribuição do Regime Geral de Previdência Social (ora, R$ 5.839,45) para (1) os **segurados deste regime** e para (2) **o servidor que ingressou no serviço público em cargo efetivo após a implantação do regime de previdência complementar ou que tenha exercido a opção correspondente, nos termos do disposto nos §§ 14 a 16 do art. 40 da Constituição Federal.**

A regra contida no § 2º do art. 26 dispõe que a renda mensal do benefício de aposentadoria corresponderá a **60% (sessenta por cento)** da média aritmética definida no *caput* e no § 1º com o acréscimo de **2% por cada ano de contribuição excedente do tempo de 20 (vinte anos) de contribuição** nos casos que a seguir serão analisados.

Assim, um segurado do Regime Geral da Previdência Social que completou 20 (vinte) anos de contribuição e que alcançou a média aritmética simples de R$5.000,00 (cinco mil reais) terá direito a aposentadoria com renda mensal de R$3.000,00 (três mil reais) porque esse valor corresponde a 60% da média apurada.

Esse mesmo segurado poderá aumentar essa renda mensal caso forme tempo de contribuição excedente em virtude do qual se atribuirá uma adição de 2% (dois por cento) por cada ano de contribuição.

Assim, se esse segurado tiver 25 anos de contribuição, ele ganhará um acréscimo de 10% (2% x 5 = 10%) sobre a renda mensal de sua aposentadoria. Desse modo, ele terá direito a aposentadoria com renda mensal de R$3.500,00 (três mil e quinhentos reais) porque esse valor corresponde a 70% da média apurada.

25 anos de contribuição: 60% (pelos 20 anos) + 2% × 5 excedentes = 70% da média.

Na mesma ordem de ideias:

30 anos de contribuição: 60% (pelos 20 anos) + 2% × 10 excedentes = 80% da média.

35 anos de contribuição: 60% (pelos 20 anos) + 2% × 15 excedentes = 90% da média.
40 anos de contribuição: 60% (pelos 20 anos) + 2% × 20 excedentes = 100% da média.

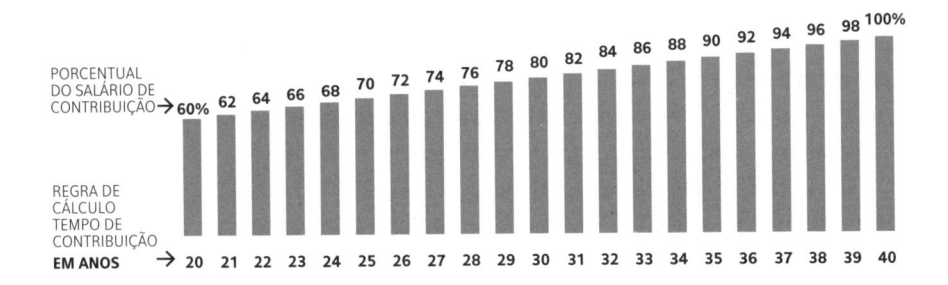

PORCENTUAL DO SALÁRIO DE CONTRIBUIÇÃO →	60%	62	64	66	68	70	72	74	76	78	80	82	84	86	88	90	92	94	96	98	100%
REGRA DE CÁLCULO TEMPO DE CONTRIBUIÇÃO EM ANOS →	20	21	22	23	24	25	26	27	28	29	30	31	32	33	34	35	36	37	38	39	40

§ 5º Até que entre em vigor lei federal de que trata o § 19 do art. 40 da Constituição Federal, o servidor federal que cumprir as exigências para a concessão da aposentadoria voluntária nos termos do disposto neste artigo e que optar por permanecer em atividade fará jus a um abono de permanência equivalente ao valor da sua contribuição previdenciária, até completar a idade para aposentadoria compulsória.

Em disposição transitória, o § 5º deixa claro que, até a entrada em vigor de lei federal que criará critérios para a concessão do abono de permanência, consoante o § 19 do art. 40 do texto constitucional, o servidor federal que cumprir as exigências para a concessão da aposentadoria voluntária nos termos deste artigo e que, além disso, evidentemente, optar por permanecer em atividade, fará jus a um abono de permanência equivalente ao valor da sua contribuição previdenciária, até completar a idade para aposentadoria compulsória.

§ 6º A pensão por morte devida aos dependentes do policial civil do órgão a que se refere o inciso XIV do *caput* do art. 21 da Constituição Federal, do policial dos órgãos a que se referem o inciso IV do *caput* do art. 51, o inciso XIII do *caput* do art. 52 e os incisos I a III do *caput* do art. 144 da Constituição Federal e dos ocupantes dos cargos de agente federal penitenciário ou socioeducativo decorrente de agressão sofrida no exercício ou em razão da função será vitalícia para o cônjuge ou companheiro e equivalente à remuneração do cargo.

Igualmente no âmbito de disposições transitórias, o § 6º aqui em exame cria uma regra diferenciada – e mais vantajosa – em favor dos dependentes dos policiais por ele especificados, que tenham sido mortos em decorrência de agressão sofrida no exercício ou em razão das suas funções.

Perceba-se que a regra em exame apenas beneficia os dependentes dos policiais civis do órgão a que se refere o inciso XIV do *caput* do art. 21 da Constituição Federal, dos policiais dos órgãos a que se referem o inciso IV do *caput* do art. 51 e o inciso XIII do *caput* do art. 52, dos policiais referidos nos incisos I a III do *caput* do art. 144 da Constituição Federal e daqueles ocupantes dos cargos de agente federal penitenciário ou socioeducativo. Para os dependentes dos referidos policiais garante-se pensão vitalícia para o cônjuge ou companheiro e com renda mensal equivalente à remuneração do cargo, ou seja, garantem-se a vitaliciedade da pensão por morte e integralidade do benefício. Note-se que essa norma diferenciada somente socorre o cônjuge ou companheiro do policial, não se aplicando nos mesmos moldes para os demais dependentes previdenciários, a exemplos de filhos, pais ou irmãos.

§ 7º Aplicam-se às aposentadorias dos servidores dos Estados, do Distrito Federal e dos Municípios as normas constitucionais e infraconstitucionais anteriores à data de entrada em vigor desta Emenda Constitucional, enquanto não promovidas alterações na legislação interna relacionada ao respectivo regime próprio de previdência social.

Enquanto não promovidas alterações na legislação interna relacionada ao regime próprio de previdência social dos servidores dos Estados, do Distrito Federal e dos Municípios, valerão, em matéria de aposentadoria, as normas constitucionais e infraconstitucionais anteriores à data de entrada em vigor desta Emenda Constitucional.

ART. 11

Art. 11. Até que entre em vigor lei que altere a alíquota da contribuição previdenciária de que tratam os arts. 4º, 5º e 6º da Lei n. 10.887, de 18 de junho de 2004, esta será de 14% (quatorze por cento).

O dispositivo ora em exame atua como disposição transitória para alterar e majorar a contribuição social do servidor público de qualquer dos Poderes da União, incluídas suas autarquias e fundações, com vista à manutenção do respectivo regime próprio de previdência social, de 11% (onze por cento) para 14% (quatorze por cento).

É importante dizer que 14% (quatorze por cento) é um percentual-base que, nos termos dos parágrafos seguintes ou nos termos da legislação regulamentadora, pode ser reduzido ou majorado, a depender do valor da base de cálculo.

Anote-se que este dispositivo somente começará a viger a partir do primeiro dia do quarto mês subsequente ao da publicação desta Emenda Constitucional, consoante comando expresso contido no seu art. 36, I.

§ 1º A alíquota prevista no *caput* será reduzida ou majorada, considerado o valor da base de contribuição ou do benefício recebido, de acordo com os seguintes parâmetros:

I – até 1 (um) salário mínimo, redução de seis inteiros e cinco décimos pontos percentuais;

II – acima de 1 (um) salário mínimo até R$ 2.000,00 (dois mil reais), redução de cinco pontos percentuais;

III – de R$ 2.000,01 (dois mil reais e um centavo) até R$ 3.000,00 (três mil reais), redução de dois pontos percentuais;

IV – de R$ 3.000,01 (três mil reais e um centavo) até R$ 5.839,45 (cinco mil, oitocentos e trinta e nove reais e quarenta e cinco centavos), sem redução ou acréscimo;

V – de R$ 5.839,46 (cinco mil, oitocentos e trinta e nove reais e quarenta e seis centavos) até R$ 10.000,00 (dez mil reais), acréscimo de meio ponto percentual;

VI – de R$ 10.000,01 (dez mil reais e um centavo) até R$ 20.000,00 (vinte mil reais), acréscimo de dois inteiros e cinco décimos pontos percentuais;

VII – de R$ 20.000,01 (vinte mil reais e um centavo) até R$ 39.000,00 (trinta e nove mil reais), acréscimo de cinco pontos percentuais; e

VIII – acima de R$ 39.000,00 (trinta e nove mil reais), acréscimo de oito pontos percentuais.

O § 1º criou uma sistemática de tributação semelhante àquela adotada para o cálculo do imposto de renda, mediante faixas que permitem a aplicação das específicas alíquotas dentro de cada um dos seus limites. Por meio dessa nova formulação, parte-se da **alíquota-base** de 14% e, em seguida, **aplicam-se sobre elas as modulações que permitirão ser aumentada ou diminuída** até que se encontre aquela que se pode qualificar como **alíquota-final** relacionada a cada uma das faixas, cuja mínima dimensão é de 7,5% e a maior de 22%. Constatada a alíquota final, ela será aplicada sobre os valores compreendidos nos limites de cada uma das faixas.

Uma tabela permitirá uma melhor compreensão:

BASES DE CÁLCULO	Nova alíquota	Modulações: reduções/acréscimos	Alíquota final	Alíquota efetiva	Máximo valor incidente	Valor máximo de contribuição dentro da faixa
Até 1 salário mínimo	14%	−6,5%	7,5%	7,5%	1 salário mínimo	R$ 74,85 (7,5% x R$ 998,00)
Acima de R$ 998,01 até R$ 2.000,00	14%	−5%	9%	7,5% a 8,25%	R$1.001,99 (R$2.000,00 − R$ 998,01)	R$90,17 (9% x R$1.001,99)
De R$ 2.000,01 a R$ 3.000,00	14%	−2%	12%	8,25% a 9,5%	R$999,99 (R$3.000,00 − R$2.000,01)	R$119,99 (12% x R$999,99)
De R$ 3.000,01 a R$ 5.839,45	14%	0	14%	9,5% a 11,68%	R$2.839,44 (R$5.839,45 − R$3.000,01)	R$397,52 (14% x R$2.839,44)
De R$ 5.839,46 a R$ 10.000,00	14%	+0,5%	14,5%	11,68% a 12,86%	R$4.160,54 (R$10.000,00 − R$5.839,46)	R$603,27 (14,5% x R$4.160,54)
De R$ 10.000,01 a R$ 20.000,00	14%	+2,5%	16,5%	12,86% a 14,68%	R$9.999,99 (R$20.000,00 − R$10.000,01)	R$1.649,99 (16,5% x R$9.999,99)
De R$ 20.000,01 a R$ 39.000,00	14%	+5%	19%	14,68% a 16,79%	R$18.999,99 (R$39.000,00 − R$20.000,01)	R$3.609,99 (19% x R$18.999,99)
A partir de R$ 39.000,01	14%	+8%	22%	16,79%	valor restante	22% x valor restante

§ 2º A alíquota, reduzida ou majorada nos termos do disposto no § 1º, será aplicada de forma progressiva sobre a base de contribuição do servidor ativo, incidindo cada alíquota sobre a faixa de valores compreendida nos respectivos limites.

Como se antecipou no parágrafo anterior, a alíquota, reduzida ou majorada, é aplicada de forma progressiva sobre fragmentos da remuneração, observada a alíquota exigível sobre a faixa de valores compreendida nos respectivos limites entre o fim de uma linha e o início de outra.

Art. 11   A análise detalhada da Reforma da Previdência de 2019 | 143

Diante do que se disse, cabe um exemplo ilustrativo. Considere-se concretamente um servidor público em atividade que ganhe R$10.000,00 (dez mil reais) brutos. Ele contribuirá para a previdência social com alíquotas incidentes sobre fragmentos da sua remuneração, e sobre cada fragmento incidiria uma alíquota diferente até que se alcance o valor total. Perceba-se:

BASES DE CÁLCULO	NOVAS ALÍQUOTAS	BASE DE INCIDÊNCIA	ALÍQUOTAS PROGRESSIVAS	CONTRIBUIÇÃO
Até R$ 998,00	7,5%	998,00	7,5%	74,85
De R$ 998,01 a R$ 2.000,00	9,0%	1.001,99	9,0%	90,18
De R$ 2.000,01 a R$ 3.000,00	12,0%	999,99	12,0%	119,99
De R$ 3.000,01 a R$ 5.839,45	14,0%	2.839,44	14,0%	397,52
De R$ 5.839,46 a R$ 10.000,00	14,5%	4.160,54	14,5%	603,27
			TOTAL	R$ 1.285,81

Apenas uma anotação em nível de comparação: no modelo anterior, o segurado pagava o montante de R$1.100,00 a título de contribuição previdenciária (11% × 10.000,00); no modelo atual, o montante passou a ser de R$1.285,81.

Comparado com o modelo anterior no qual o segurado contribuía com 11% sobre a totalidade do que recebia, vê-se, então, um **acréscimo contributivo de 16,89%**.

Se o servidor público tiver mais elevada remuneração, mais dura será a tributação exigível. Veja-se um exemplo de um servidor público com remuneração bruta de R$20.000,00 (vinte mil reais).

BASES DE CÁLCULO	NOVAS ALÍQUOTAS	BASE DE INCIDÊNCIA	ALÍQUOTAS PROGRESSIVAS	CONTRIBUIÇÃO
Até R$ 998,00	7,5%	998,00	7,5%	74,85
De R$ 998,01 a R$ 2.000,00	9,0%	1.001,99	9,0%	90,18
De R$ 2.000,01 a R$ 3.000,00	12,0%	999,99	12,0%	119,99

BASES DE CÁLCULO	NOVAS ALÍQUOTAS	BASE DE INCIDÊNCIA	ALÍQUOTAS PROGRESSIVAS	CONTRIBUIÇÃO
De R$ 3.000,01 a R$ 5.839,45	14,0%	2.839,44	14,0%	397,52
De R$ 5.839,46 a R$ 10.000,00	14,5%	4.160,54	14,5%	603,27
De R$ 10.000,01 a R$ 20.000,00	16,5%	9.999,99	16,5%	1.649,99
			TOTAL	R$ 2.935,80

Perceba-se que no modelo anterior o segurado pagava o montante de R$2.200,00 a título de contribuição previdenciária (11% × 20.000,00); no modelo atual, o montante passou a ser de R$2.935,80.

Comparado com o modelo anterior no qual o segurado contribuía com 11% sobre a totalidade do que recebia, vê-se, então, um **acréscimo contributivo de 33,44%**.

§ 3º Os valores previstos no § 1º serão reajustados, a partir da data de entrada em vigor desta Emenda Constitucional, na mesma data e com o mesmo índice em que se der o reajuste dos benefícios do Regime Geral de Previdência Social, ressalvados aqueles vinculados ao salário mínimo, aos quais se aplica a legislação específica.

A tabela que relaciona alíquotas e bases de cálculo terá os seus valores reajustados na mesma data e no mesmo índice em que se der o reajuste dos benefícios do RGPS, ressalvados valores fundados no salário mínimo, porque essa unidade retributiva tem legislação específica regente.

§ 4º A alíquota de contribuição de que trata o *caput*, com a redução ou a majoração decorrentes do disposto no § 1º, será devida pelos aposentados e pensionistas **de quaisquer dos Poderes da União**, incluídas suas entidades autárquicas e suas fundações, e incidirá sobre o valor da parcela dos proventos de aposentadorias e pensões que supere o limite máximo estabelecido para os benefícios do Regime Geral de Previdência Social, hipótese em que será considerada a totalidade do valor do benefício para fins de definição das alíquotas aplicáveis.

O § 4º ora em análise chama a atenção para o fato de que a mesma lógica é exigível **unicamente** de aposentados e pensionistas **de quaisquer dos Poderes da União**, incidentes, porém, sobre o valor da parcela dos proventos de aposentadorias e pensões que superem atualmente o limite máximo estabelecido para os benefícios do Regime Geral de Previdência Social, ora de R$ R$5.839,45.

A extensão desse dispositivo aos aposentados e pensionistas **de Estados, Distrito Federal e Municípios** dependerá de legislação específica que a eles estenda o mesmo tratamento.

Tome-se por exemplo um aposentado pelo RPPS que recebe proventos de R$10.000,00, brutos:

BASES DE CÁLCULO	NOVAS ALÍQUOTAS	BASE DE INCIDÊNCIA	ALÍQUOTAS PROGRESSIVAS	CONTRIBUIÇÃO
De R$ 5.839,46 a R$ 10.000,00	14,5%	4.160,54	14,5%	603,27
			TOTAL	603,27

Considerada a faixa contributiva que se estende de R$5.839,46 a R$10.000,00 (R$10.000,00 – R$5.839.46 = R$4.160,54), o aposentado, segundo a nova sistemática, passará a contribuir com a alíquota de 14,5%, formando um valor de contribuição de R$603,27 (14,5% × R$4.160,54).

Nas mesmas circunstâncias, mas conforme a sistemática anterior, esse mesmo aposentado contribuía com R$457.66 (11% × R$4.160,54). Houve, portanto, um um **acréscimo contributivo de 31,81%.**

Nas situações em que o aposentado tem dimensões superiores de proventos, a tributação será ainda mais desfavorável se comparada com a do modelo anterior. Veja-se mais um exemplo, desta vez de um aposentado pelo RPPS que ganha proventos de R$20.000,00, brutos:

BASES DE CÁLCULO	NOVAS ALÍQUOTAS	BASE DE INCIDÊNCIA	ALÍQUOTAS PROGRESSIVAS	CONTRIBUIÇÃO
De R$ 5.839,46 a R$ 10.000,00	14,5%	4.160,54	14,5%	603,27
De R$ 10.000,01 a R$ 20.000,00	16,5%	9.999,99	16,5%	1.649,99
			TOTAL	2.253,26

Consideradas as faixas contributivas, o aposentado do RPPS que é retratado na tabela, segundo a nova sistemática, passará a contribuir com alíquotas diferentes para variados segmentos de seus proventos, formando um valor de contribuição de R$2.253,26.

É bom anotar que, nas mesmas circunstâncias, mas conforme a sistemática anterior, esse mesmo aposentado contribuía com R$1.557,66 (11% x R$14.160,55). Houve, portanto, um **acréscimo contributivo de 44,65%**.

ART. 12

> Art. 12. A União instituirá sistema integrado de dados relativos às remunerações, proventos e pensões dos segurados dos regimes de previdência de que tratam os arts. 40, 201 e 202 da Constituição Federal, aos benefícios dos programas de assistência social de que trata o art. 203 da Constituição Federal e às remunerações, proventos de inatividade e pensão por morte decorrentes das atividades militares de que tratam os arts. 42 e 142 da Constituição Federal, em interação com outras bases de dados, ferramentas e plataformas, para o fortalecimento de sua gestão, governança e transparência e o cumprimento das disposições estabelecidas nos incisos XI e XVI do art. 37 da Constituição Federal.

A ideia de instituição de um sistema integrado de dados relativos às remunerações, proventos e pensões já é antiga. A Lei n. 10.887, de 18 de junho de 2004, já previa no *caput* do seu art. 3º que, "para os fins do disposto no inciso XI do art. 37 da Constituição Federal, a União, os Estados, o Distrito Federal e os Municípios instituirão sistema integrado de dados relativos às remunerações, proventos e pensões pagos aos respectivos servidores e militares, ativos e inativos, e pensionistas, na forma do regulamento", mas a autoridade de cada ente federativo e, dentro deles, de cada um dos poderes revelou-se obstáculo para a consecução do propósito de dar cumprimento às disposições estabelecidas no art. 37 da Constituição da República, nos incisos XI (que trata do teto remuneratório do serviço público) e XVI (que trata da cumulação lícita de cargos e empregos públicos).

O comando normativo contido na presente Emenda Constitucional é o de que essa integração ocorra a partir de iniciativa da União mediante um sistema integrado de dados relativos às remunerações, proventos e pensões dos segurados dos regimes de previdência de que tratam os arts. 40 (RPPS), 201 (RGPS) e 202 (RPC) da Constituição Federal, aos benefícios dos programas de assistência social de que trata o art. 203 da Constituição Federal e às remunerações, proventos de inatividade e pensão por morte decorrentes das atividades militares de que tratam os arts. 42 e 142 da Constituição Federal, em interação com outras bases de dados, ferramentas e plataformas, para o fortalecimento de sua gestão, governança e transparência.

§ 1º A União, os Estados, o Distrito Federal e os Municípios e os órgãos e entidades gestoras dos regimes, dos sistemas e dos programas a que se refere o *caput* disponibilizarão as informações necessárias para a estruturação do sistema integrado de dados e terão acesso ao compartilhamento das referidas informações, na forma da legislação.

O § 1º do art. 12 revela que, apesar de a iniciativa ser da União, haverá o envolvimento de todos os entes federativos e dos órgãos e entidades gestoras dos regimes, dos sistemas e dos programas de integração. Eles, por força do comando ora em análise, serão constritos a disponibilizar as informações necessárias para estruturação do sistema que envolverá os dados e as estratégias de compartilhamento. A partir de agora, comando impositivo da criação desse sistema integrado de dados é o que não falta.

§ 2º É vedada a transmissão das informações de que trata este artigo a qualquer pessoa física ou jurídica para a prática de atividade não relacionada à fiscalização dos regimes, dos sistemas e dos programas a que se refere o *caput*.

É proibida, entretanto, a transmissão de dados contidos no sistema integrado a qualquer pessoa física ou jurídica para a prática de qualquer atividade que não esteja relacionada ao ato de fiscalização dos regimes, dos sistemas e dos programas de inter-relacionamento de dados. A transmissão, então, somente será lícita se o propósito for fiscalizador e, ainda assim, em campanhas especificamente relacionadas com os regimes, os sistemas e os programas mencionados no *caput* desse art. 12.

ART. 13

Art. 13. Não se aplica o disposto no § 9º do art. 39 da Constituição Federal a parcelas remuneratórias decorrentes de incorporação de vantagens de caráter temporário ou vinculadas ao exercício de função de confiança ou de cargo em comissão efetivada até a data de entrada em vigor desta Emenda Constitucional.

O art. 13 ora em exame relativiza a regra contida no § 9º do art. 39, segundo o qual passou a ser "vedada a incorporação de vantagens de caráter temporário ou vinculadas ao exercício de função de confiança ou de cargo em comissão à remuneração do cargo efetivo".

O art. 13 não mais do que cria uma disposição transitória, que prevê a inaplicabilidade do *§ 9º do art. 39 da Constituição até a data de entrada em vigor desta Emenda Constitucional. A partir da entrada em vigor desta EC valerá integralmente a regra permanente do referido* § 9º do art. 39 do texto fundamental.

ART. 14

> Art. 14. Vedadas a adesão de novos segurados e a instituição de novos regimes dessa natureza, os atuais segurados de regime de previdência aplicável a **titulares de mandato eletivo** da União, dos Estados, do Distrito Federal e dos Municípios poderão, por meio de opção expressa formalizada no prazo de 180 (cento e oitenta) dias, contado da data de entrada em vigor desta Emenda Constitucional, retirar-se dos regimes previdenciários aos quais se encontrem vinculados.

A Reforma da Previdência pôs fim ao "regime de previdência aplicável a titulares de mandato eletivo". A partir da data de vigência da Emenda Constitucional em exame **é vedada a adesão de novos segurados nesse regime diferenciado**, assim como **é igualmente vedada a instituição de novos regimes dessa natureza**. Quem está dentro do regime pode nele permanecer, mas quem está fora não mais pode nele ingressar, tampouco criar um novo regime de previdência diferenciado da mesma natureza.

Considerada a possível fragilidade de suporte financeiro do extinto "regime de previdência aplicável a titulares de mandato eletivo", o texto concedeu, aos atuais segurados, a faculdade, por meio de opção expressa formalizada no prazo de 180 (cento e oitenta) dias, contados da data de entrada em vigor desta Emenda Constitucional, de retirarem-se desses regimes previdenciários aos quais se encontram vinculados.

Caso seja exercida essa opção, como se vê no § 2º do artigo aqui em exame, será assegurada a contagem do tempo de contribuição vertido para o regime de previdência ao qual o segurado se encontrava vinculado, nos termos do disposto no § 9º do art. 201 da Constituição Federal.

> § 1º Os segurados, atuais e anteriores, do regime de previdência de que trata a Lei n. 9.506, de 30 de outubro de 1997, que fizerem a opção de permanecer nesse regime previdenciário deverão cumprir período adicional correspondente a 30% (trinta por cento) do tempo de contribuição que faltaria para aquisição do direito à aposentadoria na data de entrada em vigor desta Emenda Constitucional e somente poderão aposentar-se a partir dos 62 (sessenta e dois) anos de idade, se mulher, e 65 (sessenta e cinco) anos de idade, se homem.

A Lei n. 9.506, de 30 de outubro de 1997, que extinguiu o Instituto de Previdência dos Congressistas – IPC, instituiu, em seu lugar, o Plano de Seguridade Social dos Congressistas. O § 1º do artigo ora em análise prevê a possibilidade de os segurados desse regime de previdência, e que fizerem a opção de nele permanecer, cumprirem pedágio, vale dizer, contribuição adicional de 30% (trinta por cento) em relação àquilo que faltaria para aquisição do direito à aposentadoria na data de entrada em vigor desta Emenda Constitucional, mas somente poderão aposentar-se a partir dos 62 (sessenta e dois) anos de idade, se mulher, e aos 65 (sessenta e cinco) anos de idade, se homem.

Destaque-se que a a inclusão da expressão "**atuais e anteriores**" buscou deixar claro que ex-parlamentares segurados do regime de previdência de que trata a Lei n. 9.506/1997, que já fizeram contribuições para o regime, estarão incluídos na regra de opção prevista no § 1º do art. 14.

§ 2º Se for exercida a opção prevista no *caput*, será assegurada a contagem do tempo de contribuição vertido para o regime de previdência ao qual o segurado se encontrava vinculado, nos termos do disposto no § 9º do art. 201 da Constituição Federal.

Como se disse no *caput* do artigo aqui em exame, considerada a possível fragilidade de suporte financeiro do extinto "regime de previdência aplicável a titulares de mandato eletivo", oferece-se aos atuais segurados, a faculdade, por meio de opção expressa formalizada no prazo de 180 (cento e oitenta) dias, contados da data de entrada em vigor desta Emenda Constitucional, de retirarem-se desses regimes previdenciários aos quais se encontram vinculados. Caso seja exercida essa opção, como se vê aqui neste §2 º, **será assegurada a contagem do tempo de contribuição vertido para o regime de previdência ao qual o segurado se encontrava vinculado**, nos termos do disposto no § 9º do art. 201 da Constituição Federal, que assim prevê:

> Art. 201. [...] *§ 9º Para efeito de aposentadoria, é assegurada a contagem recíproca do tempo de contribuição na administração pública e na atividade privada, rural e urbana, hipótese em que os diversos regimes de previdência social se compensarão financeiramente, segundo critérios estabelecidos em lei. (Incluído dada pela Emenda Constitucional n. 20, de 1998)*

Dessa forma, assegura-se a contagem, que, entretanto, não poderá ser recíproca em virtude de não ser mais possível o ingresso nesse regime diferenciado, do tempo de contribuição ali realizado na administração pública e na atividade privada.

§ 3º A concessão de aposentadoria aos **titulares de mandato eletivo** e de pensão por morte aos dependentes de titular de mandato eletivo falecido será assegurada, a qualquer tempo, desde que cumpridos os requisitos para obtenção desses benefícios até a data de entrada em vigor desta Emenda Constitucional, observados os critérios da legislação vigente na data em que foram atendidos os requisitos para a concessão da aposentadoria ou da pensão por morte.

A presente regra diz respeito à concessão de aposentadoria e de pensão de morte aos dependentes do titular de mandato eletivo. Afirma-se aqui que essas vantagens serão asseguradas **a qualquer tempo**, desde que:

a) cumpridos os requisitos para obtenção desses benefícios até a data de entrada em vigor desta Emenda Constitucional;
b) observados os critérios da legislação vigente na data em que foram atendidos os requisitos para a concessão da aposentadoria ou da pensão por morte.

Assim, haverá garantia do tratamento diferenciado na medida em que, até a data de entrada em vigor desta Emenda Constitucional, confluam as evidências de cumprimento dos requisitos acima expendidos. É, portanto, uma manifestação clara da garantia do direito adquirido.

§ 4º Observado o disposto nos §§ 9º e 9º-A do art. 201 da Constituição Federal, o tempo de contribuição a regime próprio de previdência social e ao Regime Geral de Previdência Social, assim como o tempo de contribuição decorrente das atividades militares de que tratam os arts. 42 e 142 da Constituição Federal, que tenha sido considerado para a concessão de benefício pelos regimes a que se refere o *caput* não poderá ser utilizado para obtenção de benefício naqueles regimes.

O texto do § 4º reitera a regra segundo a qual o tempo de contribuição que tenha sido considerado para a concessão de benefício por um regime de previdência não poderá ser utilizado para a obtenção de benefício em regime previdenciário diverso.

§ 5º Lei específica do Estado, do Distrito Federal ou do Município deverá disciplinar a regra de transição a ser aplicada aos segurados que, na forma do *caput*, fizerem a opção de permanecer no regime previdenciário de que trata este artigo.

Seguindo a lógica segundo a qual a disciplina das regras de transição a ser aplicada aos segurados do Estado, do Distrito Federal ou do Município deverá ser por ele deliberada, o § 5º dispõe que "lei específica" dos referidos entes federativos há de dispor sobre a regra de transição a ser aplicada aos referidos segurados que eventualmente tenham feito a opção de permanecer no regime previdenciário diferenciado a que se refere o *caput* do art. 14.

ART. 15

Art. 15. Ao segurado filiado ao Regime Geral de Previdência Social até a data de entrada em vigor desta Emenda Constitucional, fica assegurado o direito à aposentadoria, quando forem preenchidos, cumulativamente, os seguintes requisitos:

Trata-se de regra de transição sem idade mínima, aplicável exclusivamente ao segurado **filiado** ao Regime Geral de Previdência Social (RGPS) **até a data de entrada em vigor** desta Emenda Constitucional. Note-se que a norma é clara no sentido de que ela será aplicável ao segurado "quando preencher", ou seja, **quando** – no futuro – cumular os requisitos nela exigidos.

Observem-se os requisitos cumulativos:

I – 30 (trinta) anos de contribuição, se mulher, e 35 (trinta e cinco) anos de contribuição, se homem; e

II – somatório da idade e do tempo de contribuição, incluídas as frações, equivalente a 86 (oitenta e seis) pontos, se mulher, e 96 (noventa e seis) pontos, se homem, observado o disposto nos §§ 1º e 2º.

Para ingressar nesta regra de transição, o segurado do RGPS deverá, desde que se tenha filiado antes da vigência da Emenda Constitucional aqui em exame, associar o tempo de contribuição mínimo de 30 (trinta) anos de contribuição para as mulheres ou de 35 (trinta e cinco) anos de contribuição para homens **e** formar a pontuação decorrente de idade e de tempo de contribuição que o leve a formar 86 (oitenta e seis) pontos, se mulher, e 96 (noventa e seis) pontos, se homem.

Note-se que uma idade maior não pode compensar um tempo de contribuição inferior a trinta anos para mulheres ou a trinta e cinco anos para homens. O segurado deverá ter minimamente o tempo de contribuição exigido pela norma. Assim:

REQUISITO:	MULHER	HOMEM
TEMPO DE CONTRIBUIÇÃO:	30 anos	35 anos
IDADE + TEMPO DE CONTRIBUIÇÃO (em pontos)	86 com progressão	96 com progressão

§ 1º A partir de 1º de janeiro de 2020, a pontuação a que se refere o inciso II do *caput* será acrescida a cada ano de 1 (um) ponto, até atingir o limite de 100 (cem) pontos, se mulher, e de 105 (cento e cinco) pontos, se homem.

Conforme se vê na tabela acima, a soma de pontos (idade + tempo de contribuição) será acrescida de um ponto a cada ano para o para o homem e para a mulher, até atingir o limite de 100 (cem) pontos, se mulher, e de 105 (cento e cinco pontos), se homem.

No momento de aferição dos requisitos cumulativos, é indispensável que o somatório da idade e do tempo de contribuição resulte 86 (oitenta e seis) pontos, se mulher, e 96 (noventa e seis) pontos, se homem, observado o gradualismo previsto neste § 1º aqui em exame.

Ilustrativamente, portanto, uma segurada do RGPS com os requisitos mínimos de 56 (cinquenta e seis) anos de idade e 30 (trinta) anos de contribuição terá cumprido a pontuação mínima de 86 (oitenta e seis pontos):

56 de idade + 30 de contribuição = 86 pontos.

Igualmente, a título de ilustração, veja-se o caso de um segurado do RGPS com os requisitos mínimos de 61 (cinquenta e um) anos de idade e 35 (trinta) anos de contribuição terá cumprido a pontuação mínima de 96 (noventa e seis pontos):

61 de idade + 35 de contribuição = 96 pontos.

Perceba-se, entretanto, que, a partir de 1º de janeiro de 2020, segundo o disposto no § 2º do presente artigo, a essa pontuação será acrescido um ponto até que seja atingido o limite de 100 pontos para as mulheres e de 105 pontos para os homens. Assim:

2019: 96 (homens) e 86 (mulheres)
2020: 97 (homens) e 87 (mulheres)
2021: 98 (homens) e 88 (mulheres)
2022: 99 (homens) e 89 (mulheres)
2023: 100 (homens) e 90 (mulheres)
2024: 101 (homens) e 91 (mulheres)
2025: 102 (homens) e 92 (mulheres)
2026: 103 (homens) e 93 (mulheres)
2027: 104 (homens) e 94 (mulheres)
2028: 105 (homens) e 95 (mulheres): pontuação masculina é congelada
2029: 105 (homens) e 96 (mulheres)
2030: 105 (homens) e 97 (mulheres)
2031: 105 (homens) e 98 (mulheres)
2032: 105 (homens) e 99 (mulheres)
2033: 105 (homens) e 100 (mulheres)

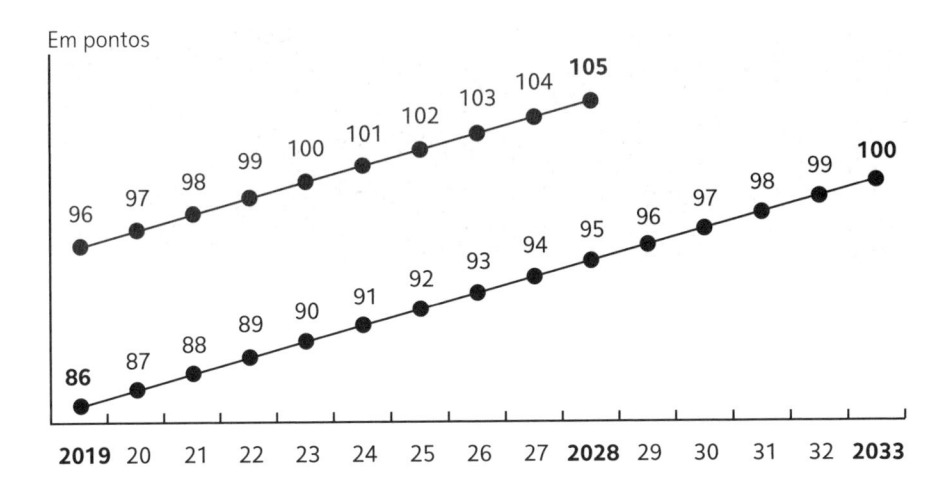

A pontuação masculina será congelada em 2028 em 105 (cento e cinco) pontos, enquanto a feminina somente verá cessada a ascensão paulatina em 2033, quando forem formados os 100 (cem) pontos. Nesse momento, a diferença da pontuação entre homens e mulheres cairá para 5 (cinco) pontos.

§ 2º A idade e o tempo de contribuição serão apurados em dias para o cálculo do somatório de pontos a que se referem o inciso II do *caput* e o § 1º.

O dispositivo refere que tanto a idade quanto o tempo de contribuição podem ser expressos na forma fracionada. Assim, é possível somar os fragmentos de idade aos de tempo de contribuição. Por exemplo: em 2020 uma mulher precisará formar 87 pontos para aposentar-se, sendo impositivo o mínimo de 56 anos de idade e de 30 anos de contribuição. Nesse caso, se ela tiver 56,5 anos de vida + 30,5 anos de contribuição poderá alcançar os necessários 87 pontos. Assim:

56 anos e seis meses de idade + 30 anos e seis meses de contribuição = 87 pontos

A regra facilita, portanto, a soma de pontos mediante a aglutinação de frações, o que representa nada menos do que a justiça manifestada e aplicada.

REGRA DE TRANSIÇÃO
ART. 15
EXCLUSIVA PARA SEGURADO FILIADO AO RGPS
REGRA GERAL
TRANSIÇÃO COM TEMPO DE CONTRIBUIÇÃO MÍNIMO E PONTOS

BENEFICIÁRIO:
Unicamente o segurado filiado ao Regime Geral de Previdência Social

REQUISITOS CUMULATIVOS:	MULHER	HOMEM
IDADE MÍNIMA:	Não há expressamente, mas apenas pelo sistema de pontos	Não há expressamente, mas apenas pelo sistema de pontos
TEMPO MÍNIMO DE CONTRIBUIÇÃO:	30 anos	35 anos
IDADE + TEMPO DE CONTRIBUIÇÃO: A partir de 01/01/2020, + 1 ponto a cada ano, até atingir o limite de:		2019: 96 (homens) e 86 (mulheres) 2020: 97 (homens) e 87 (mulheres) 2021: 98 (homens) e 88 (mulheres) 2022: 99 (homens) e 89 (mulheres) 2023: 100 (homens) e 90 (mulheres) 2024: 101 (homens) e 91 (mulheres) 2025: 102 (homens) e 92 (mulheres) 2026: 103 (homens) e 93 (mulheres) 2027: 104 (homens) e 94 (mulheres) 2028: 105 (homens) e 95 (mulheres): pontuação masculina é congelada 2029: 105 (homens) e 96 (mulheres) 2030: 105 (homens) e 97 (mulheres) 2031: 105 (homens) e 98 (mulheres) 2032: 105 (homens) e 99 (mulheres) 2033: 105 (homens) e 100 (mulheres)

§ 3º Para o professor que comprovar exclusivamente 25 (vinte e cinco) anos de contribuição, se mulher, e 30 (trinta) anos de contribuição, se homem, em efetivo exercício das funções de magistério na educação infantil e no ensino fundamental e médio, o somatório da idade e do tempo de contribuição, incluídas as frações, será equivalente a 81 (oitenta e um) pontos, se mulher, e 91 (noventa e um) pontos, se homem, aos quais serão acrescidos, a partir de 1º de janeiro de 2020, 1 (um) ponto a cada ano para o homem e para a mulher, até atingir o limite de 92 (noventa e dois) pontos, se mulher, e 100 (cem) pontos, se homem.

O § 3º, ora em análise, cuida de regra de transição para os professores segurados do Regime Geral da Previdência Social que comprovarem exclusivamente tempo de efetivo exercício das funções de magistério na educação infantil e no ensino fundamental e médio.

A eles se oferece – com efeitos projetados para o futuro – a possibilidade de **voluntariamente** aposentar-se quando vierem a preencher, **cumulativamente**, os requisitos da **tempo mínimo de contribuição mínimo + somatório da idade e do tempo de contribuição (somatório de pontos) conforme disposto em lei.**

O gradualismo é assim ajustado:

2019: 91 (homens) e 81 (mulheres)
2020: 92 (homens) e 82 (mulheres)
2021: 93 (homens) e 83 (mulheres)
2022: 94 (homens) e 84 (mulheres)
2023: 95 (homens) e 85 (mulheres)
2024: 96 (homens) e 86 (mulheres)
2025: 97 (homens) e 87 (mulheres)
2026: 98 (homens) e 88 (mulheres)
2027: 99 (homens) e 89 (mulheres)
2028: 100 (homens) e 90 (mulheres): pontuação masculina é congelada
2029: 100 (homens) e 91 (mulheres)
2030: 100 (homens) e 92 (mulheres)

A pontuação masculina será congelada em 2028 em 100 (cento) pontos, enquanto a feminina somente verá cessada a ascensão paulatina em 2030, quando forem formados os 92 (noventa e dois) pontos. Nesse momento, a diferença da pontuação entre homens e mulheres cairá para 8 (oito) pontos.

REGRA DE TRANSIÇÃO
§ 3º do ART. 15
EXCLUSIVA PARA SEGURADO FILIADO AO RGPS
REGRA PARA OS PROFESSORES
TRANSIÇÃO COM TEMPO DE CONTRIBUIÇÃO MÍNIMO E PONTOS

BENEFICIÁRIO:		
Unicamente o professor, segurado filiado ao Regime Geral de Previdência Social, com efetivo exercício das funções de magistério na educação infantil e no ensino fundamental e médio.		
REQUISITOS CUMULATIVOS:	**MULHER**	**HOMEM**
IDADE MÍNIMA:	Não há expressamente,	Não há expressamente,

	mas apenas pelo sistema de pontos	mas apenas pelo sistema de pontos
TEMPO MÍNIMO DE CONTRIBUIÇÃO:	25 anos	30 anos
IDADE + TEMPO DE CONTRIBUIÇÃO: A partir de 01/01/2020, + 1 ponto a cada ano, até atingir o limite de:	2019: 91 (homens) e 81 (mulheres) 2020: 92 (homens) e 82 (mulheres) 2021: 93 (homens) e 83 (mulheres) 2022: 94 (homens) e 84 (mulheres) 2023: 95 (homens) e 85 (mulheres) 2024: 96 (homens) e 86 (mulheres) 2025: 97 (homens) e 87 (mulheres) 2026: 98 (homens) e 88 (mulheres) 2027: 99 (homens) e 89 (mulheres) 2028: 100 (homens) e 90 (mulheres): pontuação masculina é congelada 2029: 100 (homens) e 91 (mulheres) 2030: 100 (homens) e 92 (mulheres)	

§ 4º O valor da aposentadoria concedida nos termos do disposto neste artigo será apurado na forma da lei.

A renda mensal da aposentadoria concedida com base na regra de transição contida no presente artigo será apurada segundo uma sistemática que será ditada nos termos de legislação infraconstitucional.

Enquanto essa legislação não surge, aplica-se o disposto no art. 26 desta Emenda Constitucional. Veja-se:

Art. 26. Até que lei discipline o cálculo dos benefícios do regime próprio de previdência social da União e do Regime Geral de Previdência Social, será utilizada a média aritmética simples dos salários de contribuição e das remunerações adotados como base para contribuições a regime próprio de previdência social e ao Regime Geral de Previdência Social, ou como base para contribuições decorrentes das atividades militares de que tratam os arts. 42 e 142 da Constituição Federal, atualizados monetariamente, correspondentes a 100% (cem por cento) do período contributivo desde a competência julho de 1994 ou desde o início da contribuição, se posterior àquela competência.

§ 1º A média a que se refere o "caput" será limitada ao valor máximo do salário de contribuição do Regime Geral de Previdência Social para os segurados desse regime e para o servidor que ingressou no serviço público em cargo efetivo após a implantação do regime de previdência complementar ou que tenha exercido a opção correspondente, nos termos do disposto nos §§ 14 a 16 do art. 40 da Constituição Federal.

§ 2º O valor do benefício de aposentadoria corresponderá a 60% (sessenta por cento) da média aritmética definida na forma prevista no "caput" e no § 1º, com acréscimo de 2 (dois) pontos percentuais para cada ano de contribuição que exceder o tempo de 20 (vinte) anos de contribuição nos casos:

I – do inciso II do § 6º do art. 4º, do § 4º do art. 15, do § 3º do art. 16 e do § 2º do art. 18; [...]

O art. 26 estabelece importantes regras transitórias, ou seja, regras que valem até que lei discipline de forma diversa. E o dispositivo em exame cuida do **cálculo dos benefícios** de ambos os regimes de previdência social – RPPS e RGPS – impondo a utilização da **média aritmética simples** dos salários de contribuição e das remunerações adotados como base para contribuições **correspondentes a 100% (cem por cento) do período contributivo desde julho de 1994**, quando a unidade do Sistema Monetário Nacional passa a ser o Real, ou desde o início da contribuição, se posterior àquela competência.

Apenas para deixar anotado um registro histórico, a sistemática antes vigente sinalizava no sentido de que a renda mensal do benefício seria apurada a partir da média aritmética simples dos maiores salários de contribuição correspondentes a 80% (oitenta por cento) de todo o período contributivo decorrido desde a competência julho de 1994. Antes disso, até o dia 28 de novembro de 1999, véspera da publicação da Lei n. 9.876, de 26 de novembro de 1999, o cálculo do valor inicial, segundo as regras até então vigentes, considerava como Período Básico de Cálculo (PBC) os últimos 36 (trinta e seis) salários de contribuição, apurados em período não superior a 48 (quarenta e oito) meses imediatamente anteriores àquela data.

Vê-se, portanto, que a sistemática foi sendo piorada ao longo do tempo e que, especialmente agora, não mais se permite desprezar os 20% menores salários de contribuição de todo o período contributivo.

A média apurável segundo a nova sistemática não mais levará em conta o mecanismo de descarte que diminuía os impactos dos altos e baixos retributivos da vida laboral do segurado. A média agora é feita com base em todo o período de contribuição.

A média apurada pela sistemática de cálculo prevista no *caput* do art. 26 será limitada ao valor máximo do salário de contribuição do Regime Geral de Previdência Social (ora, R$ 5.839,45) para (1) os **segurados deste regime** e para (2) **o servidor que ingressou no serviço público em cargo efetivo após a implantação do regime de previdência complementar ou que tenha exercido a opção correspondente, nos termos do disposto nos §§ 14 a 16 do art. 40 da Constituição Federal.**

A regra contida no §2º do art. 26 dispõe que a renda mensal do benefício de aposentadoria corresponderá a **60% (sessenta por cento)** da média aritmética definida no *caput* e no § 1º com o acréscimo de **2% por cada ano de contribuição excedente do tempo de 20 (vinte anos) de contribuição** nos casos que a seguir serão analisados.

Assim, um segurado do Regime Geral da Previdência Social que completou 20 (vinte) anos de contribuição e que alcançou a média aritmética simples de R$5.000,00 (cinco mil reais) terá direito a aposentadoria com renda mensal de R$3.000,00 (três mil reais) porque esse valor corresponde a 60% da média apurada.

Esse mesmo segurado poderá aumentar essa renda mensal, caso forme tempo de contribuição excedente em virtude do qual se atribuirá uma adição de 2% (dois por cento) por cada ano de contribuição.

Assim, se esse segurado tiver 25 anos de contribuição, ele ganhará um acréscimo de 10% (2% × 5 = 10%) sobre a renda mensal de sua aposentadoria. Desse modo, ele terá direito a aposentadoria com renda mensal de R$3.500,00 (três mil e quinhentos reais) porque esse valor corresponde a 70% da média apurada.

25 anos de contribuição: 60% (pelos 20 anos) + 2% × 5 excedentes = 70% da média.

Na mesma ordem de ideias:

30 anos de contribuição: 60% (pelos 20 anos) + 2% × 10 excedentes = 80% da média.

35 anos de contribuição: 60% (pelos 20 anos) + 2% × 15 excedentes = 90% da média.

40 anos de contribuição: 60% (pelos 20 anos) + 2% × 20 excedentes = 100% da média.

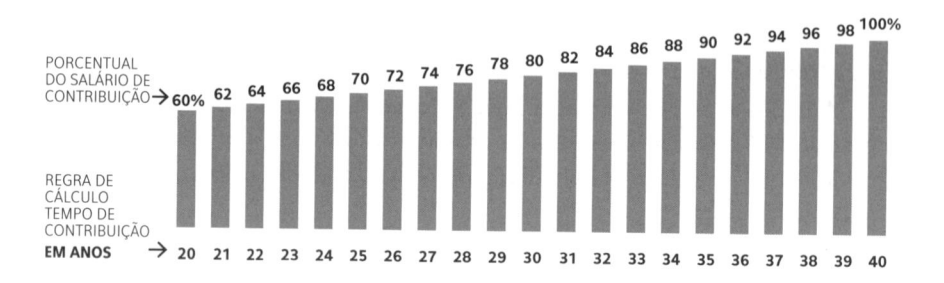

ART. 16

Art. 16. Ao segurado filiado ao Regime Geral de Previdência Social até a data de entrada em vigor desta Emenda Constitucional fica assegurado o direito à aposentadoria quando preencher, cumulativamente, os seguintes requisitos:

I – 30 (trinta) anos de contribuição, se mulher, e 35 (trinta e cinco) anos de contribuição, se homem; e

II – idade de 56 (cinquenta e seis) anos, se mulher, e 61 (sessenta e um) anos, se homem.

A regra de transição contida no art. 16 desta Emenda Constitucional é restrita ao "segurado filiado ao Regime Geral de Previdência Social" **até a data de entrada em vigor** desta Emenda Constitucional, sem maiores exigências. Dizia-se, por isso, que seria uma conduta estrategicamente boa realizar alguma contribuição para a previdência social, ainda que como segurado facultativo, para garantir a inserção nesta regra, exigível no futuro. Note-se que a norma é clara no sentido de que ela será aplicável ao segurado "quando preencher", ou seja, **quando** – no futuro – cumular os requisitos nela exigidos.

Pois bem. Quem se filiou – e basta apenas ter-se filiado – ao RGPS até a data de entrada em vigor desta Emenda Constitucional passou a ter assegurado o direito à aposentadoria quando preencher, **cumulativamente**, os seguintes requisitos:

I – 30 (trinta) anos de contribuição, se mulher, e 35 (trinta e cinco) anos de contribuição, se homem; e

II – idade de 56 (cinquenta e seis) anos, se mulher, e 61 (sessenta e um) anos, se homem.

É, sem dúvida, a mais simples regra de transição. Basta isso, e pronto.

Note-se, entretanto, que haverá um aumento progressivo do requisito "idade", nos termos do § 1º a seguir expendido.

§ 1º A partir de 1º de janeiro de 2020, a idade a que se refere o inciso II do *caput* será acrescida de 6 (seis) meses a cada ano, até atingir 62 (sessenta e dois) anos de idade, se mulher, e 65 (sessenta e cinco) anos de idade, se homem.

A partir de 1º de janeiro de 2020, a idade ascenderá paulatinamente. Ela será acrescida de 6 (seis) meses a cada ano, até atingir 62 (sessenta e dois) anos de idade, se mulher, e 65 (sessenta e cinco) anos de idade, se homem: Assim:

2019: 56 (mulheres) e 61 (homens)
2020: 56,5 (mulheres) e 61,5 (homens)
2021: 57 (mulheres) e 62 (homens)
2022: 57,5 (mulheres) e 62,5 (homens)
2023: 58 (mulheres) e 63 (homens)
2024: 58,5 (mulheres) e 63,5 (homens)
2025: 59 (mulheres) e 64 (homens)
2026: 59.5 (mulheres) e 64,5 (homens)
2027: 60 (mulheres) e 65 (homens): a idade dos homens é congelada
2028: 60,5 (mulheres) e 65 (homens)
2029: 61 (mulheres) e 65 (homens)

2030: 61,5 (mulheres) e 65 (homens)
2031: 62 (mulheres) e 65 (homens).

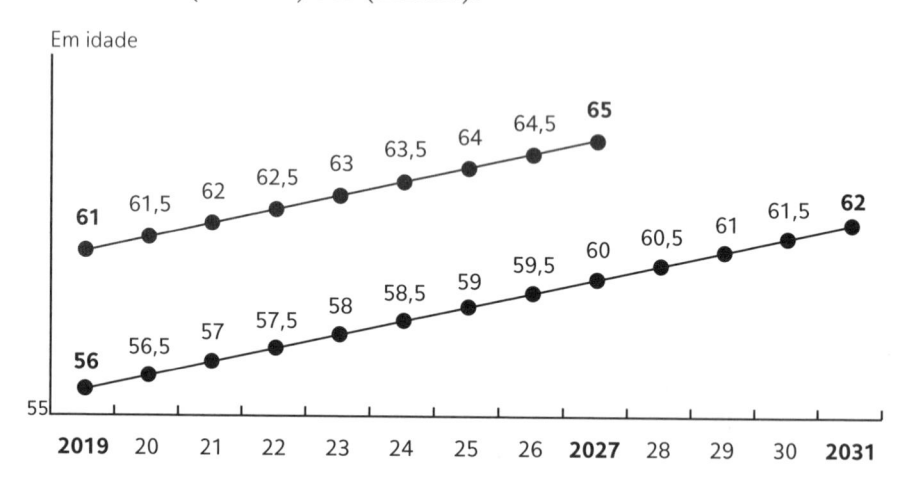

```
Em idade
                                          64,5   65
                                    64
                              63,5
                        63
                  62,5
            62
      61,5
 61                                                61,5  62
                                             61
                                       60,5
                                  60
                            59,5
                       59
                  58,5
             58
        57,5
      57
56  56,5

55
 2019  20  21  22  23  24  25  26  2027  28  29  30  2031
```

A idade masculina será congelada em 2027 em 65 (sessenta e cinco) anos, enquanto a feminina somente verá cessada a ascensão paulatina em 2031, quando se chegar aos 62 anos. Nesse momento, a diferença de idade entre homens e mulheres cairá para 3 (três) anos.

REGRA DE TRANSIÇÃO
ART. 16, *CAPUT*, e § 1º
EXCLUSIVA PARA SEGURADO FILIADO AO RGPS
REGRA GERAL
TRANSIÇÃO COM IDADE MÍNIMA E TEMPO DE CONTRIBUIÇÃO MÍNIMO

BENEFICIÁRIO:
Unicamente o segurado filiado ao Regime Geral de Previdência Social.

REQUISITOS CUMULATIVOS:	MULHER	HOMEM
IDADE MÍNIMA:	56 anos	61 anos
TEMPO MÍNIMO DE CONTRIBUIÇÃO:	30 anos	35 anos
ACRÉSCIMO DA IDADE a partir de 01/01/2020, + 6 meses a cada ano.	2019: 56 (mulheres) e 61 (homens) 2020: 56,5 (mulheres) e 61,5 (homens) 2021: 57 (mulheres) e 62 (homens) 2022: 57,5 (mulheres) e 62,5 (homens) 2023: 58 (mulheres) e 63 (homens) 2024: 58,5 (mulheres) e 63,5 (homens) 2025: 59 (mulheres) e 64 (homens) 2026: 59.5 (mulheres) e 64,5 (homens)	

ACRÉSCIMO DA IDADE a partir de 01/01/2020, + 6 meses a cada ano.	2027: 60 (mulheres) e 65 (homens): a idade dos homens é congelada 2028: 60,5 (mulheres) e 65 (homens) 2029: 61 (mulheres) e 65 (homens) 2030: 61,5 (mulheres) e 65 (homens) 2031: 62 (mulheres) e 65 (homens).

§ 2º Para o professor que comprovar exclusivamente tempo de efetivo exercício das funções de magistério na educação infantil e no ensino fundamental e médio, o tempo de contribuição e a idade de que tratam os incisos I e II do *caput* deste artigo serão reduzidos em 5 (cinco) anos, sendo, a partir de 1º de janeiro de 2020, acrescidos 6 (seis) meses, a cada ano, às idades previstas no inciso II do *caput*, até atingirem 57 (cinquenta e sete) anos, se mulher, e 60 (sessenta) anos, se homem.

A regra de transição, nesse ponto, diz respeito aos professores que comprovarem exclusivamente tempo de efetivo exercício das funções de magistério na educação infantil e no ensino fundamental e médio. Para eles, o tempo de contribuição e a idade serão reduzidos em 5 (cinco) anos, aplicando-se-lhes:

I – 25 (vinte e cinco) anos de contribuição, se mulher, e 30 (trinta) anos de contribuição, se homem; e

II – idade de 51 (cinquenta e um) anos, se mulher, e 56 (cinquenta e seis) anos, se homem.

A partir de 1º de janeiro de 2020, a idade ascenderá paulatinamente. Ela será acrescida de 6 (seis) meses a cada ano, até atingir 57 (cinquenta e sete) anos de idade, se mulher, e 60 (sessenta) anos de idade, se homem: Assim:

2019: 51 (mulheres) e 56 (homens)

2020: 51,5 (mulheres) e 56,5 (homens)

2021: 52 (mulheres) e 57 (homens)

2022: 52,5 (mulheres) e 57,5 (homens)

2023: 53 (mulheres) e 58 (homens)

2024: 53,5 (mulheres) e 58,5 (homens)

2025: 54 (mulheres) e 59 (homens)

2026: 54.5 (mulheres) e 59,5 (homens)

2027: 55 (mulheres) e 60 (homens): a idade dos homens é congelada

2028: 55,5 (mulheres) e 60 (homens)

2029: 56 (mulheres) e 60 (homens)

2030: 56,5 (mulheres) e 60 (homens)
2031: 57 (mulheres) e 60 (homens).

A idade masculina será congelada em 2027 em 60 (sessenta) anos, enquanto a feminina somente verá cessada a ascensão paulatina em 2031, quando se chegar aos 57 anos. Nesse momento, a diferença de idade entre homens e mulheres cairá para 3 (três) anos.

REGRA DE TRANSIÇÃO § 2º do ART. 16 EXCLUSIVA PARA SEGURADO FILIADO AO RGPS REGRA PARA PROFESSORES TRANSIÇÃO COM IDADE MÍNIMA E TEMPO DE CONTRIBUIÇÃO MÍNIMO		
BENEFICIÁRIO: Unicamente o professor, segurado filiado ao Regime Geral de Previdência Social, com efetivo exercício das funções de magistério na educação infantil e no ensino fundamental e médio.		
REQUISITOS CUMULATIVOS:	MULHER	HOMEM
IDADE MÍNIMA:	51 anos	56 anos
TEMPO MÍNIMO DE CONTRIBUIÇÃO:	25 anos	30 anos
ACRÉSCIMO DA IDADE a partir de 01/01/2020, + 6 meses a cada ano.	2019: 51 (mulheres) e 56 (homens) 2020: 51,5 (mulheres) e 56,5 (homens) 2021: 52 (mulheres) e 57 (homens) 2022: 52,5 (mulheres) e 57,5 (homens) 2023: 53 (mulheres) e 58 (homens) 2024: 53,5 (mulheres) e 58,5 (homens) 2025: 54 (mulheres) e 59 (homens) 2026: 54.5 (mulheres) e 59,5 (homens) 2027: 55 (mulheres) e 60 (homens): a idade dos homens é congelada 2028: 55,5 (mulheres) e 60 (homens) 2029: 56 (mulheres) e 60 (homens) 2030: 56,5 (mulheres) e 60 (homens) 2031: 57 (mulheres) e 60 (homens).	

§ 3º O valor da aposentadoria concedida nos termos do disposto neste artigo será apurado na forma da lei.

A renda mensal da aposentadoria concedida com base na regra de transição contida no presente artigo será apurada segundo uma sistemática que será ditada nos termos de legislação infraconstitucional.

Enquanto essa legislação não surge, aplica-se o disposto no art. 26 desta Emenda Constitucional. Veja-se:

> Art. 26. *Até que lei discipline o cálculo dos benefícios do regime próprio de previdência social da União e do Regime Geral de Previdência Social, será utilizada a média aritmética simples dos salários de contribuição e das remunerações adotados como base para contribuições a regime próprio de previdência social e ao Regime Geral de Previdência Social, ou como base para contribuições decorrentes das atividades militares de que tratam os arts. 42 e 142 da Constituição Federal, atualizados monetariamente, correspondentes a 100% (cem por cento) do período contributivo desde a competência julho de 1994 ou desde o início da contribuição, se posterior àquela competência.*
>
> *§ 1º A média a que se refere o "caput" será limitada ao valor máximo do salário de contribuição do Regime Geral de Previdência Social para os segurados desse regime e para o servidor que ingressou no serviço público em cargo efetivo após a implantação do regime de previdência complementar ou que tenha exercido a opção correspondente, nos termos do disposto nos §§ 14 a 16 do art. 40 da Constituição Federal.*
>
> *§ 2º O valor do benefício de aposentadoria corresponderá a 60% (sessenta por cento) da média aritmética definida na forma prevista no "caput" e no § 1º, com acréscimo de 2 (dois) pontos percentuais para cada ano de contribuição que exceder o tempo de 20 (vinte) anos de contribuição nos casos:*
>
> *I – do inciso II do § 6º do art. 4º, do § 4º do art. 15, do § 3º **do art. 16** e do § 2º do art. 18;*
>
> *[...]*

O art. 26 estabelece importantes regras transitórias, ou seja, regras que valem até que lei discipline de forma diversa. E o dispositivo em exame cuida do **cálculo dos benefícios** de ambos os regimes de previdência social – RPPS e RGPS – impondo a utilização da **média aritmética simples** dos salários de contribuição e das remunerações adotados como base para contribuições **correspondentes a 100% (cem por cento) do período contributivo desde julho de 1994**, quando a unidade do Sistema Monetário Nacional passa a ser o Real, ou desde o início da contribuição, se posterior àquela competência.

Apenas para deixar anotado um registro histórico, a sistemática antes vigente sinalizava no sentido de que a renda mensal do benefício seria apurada a partir da média aritmética simples dos maiores salários de contribuição correspondentes a 80% (oitenta por cento) de todo o período contributivo decorrido desde a competência julho de 1994. Antes disso, até o dia 28 de novembro de 1999, véspera da publicação da Lei n. 9.876, de 26 de novembro de 1999, o cálculo do valor inicial, segundo as regras até então vigentes, considerava como Período Básico de Cálculo (PBC) os últimos 36 (trinta e seis) salários de contribuição, apurados em período não superior a 48 (quarenta e oito) meses imediatamente anteriores àquela data.

Vê-se, portanto, que a sistemática foi sendo piorada ao longo do tempo e que, especialmente agora, não mais se permite desprezar os 20% menores salários de contribuição de todo o período contributivo.

A média apurável segundo a nova sistemática não mais levará em conta o mecanismo de descarte que diminuía os impactos dos altos e baixos retributivos da vida laboral do segurado. A média agora é feita com base em todo o período de contribuição.

A média apurada pela sistemática de cálculo prevista no *caput* do art. 26 será limitada ao valor máximo do salário de contribuição do Regime Geral de Previdência Social (ora, R$ 5.839,45) para (1) os **segurados deste regime** e para (2) **o servidor que ingressou no serviço público em cargo efetivo após a implantação do regime de previdência complementar ou que tenha exercido a opção correspondente, nos termos do disposto nos §§ 14 a 16 do art. 40 da Constituição Federal.**

A regra contida no § 2º do art. 26 dispõe que a renda mensal do benefício de aposentadoria corresponderá a **60% (sessenta por cento)** da média aritmética definida no *caput* e no §1º com o acréscimo de **2% por cada ano de contribuição excedente do tempo de 20 (vinte anos) de contribuição** nos casos que a seguir serão analisados.

Assim, um segurado do Regime Geral da Previdência Social que completou 20 (vinte) anos de contribuição e que alcançou a média aritmética simples de R$5.000,00 (cinco mil reais) terá direito a aposentadoria com renda mensal de R$3.000,00 (três mil reais) porque esse valor corresponde a 60% da média apurada.

Esse mesmo segurado poderá aumentar essa renda mensal caso forme tempo de contribuição excedente em virtude do qual se atribuirá uma adição de 2% (dois por cento) por cada ano de contribuição.

Assim, se esse segurado tiver 25 anos de contribuição, ele ganhará um acréscimo de 10% (2% × 5 = 10%) sobre a renda mensal de sua aposentadoria. Desse modo, ele terá direito a aposentadoria com renda mensal de R$3.500,00 (três mil e quinhentos reais) porque esse valor corresponde a 70% da média apurada.

25 anos de contribuição: 60% (pelos 20 anos) + 2% × 5 excedentes = 70% da média.

Na mesma ordem de ideias:

30 anos de contribuição: 60% (pelos 20 anos) + 2% × 10 excedentes = 80% da média.

35 anos de contribuição: 60% (pelos 20 anos) + 2% × 15 excedentes = 90% da média.

40 anos de contribuição: 60% (pelos 20 anos) + 2% × 20 excedentes = 100% da média.

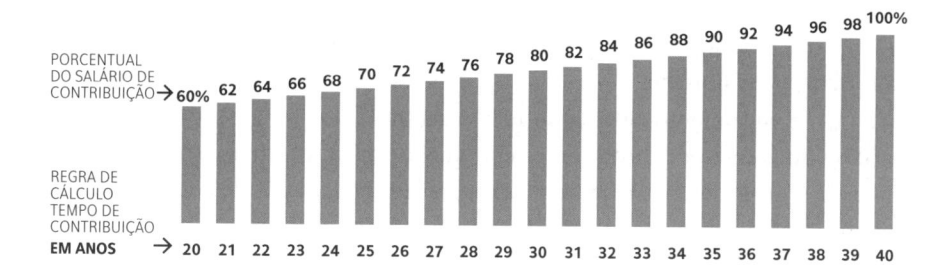

PORCENTUAL DO SALÁRIO DE CONTRIBUIÇÃO → 60% 62 64 66 68 70 72 74 76 78 80 82 84 86 88 90 92 94 96 98 100%

REGRA DE CÁLCULO
TEMPO DE CONTRIBUIÇÃO
EM ANOS → 20 21 22 23 24 25 26 27 28 29 30 31 32 33 34 35 36 37 38 39 40

ART. 17

Art. 17. Ao segurado filiado ao Regime Geral de Previdência Social até a data de entrada em vigor desta Emenda Constitucional e que na referida data contar com mais de 28 (vinte e oito) anos de contribuição, se mulher, e 33 (trinta e três) anos de contribuição, se homem, fica assegurado o direito à aposentadoria quando preencher, cumulativamente, os seguintes requisitos:

I – 30 (trinta) anos de contribuição, se mulher, e 35 (trinta e cinco) anos de contribuição, se homem; e

II – cumprimento de período adicional correspondente a 50% (cinquenta por cento) do tempo que, na data de entrada em vigor desta Emenda Constitucional, faltaria para atingir 30 (trinta) anos de contribuição, se mulher, e 35 (trinta e cinco) anos de contribuição, se homem.

A regra de transição contida no art. 17 desta Emenda Constitucional é também restrita ao "segurado filiado ao Regime Geral de Previdência Social" **até a data de entrada em vigor** desta Emenda Constitucional, mas com uma exigência adicional: **esse segurado precisa contar, até a data de entrada em vigor** desta Emenda Constitucional, **com mais de 28 (vinte e oito) anos de contribuição, se mulher, e 33 (trinta e três) anos de contribuição, se homem.**

É a regra de transição engenhada para o segurado que estava realmente prestes a aposentar-se, criada justamente para quem faltava apenas dois anos de contribuição para jubilar-se. Note-se, entretanto, que a norma é clara no sentido de que ela será aplicável ao segurado "quando preencher", vale dizer, **quando** – no futuro – preencher os requisitos cumulativos nela exigidos, deixando-o à vontade para exercer ou não o seu direito de voluntariamente aposentar-se.

Observado esse mínimo tempo de contribuição, o segurado se tornará elegível ao direito à aposentadoria desde quando complete, no futuro, os seguintes requisitos cumulativos:

I – 30 (trinta) anos de contribuição, se mulher, e 35 (trinta e cinco) anos de contribuição, se homem; e

II – cumprimento de período adicional (chamado pedágio) correspondente a 50% (cinquenta por cento) do tempo que, na data de entrada em vigor desta Emenda Constitucional, faltaria para atingir 30 (trinta) anos de contribuição, se mulher, e 35 (trinta e cinco) anos de contribuição, se homem.

28 anos de contribuição à data de publicação da Emenda Constitucional para tornar-se elegível à regra.	33 anos de contribuição à data de publicação da Emenda Constitucional para tornar-se elegível à regra.
Posteriormente invoca-se a aposentadoria ao completar:	
30 anos de contribuição	35 anos de contribuição
Pedágio de 50% Tempo adicional de contribuição que, na data de entrada em vigor desta Emenda Constitucional, faltaria para atingir 30 (trinta) anos de contribuição, se mulher, e 35 (trinta e cinco) anos de contribuição, se homem.	
Aplica-se o fator previdenciário	

Note-se que essa regra de transição não exige idade mínima, mas apenas o cumprimento de tempo de contribuição, sendo, por essa mesma razão, um dispositivo de natureza residual, pois a aposentadoria unicamente por tempo de contribuição não mais existe entre as regras permanentes, fixadas dentro do texto constitucional.

Outro ponto a observar é que essa regra de transição não contempla a forma diferenciada aplicável aos professores, como se viu nas disposições anteriormente analisadas.

Parágrafo único. O benefício concedido nos termos deste artigo terá seu valor apurado de acordo com a média aritmética simples dos salários de contribuição e das remunerações calculada na forma da lei, multiplicada pelo fator previdenciário, calculado na forma do disposto nos §§ 7º a 9º do art. 29 da Lei n. 8.213, de 24 de julho de 1991.

A aposentadoria concedida nos termos deste artigo terá sua renda mensal apurada segundo a média aritmética simples dos salários de contribuição e das remunerações calculada na forma da lei, **multiplicada pelo fator previdenciário**.

Note-se que o parágrafo único do art. 17 desta Emenda é o **único** dispositivo que refere a aplicação do fator previdenciário, cuja existência apenas se justificará por tratar-se de aposentadoria residual unicamente fundada em tempo de contribuição.

A forma de cálculo do fator previdenciário é justamente aquela engenhada pela Lei n. 9.876, de 26 de novembro de 1999, e inserida na Lei n. 8.213/91. Veja-se:

Lei n. 8.213/91
[...]
Art. 29.
[...]
§ 7º O fator previdenciário será calculado considerando-se a idade, a expectativa de sobrevida e o tempo de contribuição do segurado ao se aposentar, segundo a fórmula constante do Anexo desta Lei. (Incluído pela Lei n. 9.876, de 26-11-1999)
§ 8º Para efeito do disposto no § 7º, a expectativa de sobrevida do segurado na idade da aposentadoria será obtida a partir da tábua completa de mortalidade construída pela Fundação Instituto Brasileiro de Geografia e Estatística – IBGE, considerando-se a média nacional única para ambos os sexos. (Incluído pela Lei n. 9.876, de 26-11-1999)

Trata-se, portanto, do resquício final da aplicação do fator previdenciário, que terá espaço apenas nessa regra de transição.

REGRA DE TRANSIÇÃO
ART. 17
EXCLUSIVA PARA SEGURADO FILIADO AO RGPS
REGRA GERAL
TRANSIÇÃO COM TEMPO DE CONTRIBUIÇÃO MÍNIMO, PEDÁGIO DE 50%
e FATOR PREVIDENCIÁRIO

BENEFICIÁRIO:
Unicamente o segurado filiado ao Regime Geral de Previdência Social que minimamente tenha 28 anos de contribuição, se mulher, e 33 anos de contribuição, se homem.

REQUISITOS CUMULATIVOS:	MULHER	HOMEM
IDADE MÍNIMA:	Não há	Não há
TEMPO MÍNIMO DE CONTRIBUIÇÃO:	28 anos para tornar-se elegível 30 anos para adquirir a aposentadoria	33 anos para tornar-se elegível 35 anos para adquirir a aposentadoria

	Pedágio de 50% sobre o tempo que falta para cumprir 30 anos de contribuição + Aplicação do fator previdenciário	Pedágio de 50% sobre o tempo que falta para cumprir 35 anos de contribuição + Aplicação do fator previdenciário
PEDÁGIO DE 50% + FATOR PREVIDENCIÁRIO PARA COMPENSAR A AUSÊNCIA DE IDADE MÍNIMA		

ART. 18

Art. 18. O segurado de que trata o inciso I do § 7º do art. 201 da Constituição Federal filiado ao Regime Geral de Previdência Social até a data de entrada em vigor desta Emenda Constitucional poderá aposentar-se quando preencher, cumulativamente, os seguintes requisitos:

I – 60 (sessenta) anos de idade, se mulher, e 65 (sessenta e cinco) anos de idade, se homem; e

II – 15 (quinze) anos de contribuição, para ambos os sexos.

O *caput* do § 7º do art. 201 do texto constitucional manteve a mesma redação obtida por ocasião da publicação da Emenda Constitucional n. 20/1998. Consta dali referência no sentido de ser "assegurada aposentadoria no regime geral de previdência social, nos termos da lei, obedecidas as seguintes condições":

O inciso I, entretanto, sofreu alteração, e passou a ter a seguinte redação:

I – 65 (sessenta e cinco) anos de idade, se homem, e 62 (sessenta e dois) anos de idade, se mulher, observado tempo mínimo de contribuição;

O inciso I do § 7º passou a cuidar unicamente da **idade mínima dos urbanos** para a aposentadoria no Regime Geral de Previdência Social. Deixou-se aqui, porém, bem claro que, ao lado do requisito da idade mínima, haveria de ser **observado um tempo mínimo de contribuição cuja dimensão temporariamente passou a ser regida pelo art. 19 da Emenda Constitucional aqui em exame**.

A soma da idade mínima e do tempo de contribuição mínimo, antes não exigível no RGPS, passou a ser a novidade ali aplicável.

Assim, **como regra permanente**, a norma constitucional reformada passou a exigir a idade mínima de 65 anos para homens e 62 anos para mulheres. Note-se que a idade mínima dos homens manteve-se na mesma dimensão exigível nos termos da redação anterior, somente sendo acrescida a idade mínima das mulheres, dos 60 anos para os 62 anos de idade.

Art. 18   A análise detalhada da Reforma da Previdência de 2019 | **169**

Pois bem. A presente **regra de transição** visa à criação de um período de adequação a essa nova norma. Examente por isso ela prevê que o segurado, de que trata o inciso I do § 7º do art. 201 da Constituição Federal, **filiado** (basta a filiação) ao Regime Geral de Previdência Social **até a data de entrada em vigor** desta Emenda Constitucional poderá aposentar-se quando (no futuro) preencher, cumulativamente, os seguintes requisitos:

I – 60 (sessenta) anos de idade, se mulher, e 65 (sessenta e cinco) anos de idade, se homem; e

II – quinze anos de contribuição, para ambos os sexos.

Observe-se, contudo, que a situação do homem nesta regra de transição não muda diante da regra permanente. Apenas a mulher terá a vantagem de temporariamente valer-se da idade mínima de 60 (sessenta) anos, o que, paulatinamente, nos termos do § 1º a seguir analisado, será acrescida em 6 (seis) meses a cada ano, até atingir o marco da regra permanente, que é 62 (sessenta e dois) anos de idade.

Reitera-se o que se disse nos artigos anteriores no que diz respeito ao fato de a norma ser clara no sentido de que ela será aplicável ao segurado "quando preencher", vale dizer, **quando** – no futuro – preencher os requisitos cumulativos nela exigidos. A aplicação desta regra, entretanto, somente será considerada como uma vantagem para as mulheres e, ainda assim, até o ano de 2023. A partir desse marco temporal, todos estarão equalizados na regra permanente dos 62 (sessenta e dois) anos de idade para as mulheres e dos 65 (sessenta e cinco) anos de idade para os homens.

==§ 1º A partir de 1º de janeiro de 2020, a idade de 60 (sessenta) anos da mulher, prevista no inciso I do *caput*, será acrescida em 6 (seis) meses a cada ano, até atingir 62 (sessenta e dois) anos de idade.==

A partir de 1º de janeiro de 2020, a idade da mulher – **unicamente dela** – ascenderá paulatinamente. Ela será acrescida de 6 (seis) meses a cada ano, até atingir 62 (sessenta e dois) anos de idade: Assim:

==2019: 60 (mulheres) e 65 (homens): a idade dos homens é congelada==

2020: 60,5 (mulheres) e 65 (homens)

2021: 61 (mulheres) e 65 (homens)

2022: 61,5 (mulheres) e 65 (homens)

2023: 62 (mulheres) e 65 (homens)

A idade masculina será congelada desde o início, em 2019, em 65 (sessenta e cinco) anos, enquanto a feminina somente verá cessada a ascensão paulatina em

2023, quando se chegar aos 62 anos. Nesse momento, a diferença de idade entre homens e mulheres cairá para 3 (três) anos.

Outro ponto a observar é que essa regra de transição também, tal qual aquela constante do art. 17, não contempla a forma diferenciada aplicável aos professores, como se viu em disposições anteriormente analisadas.

MULHERES			HOMENS		
60 anos	+	15 anos de contribuição	65 anos	+	15 anos de contribuição
A idade mínima de aposentadoria da mulher será acrescida de seis meses, gradualmente, até alcançar 62 anos			Mantém-se igual		
62 anos	+	15 anos de contribuição	65 anos	+	15 anos de contribuição

REGRA DE TRANSIÇÃO
ART. 18
EXCLUSIVA PARA SEGURADO FILIADO AO RGPS
REGRA GERAL
TRANSIÇÃO COM IDADE MÍNIMA

BENEFICIÁRIO: Unicamente o segurado filiado ao Regime Geral de Previdência Social.		
REQUISITOS CUMULATIVOS:	MULHER	HOMEM
IDADE MÍNIMA:	60 anos	65 anos
TEMPO MÍNIMO DE CONTRIBUIÇÃO:	15 anos	15 anos
ACRÉSCIMO DA IDADE DA MULHER a partir de 01/01/2020, + 6 meses a cada ano.	2019: 60 (mulheres) e 65 (homens): a idade dos homens é congelada 2020: 60,5 (mulheres) e 65 (homens) 2021: 61 (mulheres) e 65 (homens) 2022: 61,5 (mulheres) e 65(homens) 2023: 62 (mulheres) e 65 (homens)	

§ 2º O valor da aposentadoria de que trata este artigo será apurado na forma da lei.

A renda mensal da aposentadoria concedida com base na regra de transição contida no presente artigo será apurada segundo uma sistemática que será ditada nos termos de legislação infraconstitucional.

Enquanto essa legislação não surge, aplica-se o disposto no art. 26 desta Emenda Constitucional. Veja-se:

> *Art. 26. Até que lei discipline o cálculo dos benefícios do regime próprio de previdência social da União e do Regime Geral de Previdência Social, será utilizada a média aritmética simples dos salários de contribuição e das remunerações adotados como base para contribuições a regime próprio de previdência social e ao Regime Geral de Previdência Social, ou como base para contribuições decorrentes das atividades militares de que tratam os arts. 42 e 142 da Constituição Federal, atualizados monetariamente, correspondentes a 100% (cem por cento) do período contributivo desde a competência julho de 1994 ou desde o início da contribuição, se posterior àquela competência.*
>
> *§ 1º A média a que se refere o "caput" será limitada ao valor máximo do salário de contribuição do Regime Geral de Previdência Social para os segurados desse regime e para o servidor que ingressou no serviço público em cargo efetivo após a implantação do regime de previdência complementar ou que tenha exercido a opção correspondente, nos termos do disposto nos §§ 14 a 16 do art. 40 da Constituição Federal.*
>
> *§ 2º O valor do benefício de aposentadoria corresponderá a 60% (sessenta por cento) da média aritmética definida na forma prevista no "caput" e no § 1º, com acréscimo de 2 (dois) pontos percentuais para cada ano de contribuição que exceder o tempo de 20 (vinte) anos de contribuição nos casos:*
>
> *I – do inciso II do § 6º do art. 4º, do § 4º do art. 15, do § 3º do art. 16 e do **§ 2º do art. 18**;*
>
> *[...]*

O art. 26 estabelece importantes regras transitórias, ou seja, regras que valem até que lei discipline de forma diversa. E o dispositivo em exame cuida do **cálculo dos benefícios** de ambos os regimes de previdência social – RPPS e RGPS – impondo a utilização da **média aritmética simples** dos salários de contribuição e das remunerações adotados como base para contribuições **correspondentes a 100% (cem por cento) do período contributivo desde julho de 1994**, quando a unidade do Sistema Monetário Nacional passa a ser o Real, ou desde o início da contribuição, se posterior àquela competência.

Apenas para deixar anotado um registro histórico, a sistemática antes vigente sinalizava no sentido de que a renda mensal do benefício seria apurada a partir da média aritmética simples dos maiores salários de contribuição correspondentes a 80% (oitenta por cento) de todo o período contributivo decorrido desde a competência julho de 1994. Antes disso, até o dia 28 de novembro de 1999, véspera da publicação da Lei n. 9.876, de 26 de novembro de 1999, o cálculo do valor inicial segundo as regras até então vigentes, considerava como Período Básico de Cálculo (PBC) os últimos 36 (trinta e seis) salários de contribuição, apurados em período não superior a 48 (quarenta e oito) meses imediatamente anteriores àquela data.

Vê-se, portanto, que a sistemática foi sendo piorada ao longo do tempo e que, especialmente agora, não mais se permite desprezar os 20% menores salários de contribuição de todo o período contributivo.

A média apurável segundo a nova sistemática não mais levará em conta o mecanismo de descarte que diminuía os impactos dos altos e baixos retributivos da vida laboral do segurado. A média agora é feita com base em todo o período de contribuição.

A média apurada pela sistemática de cálculo prevista no *caput* do art. 26 será limitada ao valor máximo do salário de contribuição do Regime Geral de Previdência Social (ora, R$ 5.839,45) para (1) os **segurados deste regime** e para (2) **o servidor que ingressou no serviço público em cargo efetivo após a implantação do regime de previdência complementar ou que tenha exercido a opção correspondente, nos termos do disposto nos §§ 14 a 16 do art. 40 da Constituição Federal.**

A regra contida no § 2º do art. 26 dispõe que a renda mensal do benefício de aposentadoria corresponderá a **60% (sessenta por cento)** da média aritmética definida no *caput* e no § 1º com o acréscimo de **2% por cada ano de contribuição excedente do tempo de 20 (vinte anos) de contribuição** nos casos que a seguir serão analisados.

Assim, um segurado do Regime Geral de Previdência Social que completou 20 (vinte) anos de contribuição e que alcançou a média aritmética simples de R$5.000,00 (cinco mil reais) terá direito a aposentadoria com renda mensal de R$3.000,00 (três mil reais) porque esse valor corresponde a 60% da média apurada.

Esse mesmo segurado poderá aumentar essa renda mensal caso forme tempo de contribuição excedente em virtude do qual se atribuirá uma adição de 2% (dois por cento) por cada ano de contribuição.

Assim, se esse segurado tiver 25 anos de contribuição, ele ganhará um acréscimo de 10% (2% x 5 = 10%) sobre a renda mensal de sua aposentadoria. Desse modo, ele terá direito a aposentadoria com renda mensal de R$3.500,00 (três mil e quinhentos reais) porque esse valor corresponde a 70% da média apurada.

25 anos de contribuição: 60% (pelos 20 anos) + 2% × 5 excedentes = 70% da média.

Na mesma ordem de ideias:

30 anos de contribuição: 60% (pelos 20 anos) + 2% × 10 excedentes = 80% da média.

35 anos de contribuição: 60% (pelos 20 anos) + 2% × 15 excedentes = 90% da média.

40 anos de contribuição: 60% (pelos 20 anos) + 2% × 20 excedentes = 100% da média

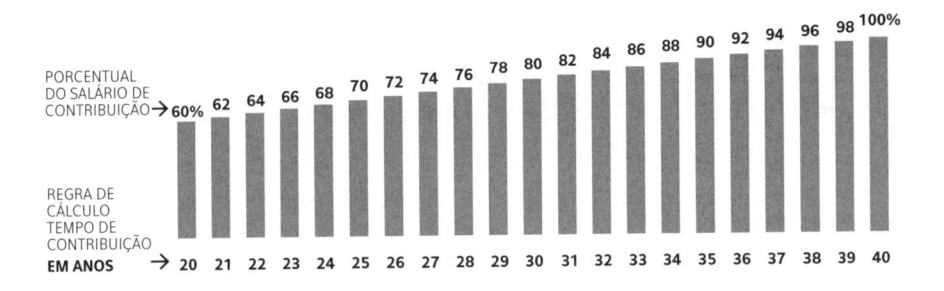

PORCENTUAL DO SALÁRIO DE CONTRIBUIÇÃO → 60% 62 64 66 68 70 72 74 76 78 80 82 84 86 88 90 92 94 96 98 100%

REGRA DE CÁLCULO TEMPO DE CONTRIBUIÇÃO EM ANOS → 20 21 22 23 24 25 26 27 28 29 30 31 32 33 34 35 36 37 38 39 40

ART. 19

Art. 19. Até que lei disponha sobre o tempo de contribuição a que se refere o inciso I do § 7º do art. 201 da Constituição Federal, o segurado filiado ao Regime Geral de Previdência Social após a data de entrada em vigor desta Emenda Constitucional será aposentado aos 62 (sessenta e dois) anos de idade, se mulher, 65 (sessenta e cinco) anos de idade, se homem, com 15 (quinze) anos de tempo de contribuição, se mulher, e 20 (vinte) anos de tempo de contribuição, se homem.

O art. 19 da presente Emenda Constitucional não é uma regra de transição, mas, sim, uma disposição transitória que dita normas temporariamente aplicáveis até que surjam os dispositivos permanentes. Nesse sentido, até que lei específica disponha sobre o tempo de contribuição a que se refere o inciso I do § 7º do art. 201 da Constituição Federal, o **segurado filiado ao Regime Geral de Previdência Social**, após a data de entrada em vigor desta Emenda Constitucional, será aposentado aos:

a) 62 (sessenta e dois) anos de idade, se mulher, 65 (sessenta e cinco) anos de idade, se homem;

b) 15 (quinze) anos de tempo de contribuição, se mulher, e 20 (vinte) anos de tempo de contribuição, se homem.

Perceba-se que o inciso I do § 7º do art. 201 da Constituição Federal atribuiu para a legislação infraconstitucional a missão de determinar qual será o tempo de contribuição exigível, não havendo nenhum limite máximo criado.

§ 1º Até que lei complementar disponha sobre a redução de idade mínima ou tempo de contribuição prevista nos §§ 1º e 8º do art. 201 da Constituição Federal, será concedida aposentadoria:

O § 1º deste artigo oferece, igualmente, uma disposição transitória, prevendo, até que lei complementar disponha sobre a redução de idade mínima ou tempo de contribuição prevista nos §§ 1º e 8º do art. 201 da Constituição Federal, que a aposentadoria será concedida nos termos a seguir dispostos.

Antes de tratar dos termos dispostos de forma transitória, é importante deixar anotado aqui o conteúdo dos §§ 1º e 8º do art. 201 da Constituição Federal:

> Art. 201. [...]
> § 1º É vedada a adoção de requisitos ou critérios diferenciados para concessão de benefícios, ressalvada, nos termos de lei complementar, a possibilidade de previsão de idade e tempo de contribuição distintos da regra geral para concessão de aposentadoria exclusivamente em favor dos segurados:
> I – com deficiência, previamente submetidos à avaliação biopsicossocial realizada por equipe multiprofissional e interdisciplinar;
> II – cujas atividades sejam exercidas com efetiva exposição a agentes químicos, físicos e biológicos prejudiciais à saúde, ou associação destes agentes, vedada a caracterização por categoria profissional ou ocupação.
> [...]
> § 8º O requisito de idade a que se refere o inciso I do § 7º será reduzido em 5 (cinco) anos, para o professor que comprove tempo de efetivo exercício das funções de magistério na educação infantil e no ensino fundamental e médio fixado em lei complementar.

Diante da evidência do conteúdo dos parágrafos acima transcritos, a análise passa a ser feita sobre os incisos do ora examinado § 1º do art. 19 desta Emenda Constitucional. Vejam-se:

I – aos segurados que comprovem o exercício de atividades com efetiva exposição a agentes químicos, físicos e biológicos prejudiciais à saúde, ou associação desses agentes, vedada a caracterização por categoria profissional ou ocupação, durante, no mínimo, 15 (quinze), 20 (vinte) ou 25 (vinte e cinco) anos, nos termos do disposto nos arts. 57 e 58 da Lei n. 8.213, de 24 de julho de 1991, quando cumpridos:

a) 55 (cinquenta e cinco) anos de idade, quando se tratar de atividade especial de 15 (quinze) anos de contribuição;

b) 58 (cinquenta e oito) anos de idade, quando se tratar de atividade especial de 20 (vinte) anos de contribuição; ou

c) 60 (sessenta) anos de idade, quando se tratar de atividade especial de 25 (vinte e cinco) anos de contribuição;

O inciso I do § 1º do art. 19 desta Emenda Constitucional cuida dos segurados que comprovem o exercício de atividades com efetiva exposição a agentes químicos, físicos e biológicos prejudiciais à saúde, ou associação desses agentes

durante, no mínimo, quinze, vinte ou vinte e cinco anos, nos termos do disposto nos arts. 57 e 58 da Lei n. 8.213, de 24 de julho de 1991.

A expressão "no mínimo" foi introduzida no texto por uma emenda de redação (a de número 585-PLEN), apresentada pelo Senador Paulo Paim. Em sua visão, e também na dos demais senadores que acompanharam a sua proposta, a inserção da expressão se tornava necessária para que ficasse bem claro que o direito à aposentadoria discutida neste tópico se inicia com o cumprimento do mínimo exigível na norma.

Assim, até que lei complementar disponha sobre a redução de idade mínima ou tempo de contribuição prevista no § 8º do art. 201 da Constituição Federal, lhes será concedida aposentadoria, quando cumpridos:

a) 55 (cinquenta e cinco) anos de idade, quando se tratar de atividade especial de quinze anos de contribuição;

b) 58 (cinquenta e oito) anos de idade, quando se tratar de atividade especial de vinte anos de contribuição; ou

c) 60 (sessenta) anos de idade, quando se tratar de atividade especial de vinte e cinco anos de contribuição;

II – ao professor que comprove 25 (vinte e cinco) anos de contribuição exclusivamente em efetivo exercício das funções de magistério na educação infantil e no ensino fundamental e médio e tenha 57 (cinquenta e sete) anos de idade, se mulher, e 60 (sessenta) anos de idade, se homem.

Na mesma linha de tratamento diferenciado, cabe referir a disposição temporária aplicável ao professor. Assim, até que lei complementar disponha sobre a redução de idade mínima ou tempo de contribuição prevista no § 8º do art. 201 da Constituição Federal, será concedida aposentadoria ao professor que comprove 25 (vinte e cinco) anos de contribuição exclusivamente em efetivo exercício das funções de magistério na educação infantil e no ensino fundamental e médio e possua 57 (cinquenta e sete) anos de idade, se mulher, e 60 (sessenta) anos de idade, se homem.

§ 2º O valor das aposentadorias de que trata este artigo será apurado na forma da lei.

Mais uma vez se repete: a renda mensal da aposentadoria concedida com base no presente artigo será apurada segundo uma sistemática que será ditada nos termos de legislação infraconstitucional.

Enquanto essa legislação não surge, aplica-se o disposto no art. 26 desta Emenda Constitucional. Veja-se:

Art. 26. Até que lei discipline o cálculo dos benefícios do regime próprio de previdência social da União e do Regime Geral de Previdência Social, será utilizada a média aritmética simples dos salários de contribuição e das remunerações adotados como base para contribuições a regime próprio de previdência social e ao Regime Geral de Previdência Social, ou como base para contribuições decorrentes das atividades militares de que tratam os arts. 42 e 142 da Constituição Federal, atualizados monetariamente, correspondentes a 100% (cem por cento) do período contributivo desde a competência julho de 1994 ou desde o início da contribuição, se posterior àquela competência.

§ 1º A média a que se refere o "caput" será limitada ao valor máximo do salário de contribuição do Regime Geral de Previdência Social para os segurados desse regime e para o servidor que ingressou no serviço público em cargo efetivo após a implantação do regime de previdência complementar ou que tenha exercido a opção correspondente, nos termos do disposto nos §§ 14 a 16 do art. 40 da Constituição Federal.

§ 2º O valor do benefício de aposentadoria corresponderá a 60% (sessenta por cento) da média aritmética definida na forma prevista no "caput" e no § 1º, com acréscimo de 2 (dois) pontos percentuais para cada ano de contribuição que exceder o tempo de 20 (vinte) anos de contribuição nos casos:

[...]

IV – do § 2º do art. 19 e do § 2º do art. 21, ressalvado o disposto no § 5º deste artigo.

O art. 26 estabelece importantes regras transitórias, ou seja, regras que valem até que lei discipline de forma diversa. E o dispositivo em exame cuida do **cálculo dos benefícios** de ambos os regimes de previdência social – RPPS e RGPS – impondo a utilização da **média aritmética simples** dos salários de contribuição e das remunerações adotados como base para contribuições **correspondentes a 100% (cem por cento) do período contributivo desde julho de 1994**, quando a unidade do Sistema Monetário Nacional passa a ser o Real, ou desde o início da contribuição, se posterior àquela competência.

Apenas para deixar anotado um registro histórico, a sistemática antes vigente sinalizava no sentido de que a renda mensal do benefício seria apurada a partir da média aritmética simples dos maiores salários de contribuição correspondentes a 80% (oitenta por cento) de todo o período contributivo decorrido desde a competência julho de 1994. Antes disso, até o dia 28 de novembro de 1999, véspera da publicação da Lei n. 9.876, de 26 de novembro de 1999, o cálculo do valor inicial segundo as regras até então vigentes, considerava como Período Básico de Cálculo (PBC) os últimos 36 (trinta e seis) salários de contribuição, apurados em período não superior a 48 (quarenta e oito) meses imediatamente anteriores àquela data.

Vê-se, portanto, que a sistemática foi sendo piorada ao longo do tempo e que, especialmente agora, não mais se permite desprezar os 20% menores salários de contribuição de todo o período contributivo.

A média apurável segundo a nova sistemática não mais levará em conta o mecanismo de descarte que diminuía os impactos dos altos e baixos retributivos da vida laboral do segurado. A média agora é feita com base em todo o período de contribuição.

A média apurada pela sistemática de cálculo prevista no *caput* do art. 26 será limitada ao valor máximo do salário de contribuição do Regime Geral de Previdência Social (ora, R$ 5.839,45) para (1) os **segurados deste regime** e para (2) **o servidor que ingressou no serviço público em cargo efetivo após a implantação do regime de previdência complementar ou que tenha exercido a opção correspondente, nos termos do disposto nos §§ 14 a 16 do art. 40 da Constituição Federal.**

A regra contida no § 2º do art. 26 dispõe que a renda mensal do benefício de aposentadoria corresponderá a **60% (sessenta por cento)** da média aritmética definida no *caput* e no §1º com o acréscimo de **2% por cada ano de contribuição excedente do tempo de 20 (vinte anos) de contribuição** nos casos que a seguir serão analisados.

Assim, um segurado do Regime Geral da Previdência Social que completou 20 (vinte) anos de contribuição e que alcançou a média aritmética simples de R$5.000,00 (cinco mil reais) terá direito a aposentadoria com renda mensal de R$3.000,00 (três mil reais) porque esse valor corresponde a 60% da média apurada.

Esse mesmo segurado poderá aumentar essa renda mensal caso forme tempo de contribuição excedente em virtude do qual se atribuirá uma adição de 2% (dois por cento) por cada ano de contribuição.

Assim, se esse segurado tiver 25 anos de contribuição, ele ganhará um acréscimo de 10% (2% × 5 = 10%) sobre a renda mensal de sua aposentadoria. Desse modo, ele terá direito a aposentadoria com renda mensal de R$3.500,00 (três mil e quinhentos reais) porque esse valor corresponde a 70% da média apurada.

25 anos de contribuição: 60% (pelos 20 anos) + 2% × 5 excedentes = 70% da média.

Na mesma ordem de ideias:

30 anos de contribuição: 60% (pelos 20 anos) + 2% × 10 excedentes = 80% da média.

35 anos de contribuição: 60% (pelos 20 anos) + 2% × 15 excedentes = 90% da média.

40 anos de contribuição: 60% (pelos 20 anos) + 2% × 20 excedentes = 100% da média.

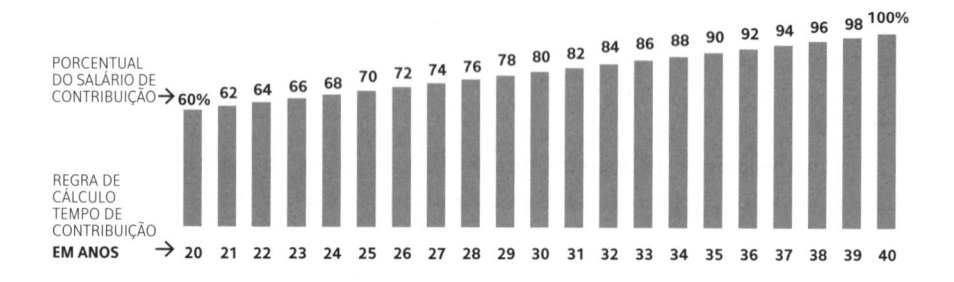

PORCENTUAL
DO SALÁRIO DE
CONTRIBUIÇÃO → 60% 62 64 66 68 70 72 74 76 78 80 82 84 86 88 90 92 94 96 98 100%

REGRA DE
CÁLCULO
TEMPO DE
CONTRIBUIÇÃO
EM ANOS → 20 21 22 23 24 25 26 27 28 29 30 31 32 33 34 35 36 37 38 39 40

ART. 20

Art. 20. O segurado ou o servidor público federal que se tenha filiado ao Regime Geral de Previdência Social ou ingressado no serviço público em cargo efetivo até a data de entrada em vigor desta Emenda Constitucional poderá aposentar-se voluntariamente quando preencher, cumulativamente, os seguintes requisitos:

I – 57 (cinquenta e sete) anos de idade, se mulher, e 60 (sessenta) anos de idade, se homem;

II – 30 (trinta) anos de contribuição, se mulher, e 35 (trinta e cinco) anos de contribuição, se homem;

III – para os servidores públicos, 20 (vinte) anos de efetivo exercício no serviço público e 5 (cinco) anos no cargo efetivo em que se der a aposentadoria;

IV – período adicional de contribuição correspondente ao tempo que, na data de entrada em vigor desta Emenda Constitucional, faltaria para atingir o tempo mínimo de contribuição referido no inciso II.

O texto deste artigo 20 oferece mais uma regra de transição, e o faz em atenção (a) do **segurado que se tenha filiado ao Regime Geral de Previdência Social** até a data de entrada em vigor desta Emenda Constitucional ou (b) do **servidor público federal que tenha ingressado no serviço público em cargo efetivo** até a data de entrada em vigor desta Emenda Constitucional, desde que, quanto a este último, tenha tempo mínimo de 20 (vinte) anos de efetivo exercício no serviço público e de 5 (cinco) anos no cargo efetivo em que for concedida a aposentadoria.

Os sujeitos acima identificados poderão aposentar-se voluntariamente quando preencherem, **cumulativamente**, os seguintes requisitos:

I – 57 (cinquenta e sete) anos de idade, se mulher, e 60 (sessenta) anos de idade, se homem;

II – 30 (trinta anos) de contribuição, se mulher, e 35 (trinta e cinco) anos de contribuição, se homem;

III – 20 (vinte) anos de efetivo exercício no serviço público e 5 (cinco) anos no cargo efetivo em que se der a aposentadoria, **requisito exclusivo para os servidores públicos**;

IV – período adicional de contribuição (conhecido como "pedágio") correspondente ao tempo total (100% do tempo) que, na data de entrada em vigor desta Emenda Constitucional, faltaria para atingir o tempo mínimo de contribuição referido no inciso II.

57 anos de idade	60 anos de idade
30 anos de contribuição	35 anos de contribuição
Pedágio de 100% sobre o tempo que falta para cumprir 30 anos de contribuição	Pedágio de 100% sobre o tempo que falta para cumprir 35 anos de contribuição

Merece uma ilustração o conteúdo do inciso IV: imagine-se uma segurada do RGPS que, até a data de entrada em vigor desta Emenda Constitucional, contava com 28 anos de contribuição, embora já tivesse a idade mínima de 57 anos. Para aposentar-se voluntariamente por esta regra de transição, ela terá de trabalhar os 2 (dois) anos que faltavam para completar os 30 anos minimamente exigíveis e, além disso, pagar um pedágio – cumprir um período adicional de contribuição, de mais 2 (dois) anos. Somente assim ela se tornará aposentável segundo a regra contida neste artigo 20.

REGRA DE TRANSIÇÃO
ART. 20, *CAPUT*
COMUM PARA SERVIDORES PÚBLICOS EM CARGO EFETIVO E PARA SEGURADOS DO RGPS
REGRA GERAL
TRANSIÇÃO COM IDADE MÍNIMA, TEMPO DE CONTRIBUIÇÃO MÍNIMO E PEDÁGIO DE 100%

BENEFICIÁRIO:
Tanto o servidor público federal que tenha ingressado no serviço público em cargo efetivo até a data de entrada em vigor desta Emenda Constitucional, quanto o segurado que se tenha filiado ao RGPS até a data de entrada em vigor desta Emenda Constitucional

REQUISITOS CUMULATIVOS:	MULHER	HOMEM
IDADE MÍNIMA:	57 anos	60 anos

TEMPO MÍNIMO DE CONTRIBUIÇÃO:	30 anos	35 anos
TEMPO DE EFETIVO EXERCÍCIO NO SERVIÇO PÚBLICO, requisito exclusivo para servidor público:	20 anos	20 anos
TEMPO NO CARGO EFETIVO EM QUE SE DER A APOSENTADORIA, requisito exclusivo para servidor público:	5 anos	5 anos
PEDÁGIO DE 100%		Pedágio de 100% sobre o tempo que falta para cumprir 30 anos de contribuição, para mulheres, e 35 anos de contribuição, para homens.

§ 1º Para o professor que comprovar exclusivamente tempo de efetivo exercício das funções de magistério na educação infantil e no ensino fundamental e médio serão reduzidos, para ambos os sexos, os requisitos de idade e de tempo de contribuição em 5 (cinco) anos.

E os professores, como ficam?

A disposição contida no § 1º prevê que, para o professor que comprovar exclusivamente tempo de efetivo exercício das funções de magistério na educação infantil e no ensino fundamental e médio, serão **reduzidos, para ambos os sexos, os requisitos de idade e de tempo de contribuição em cinco anos.**

Logo, os professores acima identificados poderão aposentar-se voluntariamente quando preencherem, cumulativamente, os seguintes requisitos:

I – 52 (cinquenta e dois) anos de idade, se mulher, e 55 (cinquenta e cinco) anos de idade, se homem;

II – 25 (vinte e cinco anos) de contribuição, se mulher, e 30 (trinta) anos de contribuição, se homem. Atente-se que aqui se exige **exclusivamente** tempo de efetivo exercício das funções de magistério na educação infantil e no ensino fundamental e médio;

III – 20 (vinte) anos de efetivo exercício no serviço público e 5 (cinco) anos no cargo efetivo em que se der a aposentadoria, requisito exclusivo para os servidores públicos;

IV – período adicional de contribuição (conhecido como "pedágio") correspondente ao tempo total (100% do tempo) que, na data de entrada em vigor desta Emenda Constitucional, faltaria para atingir o tempo mínimo de contribuição referido no inciso II.

PROFESSOR	
👩	👨
52 anos de idade	55 anos de idade
25 anos de contribuição	30 anos de contribuição
Pedágio de 100% sobre o tempo que falta para cumprir 30 anos de contribuição	Pedágio de 100% sobre o tempo que falta para cumprir 35 anos de contribuição

Merece também uma ilustração o conteúdo do inciso IV quanto aos professores: imagine-se uma professora do RGPS que, até a data de entrada em vigor desta Emenda Constitucional, contava com 23 anos de tempo de efetivo e exclusivo no exercício das funções de magistério na educação infantil e no ensino fundamental e médio, embora já tivesse a idade mínima de 52 anos. Para aposentar-se voluntariamente por esta regra de transição, ela terá de trabalhar os 2 (dois) anos que faltavam para completar os 25 anos minimamente exigíveis e, além disso, pagar um pedágio – cumprir um período adicional de contribuição, de mais 2 (dois) anos de tempo de efetivo e exclusivo exercício das funções de magistério na educação infantil e no ensino fundamental e médio. Somente assim ela se tornará aposentável segundo a regra contida neste § 1º do art. 20.

REGRA DE TRANSIÇÃO
§ 1º do ART. 20
COMUM PARA SERVIDORES PÚBLICOS EM CARGO EFETIVO E PARA SEGURADOS DO RGPS
REGRA PARA OS PROFESSORES
TRANSIÇÃO COM IDADE MÍNIMA, TEMPO DE CONTRIBUIÇÃO MÍNIMO E PEDÁGIO DE 100%

BENEFICIÁRIO:
Tanto o professor servidor público federal que tenha ingressado no serviço público em cargo efetivo até a data de entrada em vigor desta Emenda Constitucional, quanto o professor segurado que se tenha filiado ao RGPS até a data de entrada em vigor desta Emenda Constitucional. Em qualquer situação o professor deverá ter comprovar exclusivamente tempo de efetivo exercício das funções de magistério na educação infantil e no ensino fundamental e médio.

REQUISITOS CUMULATIVOS:	MULHER	HOMEM
IDADE MÍNIMA:	52 anos	55 anos
TEMPO MÍNIMO DE CONTRIBUIÇÃO:	25 anos	30 anos

TEMPO DE EFETIVO EXERCÍCIO NO SERVIÇO PÚBLICO, requisito exclusivo para servidor público:	20 anos	20 anos
TEMPO NO CARGO EFETIVO EM QUE SE DER A APOSENTADORIA, requisito exclusivo para servidor público:	5 anos	5 anos
PEDÁGIO DE 100%		Pedágio de 100% sobre o tempo que falta para cumprir 25 anos de contribuição, para mulheres, e 30 anos de contribuição, para homens.

§ 2º O valor das aposentadorias concedidas nos termos do disposto neste artigo corresponderá:

I – em relação ao servidor público que tenha ingressado no serviço público em cargo efetivo até 31 de dezembro de 2003 e que não tenha feito a opção de que trata o § 16 do art. 40 da Constituição Federal, à totalidade da remuneração no cargo efetivo em que se der a aposentadoria, observado o disposto no § 8º do art. 4º; e

O inciso I cuida da chamada *regra da integralidade*, que é destinada ao servidor público que tenha ingressado no serviço público em cargo efetivo até 31 de dezembro de 2003 (data da publicação da EC n. 41/2003) e que não tenha feito a opção de que trata o § 16 do art. 40 da Constituição Federal, observado o disposto no § 8º do art. 4º desta Emenda Constitucional que diz o seguinte:

Art. 4º
[...]
*§ 8º Considera-se remuneração do servidor público no cargo efetivo, para fins de cálculo dos proventos de aposentadoria que tenham fundamento no disposto no inciso I do § 6º ou no **inciso I do § 2º do art. 20**, o valor constituído pelo subsídio, pelo vencimento e pelas vantagens pecuniárias permanentes do cargo, estabelecidos em lei, acrescidos dos adicionais de caráter individual e das vantagens pessoais permanentes, observados os seguintes critérios:*
I – se o cargo estiver sujeito a variações na carga horária, o valor das rubricas que refletem essa variação integrará o cálculo do valor da remuneração do servidor público no cargo efetivo em que se deu a aposentadoria e considerará a média aritmética simples dessa carga horária proporcional ao número de anos completos de recebimento e contribuição, contínuos ou intercalados, em relação ao tempo total exigido para a aposentadoria;
II – se as vantagens pecuniárias permanentes forem variáveis, por estarem vinculadas a indicadores de desempenho, produtividade ou situação similar, o valor destas vantagens integrará o cálculo da remuneração do servidor público no cargo efetivo, estabelecido pela média aritmética simples do indicador, proporcional ao número de anos completos

de recebimento e contribuição, contínuos ou intercalados, em relação ao tempo total exigido para a aposentadoria ou ao tempo total de instituição da vantagem, que será aplicada sobre o valor atual de referência das vantagens pecuniárias permanentes variáveis.

O § 8º do art. 4º desta Emenda Constitucional define o que seja *"remuneração do servidor público no cargo efetivo"* para fins de cálculo dos proventos de servidor público em cargo efetivo cuja aposentadoria tiver sido concedida nos termos dispostos no inciso I do § 6º deste artigo ou conforme o inciso I do § 2º do art. 20 desta Emenda Constitucional. Pois bem. A referida remuneração é *"o valor constituído pelo subsídio, pelo vencimento e pelas vantagens pecuniárias permanentes do cargo, estabelecidos em lei, acrescidos dos adicionais de caráter individual e das vantagens pessoais permanentes"*. Quanto aos critérios, cabe anotar que, diante de variações na carga horária, a remuneração será o resultado da "média aritmética simples dessa carga horária proporcional ao número de anos completos de recebimento e contribuição, contínuos ou intercalados, em relação ao tempo total exigido para a aposentadoria".

Raciocínio semelhante ao da variação da carga horária há de ser aplicado, conforme o inciso II, se a situação envolver "vantagens pecuniárias permanentes", porém variáveis (com valores oscilantes de mês a mês). Nesse caso, esses complementos irão se integrar ao cáclulo da remuneração do servidor pela sua média aritmética simples, considerada a proporcionalidade entre o número de anos completos de recebimento e a contribuição.

II – em relação aos demais servidores públicos e aos segurados do Regime Geral de Previdência Social, ao valor apurado na forma da lei.

A renda mensal da aposentadoria prevista neste dispositivo será de 100% (cem por cento) da média aritmética definida na forma do *caput* do art. 26 e do seu § 1º. A regra contida no inciso I do § 3º do precitado art. 26 é clara ao enunciar essa particularidade.

§ 3º O valor das aposentadorias concedidas nos termos do disposto neste artigo não será inferior ao valor a que se refere o § 2º do art. 201 da Constituição Federal e será reajustado:

Conforme se disse no momento em que se comentou o §7º do art. 4º, reafirma-se aqui que o § 3º do art. 20 desta Emenda Constitucional traz em si uma das regras de ouro da previdência social, aquela segundo a qual os benefícios que substituem o salário – e a aposentadoria é o mais importante deles – não são inferiores ao valor do salário mínimo. O § 2º do art. 201 do texto constitucional é claro nesse sentido:

Art. 201 [...]

§ 2º Nenhum benefício que substitua o salário de contribuição ou o rendimento do trabalho do segurado terá valor mensal inferior ao salário mínimo.

O dispositivo, entretanto, oferece balizas definidoras da sistemática de reajustamento com vista à manutenção da irredutibilidade real dos benefícios previdenciários. É o que se vê nos incisos a seguir expendidos.

I – de acordo com o disposto no art. 7º da Emenda Constitucional n. 41, de 19 de dezembro de 2003, se cumpridos os requisitos previstos no inciso I do § 2º;

O reajustamento será feito de acordo com a **regra da paridade** disposta no art. 7º da Emenda Constitucional n. 41/2003, segundo o qual os benefícios "serão revistos na mesma proporção e na mesma data, sempre que se modificar a remuneração dos servidores em atividade", se a aposentadoria tiver sido concedida nos termos do disposto no inciso I do § 2º, ou seja, se tiver sido concedida com *integralidade* ao servidor público que tenha ingressado no serviço público em cargo efetivo *até* 31 de dezembro de 2003, tirante esse dia (data da publicação da EC n. 41/2003) e que não tenha feito a opção de que trata o § 16 do art. 40 da Constituição Federal.

II – nos termos estabelecidos para o Regime Geral de Previdência Social, na hipótese prevista no inciso II do § 2º.

O reajustamento será feito **sem paridade**, ou seja, sem a revisão na mesma proporção e na mesma data, sempre que se modificar a remuneração dos servidores em atividade, para o servidor público que tenha ingressado no serviço público em cargo efetivo **depois de** 31 de dezembro de 2003, inclusive esse dia (data da publicação da EC n. 41/2003).

§ 4º Aplicam-se às aposentadorias dos servidores dos Estados, do Distrito Federal e dos Municípios as normas constitucionais e infraconstitucionais anteriores à data de entrada em vigor desta Emenda Constitucional, enquanto não promovidas alterações na legislação interna relacionada ao respectivo regime próprio de previdência social.

O dispositivo aqui em exame cria uma disposição transitória para reger a aposentadoria dos servidores dos Estados, do Distrito Federal e dos Municípios, enquanto não promovidas as alterações na legislação interna relacionada ao seu respectivo regime próprio de previdência social. Até que esses ajustes ou alterações sejam realizados, serão aplicadas as normas constitucionais e infraconstitucionais anteriores à data de entrada em vigor desta Emenda Constitucional.

ART. 21

Art. 21. O segurado ou o servidor público federal que se tenha filiado ao Regime Geral de Previdência Social ou ingressado no serviço público em cargo efetivo até a data de entrada em vigor desta Emenda Constitucional cujas atividades tenham sido exercidas com efetiva exposição a agentes químicos, físicos e biológicos prejudiciais à saúde, ou associação desses agentes, vedada a caracterização por categoria profissional ou ocupação, desde que cumpridos, no caso do servidor, o tempo mínimo de 20 (vinte) anos de efetivo exercício no serviço público e de 5 (cinco) anos no cargo efetivo em que for concedida a aposentadoria, na forma dos arts. 57 e 58 da Lei n. 8.213, de 24 de julho de 1991, poderão aposentar-se quando o total da soma resultante da sua idade e do tempo de contribuição e o tempo de efetiva exposição forem, respectivamente, de:

I – 66 (sessenta e seis) pontos e 15 (quinze) anos de efetiva exposição;

II – 76 (setenta e seis) pontos e 20 (vinte) anos de efetiva exposição; e

III – 86 (oitenta e seis) pontos e 25 (vinte e cinco) anos de efetiva exposição.

Apesar de evitar o nome "aposentadoria especial", o texto deste art. 21 oferece regra de transição que cuida exatamente desse benefício, e o faz em atenção (a) do segurado que se tenha filiado ao Regime Geral de Previdência Social até a data de entrada em vigor desta Emenda Constitucional ou (b) do servidor público federal que tenha ingressado no serviço público em cargo efetivo até a data de entrada em vigor desta Emenda Constitucional, desde que, quanto a este último, tenha tempo mínimo de 20 (vinte) anos de efetivo exercício no serviço público e de 5 (cinco) anos no cargo efetivo em que for concedida a aposentadoria.

A sistemática oferecida neste artigo vale para os beneficiários acima referidos ("a" ou "b") **cujas atividades tenham sido exercidas com efetiva exposição a agentes químicos, físicos e biológicos prejudiciais à saúde, ou associação desses agentes**, vedada, porém, a caracterização por categoria profissional ou ocupação.

TEMPO DE EXPOSIÇÃO AOS AGENTES:	15 ANOS	20 ANOS	25 ANOS
TEMPO DE CONTRIBUIÇÃO + IDADE (pontos)	66	76	86

Ressalte-se que se deixou bem claro que é **proibida** a caracterização de eventual nocividade por *categoria profissional* ou por *ocupação*. Assim, o texto da presente Emenda Constitucional – como também se vê nas regras permanentes – afasta pretensões de categorias profissionais ou de específicas ocupações de fruírem aposentadoria por idade e tempo de contribuição diferenciados pelo simples fato de realizarem essas determinadas atividades, como, no passado, ocorreu, por exemplo, com os aeronautas.

Os sujeitos acima identificados poderão aposentar-se nessa modalidade diferenciada quando o total da soma resultante da sua idade e do tempo de contribuição **e**, cumulativamente, o seu tempo de efetiva exposição forem, respectivamente, de:

I – 66 (sessenta e seis) pontos e 15 (quinze) anos de efetiva exposição;

II – 76 (setenta e seis) pontos e 20 (vinte) anos de efetiva exposição; e

III – 86 (oitenta e seis) pontos e 25 (vinte e cinco) anos de efetiva exposição.

Perceba-se que, apesar de o dispositivo não referir uma idade mínima para essa aposentadoria diferenciada, impõe, por via indireta, pelo sistema de pontuação, que um mineiro, em frente de produção, por exemplo, precise contar com uma idade mínima de 51 anos para, somando aos 15 anos de efetiva exposição, aposentar-se. Veja-se:

51 anos + 15 anos de efetiva exposição = 66 pontos

No caso de o trabalhador submetido aos agentes nocivos por 15 anos ser um servidor público, ele terá, para aposentar-se, de cumprir os vinte anos de serviço público.

O segurado exposto a insalubridade que o leve a trabalhar 20 anos sujeito à efetiva exposição, o que se via, ilustrativamente, com os trabalhadores envolvidos com amianto, precisarão de, minimamente, 56 anos de idade. Note-se:

56 anos + 20 anos de efetiva exposição = 76 pontos

Por fim, numa exigência indireta, o segurado submetido a insalubridade que lhe garanta aposentadoria diferenciada depois de 25 (vinte e cinco) anos de efetiva exposição, o que se vê, por exemplo, com os trabalhadores envolvidos com benzeno, terá de aposentar-se com a idade mínima de 61 anos. Observe-se:

61 anos + 25 anos de efetiva exposição = 86 pontos

A exigência, ainda que indireta, de uma idade mínima para a aposentadoria por efetiva exposição a agentes químicos, físicos e biológicos prejudiciais à saúde, ou associação desses agentes é um contrassenso por afrontar o direito fundamental a redução dos riscos inerentes ao trabalho. A eliminação da progressividade da pontução a partir de 2020, feita durante a passagem do texto pelo Senado, não foi suficiente para minorar a situação de quem vive a nocividade meio ambiental.

Como argumentar que um trabalhador não deveria submeter-se à imensa insalubridade existente no subsolo, em frentes de produção, se ele iniciou a sua vida laboral nesse mundo subterrâneo aos 21 anos, por exemplo?

Se alguém começa a trabalhar com 21 anos numa mina de subsolo, ele somente terá direito à aposentadoria diferenciada aqui em análise, segundo as regras postas, quando conseguir formar os exigidos 51 pontos, vale dizer, esse jovem trabalhador terá de amargar as nocivas condições de trabalho durante 30 anos para que, somente depois disso, ele possa vir a habilitar-se à aposentadoria.

Essa opção legislativa da Reforma da Previdência de 2019 produzirá efeitos deletérios ao empregador, cujos operários, sem poder aposentar-se depois de 15, 20 ou 25 anos de exposição, a depender do agente novico, terá de assumir muitas ações de indenização por danos materiais e morais decorrentes da formação de muitas doenças ocupacionais. Não fosse apenas isso, o governo terá de assumir custos adicionais com os serviços de saúde e hospitais públicos, pois trabalhadores submetidos a longo tempo a condições nocivas à saúde e que delas não podem se afastar mediante a aposentadoria decreto engrossarão as filas em busca do atendimento público de saúde. É, portanto, um equilíbrio difícil e, no sistema adotado pelo empregador, um equilíbrio cada vez mais distante. Poupa-se de um lado; gasta-se (e desgasta-se) de outro.

§ 1º A idade e o tempo de contribuição serão apurados em dias para o cálculo do somatório de pontos a que se refere o *caput*.

Embora o *caput* do art. 21, ora em análise, não trate de idade mínima, o § 1º deixa claro que ela é indiretamente exigível, motivo por que se oferece a "facilidade" de apurar-se "idade e o tempo de contribuição" – necessários à constatação da pontuação mínima exigida – mediante a soma de dias. Realmente, essa "vantagem" não colabora para a mudança do panorama há pouco referido.

REGRA DE TRANSIÇÃO
ART. 21, *CAPUT*

REGRA COMUM AOS SERVIDORES PÚBLICOS EM CARGO EFETIVO E AOS SEGURADOS DO RGPS

REGRA PARA TRABALHO COM EFETIVA EXPOSIÇÃO A AGENTES QUÍMICOS, FÍSICOS E BIOLÓGICOS PREJUDICIAIS À SAÚDE, OU ASSOCIAÇÃO DESSES AGENTES

TRANSIÇÃO COM IDADE MÍNIMA, TEMPO DE CONTRIBUIÇÃO MÍNIMO E PEDÁGIO DE 100%

BENEFICIÁRIO:
Tanto o servidor público federal que tenha ingressado no serviço público em cargo efetivo até a data de entrada em vigor desta Emenda Constitucional, quanto o segurado que se tenha filiado ao RGPS até a data de entrada em vigor desta Emenda Constitucional. Independentemente disso, o dispositivo visa ao trabalhador que atua em efetiva exposição a agentes químicos, físicos e biológicos prejudiciais à saúde, ou associação desses agentes.

REQUISITOS CUMULATIVOS:	MULHER	HOMEM
IDADE e TEMPO DE CONTRIBUIÇÃO EM SISTEMA DE PONTOS	I – 66 (sessenta e seis) pontos e 15 (quinze) anos de efetiva exposição;	
	II – 76 (setenta e seis) pontos e 20 (vinte) anos de efetiva exposição; e	
	III – 86 (oitenta e seis) pontos e 25 (vinte e cinco) anos de efetiva exposição.	
TEMPO DE EFETIVO EXERCÍCIO NO SERVIÇO PÚBLICO, requisito exclusivo para servidor público:	20 anos	20 anos
TEMPO NO CARGO EFETIVO EM QUE SE DER A APOSENTADORIA, requisito exclusivo para servidor público:	5 anos	5 anos

§ 2º O valor da aposentadoria de que trata este artigo será apurado na forma da lei.

Mais uma vez se repete: a renda mensal da aposentadoria concedida com base na regra de transição contida no presente artigo será apurada segundo uma sistemática que será ditada nos termos de legislação infraconstitucional.

Enquanto essa legislação não surge, aplica-se o disposto no art. 26 desta Emenda Constitucional. Veja-se:

Art. 26. Até que lei discipline o cálculo dos benefícios do regime próprio de previdência social da União e do Regime Geral de Previdência Social, será utilizada a média aritmética simples dos salários de contribuição e das remunerações adotados como base para contribuições a regime próprio de previdência social e ao Regime Geral de Previdência Social, ou como base para contribuições decorrentes das atividades militares de que tratam os arts. 42 e 142 da Constituição Federal, atualizados monetariamente, correspondentes a 100% (cem por cento) do período contributivo desde a competência julho de 1994 ou desde o início da contribuição, se posterior àquela competência.

§ 1º A média a que se refere o "caput" será limitada ao valor máximo do salário de contribuição do Regime Geral de Previdência Social para os segurados desse regime e para o servidor que ingressou no serviço público em cargo efetivo após a implantação do regime de previdência complementar ou que tenha exercido a opção correspondente, nos termos do disposto nos §§ 14 a 16 do art. 40 da Constituição Federal.

§ 2º O valor do benefício de aposentadoria corresponderá a 60% (sessenta por cento) da média aritmética definida na forma prevista no "caput" e no § 1º, com acréscimo de 2 (dois) pontos percentuais para cada ano de contribuição que exceder o tempo de 20 (vinte) anos de contribuição nos casos:

[...]

*IV – do § 2º do art. 19 e do **§ 2º do art. 21, ressalvado o disposto no § 5º deste artigo**.*

O art. 26 estabelece importantes regras transitórias, ou seja, regras que valem até que lei discipline de forma diversa. E o dispositivo em exame cuida do **cálculo dos benefícios** de ambos os regimes de previdência social – RPPS e RGPS – impondo a utilização da **média aritmética simples** dos salários de contribuição e das remunerações adotados como base para contribuições **correspondentes a 100% (cem por cento) do período contributivo desde julho de 1994**, quando a unidade do Sistema Monetário Nacional passa a ser o Real, ou desde o início da contribuição, se posterior àquela competência.

Apenas para deixar anotado um registro histórico, a sistemática antes vigente sinalizava no sentido de que a renda mensal do benefício seria apurada a partir da média aritmética simples dos maiores salários de contribuição correspondentes a 80% (oitenta por cento) de todo o período contributivo decorrido desde a competência julho de 1994. Antes disso, até o dia 28 de novembro de 1999, véspera da publicação da Lei n. 9.876, de 26 de novembro de 1999, o cálculo do valor inicial, segundo as regras até então vigentes, considerava como Período Básico de Cálculo (PBC) os últimos 36 (trinta e seis) salários de contribuição, apurados em período não superior a 48 (quarenta e oito) meses imediatamente anteriores àquela data.

Vê-se, portanto, que a sistemática foi sendo piorada ao longo do tempo e que, especialmente agora, não mais se permite desprezar os 20% menores salários de contribuição de todo o período contributivo.

A média apurável segundo a nova sistemática não mais levará em conta o mecanismo de descarte que diminuía os impactos dos altos e baixos retributivos da vida laboral do segurado. A média agora é feita com base em todo o período de contribuição.

A média apurada pela sistemática de cálculo prevista no *caput* do art. 26 será limitada ao valor máximo do salário de contribuição do Regime Geral de Previdência Social (ora, R$ 5.839,45) para (1) os **segurados deste regime** e para (2) **o servidor que ingressou no serviço público em cargo efetivo após a implantação do regime de previdência complementar ou que tenha exercido a opção correspondente, nos termos do disposto nos §§ 14 a 16 do art. 40 da Constituição Federal.**

A regra contida no § 2º do art. 26 dispõe que a renda mensal do benefício de aposentadoria corresponderá a **60% (sessenta por cento)** da média aritmética definida no *caput* e no § 1º com o acréscimo de **2% por cada ano de contribuição excedente do tempo de 20 (vinte anos) de contribuição** nos casos que a seguir serão analisados.

Assim, um segurado do Regime Geral da Previdência Social que completou 20 (vinte) anos de contribuição e que alcançou a média aritmética simples de R$5.000,00 (cinco mil reais) terá direito a aposentadoria com renda mensal de R$3.000,00 (três mil reais) porque esse valor corresponde a 60% da média apurada.

Esse mesmo segurado poderá aumentar essa renda mensal caso forme tempo de contribuição excedente em virtude do qual se atribuirá uma adição de 2% (dois por cento) por cada ano de contribuição.

Assim, se esse segurado tiver 25 anos de contribuição, ele ganhará um acréscimo de 10% (2% × 5 = 10%) sobre a renda mensal de sua aposentadoria. Desse modo, ele terá direito a aposentadoria com renda mensal de R$3.500,00 (três mil e quinhentos reais) porque esse valor corresponde a 70% da média apurada.

25 anos de contribuição: 60% (pelos 20 anos) + 2% x 5 excedentes = 70% da média.

Na mesma ordem de ideias:

30 anos de contribuição: 60% (pelos 20 anos) + 2% × 10 excedentes = 80% da média.

35 anos de contribuição: 60% (pelos 20 anos) + 2% × 15 excedentes = 90% da média.

40 anos de contribuição: 60% (pelos 20 anos) + 2% × 20 excedentes = 100% da média

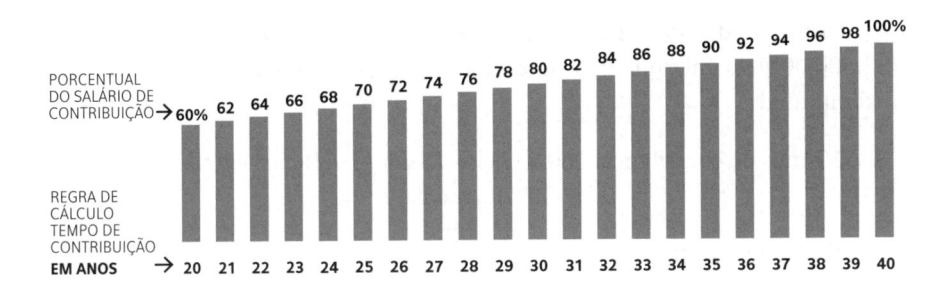

Art. 21 A análise detalhada da Reforma da Previdência de 2019 | 191

PORCENTUAL DO SALÁRIO DE CONTRIBUIÇÃO	60%	62	64	66	68	70	72	74	76	78	80	82	84	86	88	90	92	94	96	98	100%
REGRA DE CÁLCULO TEMPO DE CONTRIBUIÇÃO EM ANOS		20	21	22	23	24	25	26	27	28	29	30	31	32	33	34	35	36	37	38	39	40

O § 5º, entretanto, abranda a regra constante do *caput* do art. 26 e do seu § 2º em favor de determinados segurados. Esses privilegiados, que **poderão contar 2% a mais a cada ano que exceder o marco de 15 (quinze) anos de contribuição**, são justamente os seguintes:

a) aquele de que trata a alínea *a* do inciso I, do § 1º do art. 19 desta Emenda, ou seja, **os segurados que comprovem o exercício de atividades com efetiva exposição a agentes**, quando se tratar de atividade especial de 15 (quinze) anos de contribuição (minas de subsolo nas frentes de produção);

b) aquele de que trata o inciso I do art. 21 desta Emenda, ou seja, o segurado do Regime Geral de Previdência Social e o servidor público federal que tenham se filiado ao Regime Geral de Previdência Social ou ingressado no serviço público em cargo efetivo até a data de entrada em vigor desta Emenda Constitucional e que possa aposentar-se voluntariamente quando preencher, cumulativamente, cinquenta e sete anos de idade, se mulher, e sessenta anos de idade, se homem;

c) as mulheres filiadas ao Regime Geral de Previdência Social. Basta, portanto, ser segurada do RGPS para valer-se da vantagem aqui apresentada.

Assim, qualquer um dos referidos segurados, que completou 15 (quinze) anos de contribuição e que alcançou a média aritmética simples de R$5.000,00 (cinco mil reais), terá direito a aposentadoria com renda mensal de R$3.000,00 (três mil reais) porque esse valor corresponde a 60% da média apurada.

Esses mesmos segurados poderão aumentar essa renda mensal caso formem tempo de contribuição excedente em virtude do qual se atribuirá uma adição de 2% (dois por cento) por cada ano de contribuição.

Assim, se algum desses segurados tiver 20 anos de contribuição, ele ganhará um acréscimo de 10% (2% × 5 = 10%) sobre a renda mensal de sua aposentadoria.

Desse modo, ele terá direito a aposentadoria com renda mensal de R$3.500,00 (três mil e quinhentos reais) porque esse valor corresponde a 70% da média apurada.

20 anos de contribuição: 60% (pelos 15 anos) + 2% × 5 excedentes = 70% da média.

Na mesma ordem de ideias:

25 anos de contribuição: 60% (pelos 15 anos) + 2% × 10 excedentes = 80% da média.
30 anos de contribuição: 60% (pelos 15 anos) + 2% × 15 excedentes = 90% da média.
35 anos de contribuição: 60% (pelos 15 anos) + 2% × 20 excedentes = 100% da média.

§ 3º Aplicam-se às aposentadorias dos servidores dos Estados, do Distrito Federal e dos Municípios cujas atividades sejam exercidas com efetiva exposição a agentes químicos, físicos e biológicos prejudiciais à saúde, ou associação desses agentes, vedada a caracterização por categoria profissional ou ocupação, na forma do § 4º-C do art. 40 da Constituição Federal, as normas constitucionais e infraconstitucionais anteriores à data de entrada em vigor desta Emenda Constitucional, enquanto não promovidas alterações na legislação interna relacionada ao respectivo regime próprio de previdência social.

O dispositivo aqui em exame cria uma disposição transitória para reger a aposentadoria dos servidores dos Estados, do Distrito Federal e dos Municípios cujas atividades sejam exercidas com efetiva exposição a agentes químicos, físicos e biológicos prejudiciais à saúde, ou associação desses agentes, enquanto não promovidas as alterações na legislação interna relacionada ao seu respectivo regime próprio de previdência social. Até que esses ajustes ou alterações sejam realizadas, serão aplicadas as normas constitucionais e infraconstitucionais anteriores à data de entrada em vigor desta Emenda Constitucional.

ART. 22

Art. 22. Até que lei discipline o § 4º-A do art. 40 e o inciso I do § 1º do art. 201 da Constituição Federal, a aposentadoria da pessoa com deficiência segurada do Regime Geral de Previdência Social ou do servidor público federal com deficiência vinculado a regime próprio de previdência social, desde que cumpridos, no caso do servidor, o tempo mínimo de 10 (dez) anos de efetivo exercício no serviço público e de 5 (cinco) anos no cargo efetivo em que for concedida a aposentadoria, será concedida na forma da Lei Complementar n. 142, de 8 de maio de 2013, inclusive quanto aos critérios de cálculo dos benefícios.

O art. 22 da Emenda Constitucional ora em exame é uma disposição transitória aplicada até que lei discipline o conteúdo do § 4º-A do art. 40 e o inciso I do § 1º do art. 201 da Constituição Federal, ambos relacionados à aposentadoria das pessoas com deficiência. Assim, até que surja a referida lei, a aposentadoria da pessoa com deficiência segurada do Regime Geral de Previdência Social (RGPS) ou do servidor público federal com deficiência vinculado a regime próprio de previdência social (RPPS) será concedida na forma da Lei Complementar n. 142, de 8 de maio de 2013, inclusive quanto aos critérios de cálculo dos benefícios. Isso, entretanto, somente ocorrerá no caso do servidor público federal com deficiência, se cumpridos o tempo mínimo de 10 (dez) anos de efetivo exercício no serviço público e de 5 (cinco) anos no cargo efetivo em que for concedida a aposentadoria.

Parágrafo único. Aplicam-se às aposentadorias dos servidores com deficiência dos Estados, do Distrito Federal e dos Municípios as normas constitucionais e infraconstitucionais anteriores à data de entrada em vigor desta Emenda Constitucional, enquanto não promovidas alterações na legislação interna relacionada ao respectivo regime próprio de previdência social.

Em mais uma disposição transitória, o parágrafo único do art. 22 deixa claro que, enquanto não promovidas alterações na legislação interna relacionada ao respectivo regime próprio de previdência social, serão aplicadas às aposentadorias dos servidores com deficiência dos Estados, do Distrito Federal e dos Municípios as normas constitucionais e infraconstitucionais anteriores à data de entrada em vigor desta Emenda Constitucional.

ART. 23

Art. 23. A pensão por morte concedida a dependente de segurado do Regime Geral de Previdência Social ou de servidor público federal será equivalente a uma cota familiar de 50% (cinquenta por cento) do valor da aposentadoria recebida pelo segurado ou servidor ou daquela a que teria direito se fosse aposentado por incapacidade permanente na data do óbito, acrescida de cotas de 10 (dez) pontos percentuais por dependente, até o máximo de 100% (cem por cento).

O art. 23 da Emenda Constitucional ora em exame cuida, nos mesmos termos, do sistema de concessão da pensão por morte tanto no âmbito do Regime Geral de Previdência Social quanto na seara dos regimes próprios de previdência social. O tratamento é exatamente o mesmo. A inspiração para a construção dessa regra, entretanto, veio do art. 37 da já revogada Lei Orgânica da Previdência Social (LOPS) – Lei n. 3.807, de 26 de agosto de 1960, segundo o qual:

> *Art. 37. A importância da pensão devida ao conjunto dos dependentes do segurado será constituída de uma parcela familiar, igual a 50% (cinquenta por cento) do valor da aposentadoria que o segurado percebia ou daquela a que teria direito se na data do seu falecimento fosse aposentado, e mais tantas parcelas iguais, cada uma, a 10% (dez por cento) do valor da mesma aposentadoria quantos forem os dependentes do segurado, até o máximo de 5 (cinco)* – **norma revogada**

Restaurado o sistema, aqui também o dependente previdenciário terá direito a pensão por morte equivalente a uma "**cota familiar**" de 50% do valor da aposentadoria recebida pelo segurado ou servidor (se no momento do óbito ele já estiver aposentado) ou daquela a que ele teria direito se fosse aposentado por incapacidade permanente na data do óbito.

Esse valor de 50% será acrescido de **cotas individuais** de 10 (dez) pontos percentuais por dependente, até o máximo de 100% (cem por cento).

Assim, por exemplo, caso o falecido deixe viúvia e quatro filhos menores, o valor total da pensão por morte será de 90% (50% + 10% + 10% + 10% + 10% = 90%) (a) sobre o valor da aposentadoria que em vida era recebida pelo *de cujus* ou (b) sobre o valor da aposentadoria por incapacidade permanente (antes intitulada aposentadoria por invalidez) se o segurado faleceu ainda em atividade.

	Cota familiar de 50%
	+
	10% por dependente
	Até limite de 100%

Nunca será demasiada a lembrança da sistemática de cálculo da aposentadoria por incapacidade permanente:

Em regra, 60% da **média aritmética simples** dos salários de contribuição e das remunerações adotados como base para contribuições **correspondentes a 100% (cem por cento) do período contributivo desde julho de 1994**, com acréscimo de 2% para cada ano de contribuição que exceder o tempo de 20 anos de contribuição.

Por exceção, conforme § 3º do art. 26 desta Emenda Constitucional, o valor do benefício de aposentadoria por incapacidade permanente corresponderá a 100% (cem por cento) da média aritmética, quando a incapacidade decorrer de acidente de trabalho, de doença profissional e de doença do trabalho, ou seja, quando decorrer de causas ocupacionais. Uma segunda exceção é visível no § 2º do artigo aqui em análise.

Se o segurado falecido deixou viúva e seis filhos, por exemplo, somente conseguirá somar 50% + (5 × 10%), porque esse resultado alcançará a dimensão máxima prevista em lei (que é de 100%), ficando um dos dependentes (no caso do exemplo, o sexto dependente) sem cota a ele correspondente. Não há falar-se, na ilustração posta, em renda mensal de 110% sobre a referida base de cálculo.

Na intenção de expressar valores, cabe utilizar uma ilustração.

Imagine-se um servidor público em atividade e com 20 (vinte) anos de contribuição. Suponha-se que sua remuneração média seja R$10.000,00 e que ele seja casado e que tenha dois filhos menores. Pois bem. Caso ele venha a falecer por **causas não ocupacionais** sob a vigência desta Emenda Constitucional, os seus dependentes previdenciários serão destinatários de pensão por morte em que valor?

Para responder a essa questão, deve-se, inicialmente, identificar a base de cálculo, algo semelhante ao salário de benefício. Como, no exemplo, o segurado faleceu por causas não ocupacionais, cabe a utilização da sistemática ordinária de cálculo para a apuração de aposentadoria por incapacidade permanente, segundo a qual há de considerar-se **60% da média aritmética simples** dos salários de contribuição e das remunerações adotados como base para contribuições **correspondentes a 100% (cem por cento) do período contributivo desde julho de 1994**, com acréscimo de 2% para cada ano de contribuição que exceder o tempo de 20 anos de contribuição.

Dessa forma, se 100% do período contributivo representava uma média aritmética de R$10.000,00, deve-se aplicar, no caso sob análise, a base de 60% dessa média mais 2% para cada ano de contribuição que excedesse o tempo de 20 anos de contribuição. Como o servidor do exemplo não tinha mais do que 20 anos de contribuição, a sua base não superará os 60%. A renda mensal do benefício de aposentadoria por incapacidade permanente, portanto, teria a dimensão de R$6.000,00.

Assim, se a base de cálculo da pensão por morte coincide com o valor da aposentadoria por incapacidade permanente que o segurado em atividade receberia, pode-se dizer que esse valor corresponde, no exemplo, a R$6.000,00.

Constatada a base de cálculo, parte-se, então, para a identificação da renda mensal do benefício da pensão por morte. No caso em análise, o cálculo considerará a soma da base mínima de 50% acrescida de 10% por cada dependente adicional.

Como os dependentes previdenciários do falecido servidor são unicamente a viúva e dois filhos menores, o cálculo considerará a base mínima de 50% + duas cotas de 10%, uma por cada filho menor. Assim: 50% + 10% + 10% = 70%.

O valor da pensão por morte, no caso sob análise, será, portanto, de 70% sobre a base de cálculo, de R$6.000,00, ou seja, a pensão por morte será de R$4.200,00, a ser dividido, em partes iguais, entre os três dependentes previdenciários, ou seja, R$1.400,00 para cada dependente.

Evidentemente, as rendas mensais de pensão por morte poderão ter valores diferentes, e até mesmo mais elevados, a depender dos montantes apurados no cálculo que definirá o valor referencial inicial do benefício. Assim, como já se antedisse, conforme § 3º do art. 26 desta Emenda Constitucional, o valor do benefício de aposentadoria por incapacidade permanente corresponderá a 100% (cem por cento) da média aritmética, quando a incapacidade decorrer de acidente de trabalho, de doença profissional e de doença do trabalho, ou seja, quando decorrer de causas ocupacionais.

§ 1º As cotas por dependente cessarão com a perda dessa qualidade e não serão reversíveis aos demais dependentes, preservado o valor de 100% (cem por cento) da pensão por morte quando o número de dependentes remanescente for igual ou superior a 5 (cinco).

Diferentemente da sistemática que antes vigia, as cotas cessarão automaticamente com a perda da qualidade de qualquer um dos dependentes, **e não serão reversíveis para os remanescentes.**

Assim, com base no exemplo oferecido durante a análise do *caput* do art. 23, a maioridade previdenciária de qualquer um dos dependentes fará desaparecer uma das cotas individuais até que sobre um único dependente com a "cota familiar" em seu poder.

Ilustrativamente, imagine-se que na família referida nos comentários ao *caput* deste art. 23, um dos filhos faça 21 anos e deixe de ser dependente previdenciário. Nesse caso, a pensão perderá uma conta individual de 10%. O cálculo, então, será feito com 60% sobre a base, e não mais com 70%.

Se, mais adiante, a viúva vier a falecer, será perdida mais uma cota de 10% e o filho remanescente ficará com a "cota familiar" de 50%.

A perda das cotas individuais, evidentemente, não acontecerá se, numa família composta pela viúva e mais cinco filhos, um desses filhos alcançar a maioridade previdenciária (21 anos). Nesse caso, como diz a norma, será "preservado o valor de 100% (cem por cento) da pensão por morte quando o número de dependentes remanescentes for igual ou superior a 5 (cinco)". A perda somente será sensível a partir das demais situações de cessação das qualidades de dependente.

§ 2º Na hipótese de existir dependente inválido ou com deficiência intelectual, mental ou grave, o valor da pensão por morte de que trata o *caput* será equivalente a:

I – 100% (cem por cento) da aposentadoria recebida pelo segurado ou servidor ou daquela a que teria direito se fosse aposentado por incapacidade permanente na data do óbito, até o limite máximo de benefícios do Regime Geral de Previdência Social; e

II – uma cota familiar de 50% (cinquenta por cento) acrescida de cotas de 10 (dez) pontos percentuais por dependente, até o máximo de 100% (cem) por cento, para o valor que supere o limite máximo de benefícios do Regime Geral de Previdência Social.

Caso um dos dependentes seja "inválido ou com deficiência intelectual, mental ou grave" – **e basta que apenas um dos dependentes tenha essa condição especial** – o valor da pensão por morte será:

I – nas situações em que o benefício **não supere** o limite máximo de benefícios do Regime Geral da Previdência Social, equivalente a 100% (cem por cento) da aposentadoria recebida pelo segurado ou servidor ou a 100% (cem por cento) da "aposentadoria por incapacidade permanente" (aposentadoria por invalidez) a que teria direito na data do óbito.

Assim, por exemplo, se a aposentadoria do falecido, segurado ou servidor, era de R$ 3.000,00 (três mil reais) ou se esse seria o montante correspondente a 100% do valor da aposentadoria por incapacidade permanente que lhe seria devida se vivo estivesse, a renda mensal da pensão por morte, quando um dos dependentes for inválido ou com deficiência intelectual, mental ou grave, corresponderá exatamente a esses R$ 3.000,00 (três mil reais).

II – nas situações em que o benefício **supere** o limite máximo de benefícios do Regime Geral da Previdência Social (o que somente se cogitará diante de servidor público do RPPS), equivalente ao próprio limite máximo de benefícios do Regime Geral da Previdência Social (ora, R$ 5.839,45) acrescido, no que sobejar esse limite, de uma cota familiar de 50% (cinquenta por cento) + cotas de 10 (dez) pontos percentuais por dependente, até o máximo de 100% (cem por cento).

Assim, por exemplo, se a aposentadoria do falecido, segurado ou servidor, era de R$ 10.000,00 (dez mil reais) ou se esse seria o montante correspondente a

100% do valor da aposentadoria por incapacidade permanente que lhe seria devida se vivo estivesse, a renda mensal da pensão por morte, **quando um dos dependentes for inválido ou com deficiência intelectual, mental ou grave**, corresponderá à soma do teto de benefícios do Regime Geral da Previdência Social (ora, R$5.839,45) + os componentes formativos da própria pensão por morte, vale dizer, uma cota familiar de 50% (cinquenta por cento) acrescida de cotas de 10 % (dez por cento) por dependente, até o máximo dos referidos R$10.000,00 (dez mil reais).

Para ficar ainda mais claro, considere que o servidor (RPPS) deixou viúva e três filhos, um dos quais inválido ou com deficiência intelectual, mental ou grave. Partindo do pressuposto de que a base de cálculo seria R$10.000,00 (dez mil reais), a pensão teria a seguinte composição:

R$5.839.45 + 50% (cota familiar) + 10% (viúva) +
10% (dep. 1) + 10% (dep. 2) + 10% (dep. 3)
ou seja
R$5.839,45 (teto) + 80% (do que sobejar o teto previdenciário)
vale dizer
R$5.839,45 + R$4.160,55 = R$9.167,89

Note-se que a base de cálculo dos demais dependentes observa a regra disposta no art. 26 desta Emenda Constitucional.

No mais, a sistemática aplicável ao "inválido ou com deficiência intelectual, mental ou grave" é a mesma aplicável aos outros dependentes: uma cota familiar de 50% (cinquenta por cento) acrescida de cotas de 10 (dez) pontos percentuais por dependente, até o máximo de 100% (cem por cento).

§ 3º Quando não houver mais dependente inválido ou com deficiência intelectual, mental ou grave, o valor da pensão será recalculado na forma do disposto no *caput* e no § 1º.

Desaparecendo o dependente "inválido ou com deficiência intelectual, mental ou grave", e por conta do fato de que o tratamento diferenciado somente era aplicável em decorrência de sua presença entre os dependentes, o valor da pensão por morte será recalculado segundo as regras ordinárias previstas no *caput* do art. 23 e no seu § 1º. Isso poderá produzir uma redução do valor da pensão por morte em relação aos dependentes remanescentes e, talvez, discussão jurídica sobre a violação do princípio da irredutibilidade dos benefícios previdenciários, conforme disposição constitucional originária prevista no inciso IV do parágrafo único do art. 194 do texto fundamental.

> § 4º O tempo de duração da pensão por morte e das cotas individuais por dependente até a perda desta qualidade, o rol de dependentes e a sua qualificação e as condições necessárias para enquadramento serão aqueles estabelecidos na Lei n. 8.213, de 24 de julho de 1991.

Em mais uma disposição que remete detalhes de tema previdenciário para o âmbito infraconstitucional, a Emenda Constitucional ora em discussão dirige para a Lei de Benefícios os seguintes pontos:

a) tempo de duração da pensão por morte;
b) tempo de duração das cotas individuais por dependente até a perda desta qualidade;
c) rol de dependentes;
d) qualificação dos dependentes;
e) condições necessárias para o enquadramento dos dependentes.

Note-se que a reserva das mencionadas temáticas ao âmbito infraconstitucional cria também um dever de legislar em relação às referidas matérias com vista ao oferecimento de eficácia efetivadora. Enquanto nova legislação não foi criada para tratar dessas temáticas, mantém-se as disposições contidas nas normas que atualmente disciplinam os assuntos, vale dizer, a Lei n. 8.213/91 no âmbito do RGPS e a Lei n. 8.112/90 no âmbito do RPPS federal.

> § 5º Para o dependente inválido ou com deficiência intelectual, mental ou grave, sua condição **pode ser** reconhecida previamente ao óbito do segurado, por meio de avaliação biopsicossocial realizada por equipe multiprofissional e interdisciplinar, observada revisão periódica na forma da legislação.

O texto normativo ora em exame prevê, como elemento facilitador e orientador, que a condição de deficiente "pode ser reconhecida previamente". Ora, ao dizer "pode ser", o legislador quis deixar claro que estaria a oferecer uma faculdade para o instituidor da pensão ainda em vida. Esse reconhecimento prévio não é, portanto, uma obrigação jurídica, mas uma medida de prevenção. Nesse caso, se o instituidor quiser, ele poderá reconhecer a condição de deficiente de um dos seus dependentes previamente ao seu óbito, por meio de avaliação biopsicossocial realizada por equipe multiprofissional e interdisciplinar, observada revisão periódica na forma da legislação.

A revisão, que será disciplinada por legislação infraconstitucional, tem o propósito de manter sempre pronta a regular certificação da condição de deficiente, que não perderá tempo com burocracias no momento em que advier o óbito do segurado.

§ 6º Equiparam-se a filho, para fins de recebimento da pensão por morte, exclusivamente o enteado e o menor tutelado, desde que comprovada a dependência econômica.

O § 6º uniformizou, tanto no âmbito do Regime Geral de Previdência Social quanto na seara do regime próprio federal, quem seriam os **equiparados a filho**. Na clara dicção da norma aqui em exame, **somente se equiparam a filho, para fins de recebimento da pensão por morte** (e é bom notar que a norma restringiu o efeito à pensão por morte, nada dispondo sobre auxílio-reclusão), **exclusivamente, o enteado e o menor tutelado**, e, ainda assim, desde que comprove, nos moldes do ora vigente § 3º do art. 22 do Decreto n. 3.048/99, a sua dependência econômica.

Note-se que a norma deixa o pupilo (aquele que está sob guarda) definitivamente fora do rol dos equiparados a filho, não mais pairando dúvidas sobre a inaplicabilidade nos tempos de hoje da regra contida no § 3º do art. 33 do Estatuto da Criança e do Adolescente.

De todo modo, cabe atentar que a condição de dependente previdenciário é dada no momento em que ocorre o óbito do segurado. Assim sendo, é possível encontrar na sociedade, em decorrência de direito adquirido, pupilos como dependentes previdenciários por conta da lei vigente na época da morte do instituidor.

§ 7º As regras sobre pensão previstas neste artigo e na legislação vigente na data de entrada em vigor desta Emenda Constitucional poderão ser alteradas na forma da lei para o Regime Geral de Previdência Social e para o regime próprio de previdência social da União.

O § 7º deste art. 23 deixa clara a sua condição de disposição transitória na medida em que prevê que as regras sobre pensão nele previstas, e na legislação vigente na data de entrada em vigor desta Emenda Constitucional, **poderão ser alteradas** na forma da lei, para o Regime Geral de Previdência Social, e, na forma do § 7º do art. 40 da Constituição Federal, para o regime próprio de previdência social da União.

§ 8º Aplicam-se às pensões concedidas aos dependentes de servidores dos Estados, do Distrito Federal e dos Municípios as normas constitucionais e infraconstitucionais anteriores à data de entrada em vigor desta Emenda Constitucional, enquanto não promovidas alterações na legislação interna relacionada ao respectivo regime próprio de previdência social.

O dispositivo aqui em exame cria uma disposição transitória para reger a aposentadoria dos servidores dos Estados, do Distrito Federal e dos Municípios, enquanto não promovidas as alterações na legislação interna relacionada ao seu respectivo regime próprio de previdência social. Até que esses ajustes ou alterações sejam realizados, serão aplicadas as normas constitucionais e infraconstitucionais anteriores à data de entrada em vigor desta Emenda Constitucional.

ART. 24

==Art. 24. É vedada a acumulação de mais de uma pensão por morte deixada por cônjuge ou companheiro, no âmbito do mesmo regime de previdência social, ressalvadas as pensões do mesmo instituidor decorrentes do exercício de cargos acumuláveis na forma do art. 37 da Constituição Federal.==

O art. 24 da presente Emenda Constitucional proíbe, em princípio, como uma **regra geral**, a acumulação de mais de uma pensão por morte deixada por cônjuge ou companheiro, **no âmbito do mesmo regime de previdência social**, mas nada impede que sejam cumuladas pensões por morte deixadas por cônjuge ou companheiro em regimes previdenciários diversos, conforme, aliás, expressamente reconhece no inciso I do § 1º que a seguir será analisado.

Assim, nada impede que uma viúva acumule pensões por morte deixadas pelo seu falecido marido, que, por exemplo, atuara como professor no serviço público federal (RPPS federal) e como advogado no âmbito privado (RGPS), mas isso será feito com as limitações impostas pelo § 2º do artigo ora em exame.

Igualmente, cabe atentar que o dispositivo veda apenas a acumulação de mais de uma pensão por morte "deixada por cônjuge ou companheiro" no âmbito do mesmo regime de previdência social. Não há vedações, por ausência de referência expressa, à acumulação de mais de uma pensão por morte, quando uma tenha sido deixada por cônjuge ou companheiro e outra por um falecido filho, por exemplo.

O dispositivo ora em exame ressalva, porém, uma situação em que é possível a acumulação de mais de uma pensão por morte deixada por cônjuge ou companheiro, no âmbito do mesmo regime de previdência social. Trata-se, portanto, de uma **exceção à regra geral**. A ressalva diz respeito às pensões do mesmo instituidor decorrentes do exercício de cargos acumuláveis na forma do art. 37 da Constituição Federal.

Um exemplo ajudará a entender: imagine-se que um juiz federal é também, ao mesmo tempo, professor de uma universidade federal. Ele, portanto, cumula licitamente dois cargos públicos, um na esfera do Judiciário e outro no âmbito do Executivo. Caso o referido juiz federal e magistrado venha a falecer, ele deixará duas pensões por morte no âmbito do mesmo regime de previdência social, mas essas pensões estarão sujeitas aos limitadores contidos no § 2º do artigo aqui em análise.

§ 1º Será admitida, nos termos do § 2º, a acumulação de:

O § 1º admite as acumulações nele previstas, mas deixa claro que essas acumulações somente se darão nos termos e nos limites do § 2º, que a seguir será analisado, ou seja, com a percepção do valor integral do benefício mais vantajoso e de [apenas] uma parte de cada um dos demais benefícios.

I – pensão por morte deixada por cônjuge ou companheiro de um regime de previdência social com pensão por morte concedida por outro regime de previdência social ou com pensões decorrentes das atividades militares de que tratam os arts. 42 e 142 da Constituição Federal; ou

Entre as situações de acumulação admitidas, o inciso I do § 1º prevê a soma de pensão por morte deixada por cônjuge ou companheiro de um regime de previdência social com pensão por morte concedida por outro regime de previdência social (**pensão do RPPS + pensão do RGPS**, por exemplo) ou ainda com pensões decorrentes de atividades militares.

II – pensão por morte deixada por cônjuge ou companheiro de um regime de previdência social com aposentadoria concedida no âmbito do Regime Geral de Previdência Social ou de regime próprio de previdência social ou com proventos de inatividade decorrentes das atividades militares de que tratam os arts. 42 e 142 da Constituição Federal; ou

O inciso II trata de uma situação de acumulação que diz respeito não apenas à soma de pensões, mas, sim, à soma de pensão deixada por cônjuge ou companheiro em favor de dependente cumulada e de aposentadoria ou proventos de inatividade do próprio segurado (**pensão RGPS/RPPS + aposentadoria RGPS/ RPPS ou inatividade militar**). Essa acumulação, que era vedada na PEC do governo Michel Temer, passou a ser admitida, mas com as restrições impostas pelo § 2º deste artigo que a seguir será analisado.

III – pensões decorrentes das atividades militares de que tratam os arts. 42 e 142 da Constituição Federal com aposentadoria concedida no âmbito do Regime Geral de Previdência Social ou de regime próprio de previdência social.

O inciso III, por sua vez, admite a acumulação de aposentadoria do RGPS ou RPPS com pensões decorrentes das atividades militares (**aposentadoria RGPS/RPPS + pensão militar**).

§ 2º Nas hipóteses das acumulações previstas no § 1º, é assegurada a percepção do valor integral do benefício mais vantajoso e de uma parte de cada um dos demais benefícios, apurada cumulativamente de acordo com as seguintes faixas:

I – 60% (sessenta por cento) do valor que exceder 1 (um) salário mínimo, até o limite de 2 (dois) salários mínimos;

II – 40% (quarenta por cento) do valor que exceder 2 (dois) salários mínimos, até o limite de 3 (três) salários mínimos;

III – 20% (vinte por cento) do valor que exceder 3 (três) salários mínimos, até o limite de 4 (quatro) salários mínimos; e

IV – 10% (dez por cento) do valor que exceder 4 (quatro) salários mínimos.

O § 2º do artigo aqui em exame criou um sistema de limitações que foi mencionado no transcurso dos comentários ao *caput* do art. 24 e ao seu § 1º. Por meio desse sistema de limitações, as acumulações previstas no § 1º são lícitas e admitidas, mas o beneficiário há de contentar-se com a integralidade do benefício mais vantajoso e com [apenas] uma parte do benefício menos vantajoso, de acordo com faixas que envolvem o seu valor.

Assim, se o viúvo de uma magistrada federal é também magistrado federal aposentado, ele receberá a integralidade de sua aposentadoria, compreendido como o benefício mais vantajoso, e mais, **em acumulação**, uma **fração do benefício** de pensão por morte, aqui entendido como o benefício menos vantajoso.

Cabe anotar aqui que, no primeiro turno de votações no Senado, foi eliminada a faixa que previa o pagamento de 80% do benefício menos vantajoso quando ele tivesse valor igual ou inferior a um salário mínimo. Essa mudança fez com que benefícios menos vantajosos com valores iguais ou inferiores a um salário mínimo passassem a ser pagos na sua integralidade.

Nos demais casos, a tabela para pagamento de uma fração do benefício menos vantajoso foi assim construída:

I – benefício mais vantajoso pago na integralidade + 60% (sessenta por cento) do valor do benefício menos vantajoso que exceder 1 (um) salário mínimo, até o limite de 2 (dois) salários mínimos;

II – benefício mais vantajoso pago na integralidade + 40% (quarenta por cento) do valor do benefício menos vantajoso que exceder 2 (dois) salários mínimos, até o limite de 3 (três) salários mínimos;

III – benefício mais vantajoso pago na integralidade + 20% (vinte por cento) do valor do benefício menos vantajoso que exceder 3 (três) salários mínimos, até o limite de 4 (quatro) salários mínimos; e

IV – benefício mais vantajoso pago na integralidade + 10% (dez por cento) do valor do benefício menos vantajoso que exceder 4 (quatro) salários mínimos.

Como se pode perceber, a regra prestigia com maiores percentuais aqueles que recebem o benefício acumulado menos vantajoso de valor menor. Quanto maior seja o valor do benefício acumulado menos vantajoso, menor será o percentual que determinará o montante a ser acumulado.

Dois pontos finais que merecem destaque:

Primeiro, esse sistema somente atingirá os benefícios que venham a ser devidos a partir da vigência desta Emenda Constitucional. Quem já acumula benefícios, não será afetado;

Segundo, a sistemática aqui em análise somente diz respeito à cumulação de pensão por morte com outra pensão por morte ou de pensão por morte com aposentadorias. Nada mudou, ao menos por ora, no tocante às acumulações de aposentadorias. Toda a sistemática permanece sendo a mesma anteriormente exigível e aplicável.

§ 3º A aplicação do disposto no § 2º poderá ser revista a qualquer tempo, a pedido do interessado, em razão de alteração de algum dos benefícios.

Baseado na sempre presente, embora implícita, cláusula *rebus sic standibus*, o texto do § 3º prevê a possibilidade de revisão dos componentes da acumulação. Pode, afinal, ocorrer de o valor da aposentadoria, por algum motivo, ser tão aviltado ao longo dos anos que ela passe a ser, comparativamente, o benefício menos vantajoso. Nesse caso, o interessado poderá pedir revisão, a qualquer tempo, sem preocupar-se com eventual decadência, em razão de alteração de algum dos benefícios.

Toda essa sistemática, porém, dependerá de um eficiente sistema que inter--relacionará os rendimentos recebidos pelos beneficiários nos regimes previdenciários sociais.

§ 4º As restrições previstas neste artigo não serão aplicadas se o direito aos benefícios houver sido adquirido antes da data de entrada em vigor desta Emenda Constitucional.

Essa previsão mantém o direito adquirido de quem já tinha cumprido todos os requisitos para a fruição do abono de permanência segundo regras que vigiam antes da publicação da presente Emenda Constitucional, como, aliás, sempre há de ser.

§ 5º As regras sobre acumulação previstas neste artigo e na legislação vigente na data de entrada em vigor desta Emenda Constitucional poderão ser alteradas na forma do § 6º do art. 40 e do § 15 do art. 201 da Constituição Federal.

O § 5º abre as portas para novas regras sobre acumulação, lembrando que elas poderão ser alteradas na forma do § 6º do art. 40 e do § 15 do art. 201 da Constituição Federal que têm as seguintes redações:

> *Art. 40. [...]*
>
> *§ 6º Ressalvadas as aposentadorias decorrentes dos cargos acumuláveis na forma desta Constituição, é vedada a percepção de mais de uma aposentadoria à conta de regime próprio de previdência social, aplicando-se outras vedações, regras e condições para a acumulação de benefícios previdenciários estabelecidas no Regime Geral de Previdência Social.*
>
> *Art. 201. [...]*
>
> *§ 15. Lei complementar estabelecerá vedações, regras e condições para a acumulação de benefícios previdenciários.*

A lógica da disposição é a de não engessar a norma de modo a impossibilitar futuros ajustes no momento em que se tornem necessários à manutenção da higidez financeira e do equilíbrio atuarial da previdência social.

ART. 25

Art. 25. Será assegurada a contagem de tempo de contribuição fictício no Regime Geral de Previdência Social decorrente de hipóteses descritas na legislação vigente até a data de entrada em vigor desta Emenda Constitucional para fins de concessão de aposentadoria, observando-se, a partir da sua entrada em vigor, o disposto no § 14 do art. 201 da Constituição Federal.

O dispositivo aqui em exame estabelece uma disposição transitória que assegura a contagem de tempo de contribuição fictício no Regime Geral de Previdência Social decorrente de hipóteses descritas na legislação vigente até a data de entrada em vigor desta Emenda Constitucional. A partir de então passará a viger o disposto no § 14 do art. 201, segundo o qual "é vedada a contagem de tempo de contribuição fictício para efeito de concessão dos benefícios previdenciários e de contagem recíproca".

Reitere-se que a Emenda Constitucional aqui em análise traz para o Regime Geral de Previdência Social uma disposição normativa que já era visível no âmbito do regime próprio de previdência social. Como se sabe, a EC n. 20/1998 criou um parágrafo no art. 40 da Constituição da República – o § 10 – para dispor que "a lei não poderá estabelecer qualquer forma de contagem de tempo de contribuição fictício", ou seja, daquele tempo que não estivesse lastreado em **efetiva** contribuição previdenciária.

Repetiu-se, portanto, na área destinada ao RGPS, no § 14 do art. 201 da Constituição, a mesma disposição constante do precitado art. 40 com um pequeno acréscimo. Além de dizer ser vedada a contagem de tempo de contribuição fictício para efeito de concessão dos benefícios previdenciários, o parágrafo aqui analisado deixou claro que o tempo de contribuição fictício também não é admitido para fins de contagem recíproca, valendo, obviamente, para todos os regimes de previdência social.

§ 1º Para fins de comprovação de atividade rural exercida até a data de entrada em vigor desta Emenda Constitucional, o prazo de que tratam os §§ 1º e 2º do art. 38-B da Lei n. 8.213, de 24 de julho de 1991, será prorrogado até a data em que o Cadastro Nacional de Informações Sociais – CNIS atingir a cobertura mínima de 50% (cinquenta por cento) dos trabalhadores de que trata o § 8º do art. 195 da Constituição Federal, apurada conforme quantitativo da Pesquisa Nacional por Amostra de Domicílios Contínua – PNAD.

A comprovação da atividade rural pelos segurados especiais que laboraram **até a data de entrada em vigor desta Emenda Constitucional** será realizada mediante a utilização de informações constantes do Cadastro Nacional de Informações Sociais (CNIS). As mudanças na sistemática de comprovação dessa atividade rural – *e prevista nos §§ 1º e 2º do art. 38-B da Lei n. 8.213, de 24 de julho de 1991* – somente ocorrerão, porém, a partir do momento em que o referido CNIS atingir a cobertura mínima de 50% dos segurados especiais, consoante Pesquisa Nacional por Amostra de Domicílios Contínua – PNAD, feita pelo Instituto Brasileiro de Geografia e Estatística (IBGE).

Para melhor compreensão da situação, leia-se o teor dos §§ 1º e 2º do art. 38-B da Lei n. 8.213, de 24 de julho de 1991:

> *Art. 38-B [...]*
>
> *§ 1º A partir de 1º de janeiro de 2023, a comprovação da condição e do exercício da atividade rural do segurado especial ocorrerá, exclusivamente, pelas informações constantes do cadastro a que se refere o art. 38-A desta Lei. (Incluído pela Lei n. 13.846, de 2019)*
>
> *§ 2º Para o período anterior a 1º de janeiro de 2023, o segurado especial comprovará o tempo de exercício da atividade rural por meio de autodeclaração ratificada por entidades públicas credenciadas, nos termos do art. 13 da Lei n. 12.188, de 11 de janeiro de 2010, e por outros órgãos públicos, na forma prevista no regulamento. (Incluído pela Lei n. 13.846, de 2019)*

Segundo o dispositivo em exame, essas formas especiais e facilitadas de comprovar o tempo de exercício da atividade rural somente poderão viger a partir do momento em que o precitado CNIS consiga atingir a referida cobertura mínima.

§ 2º Será reconhecida a conversão de tempo especial em comum, na forma prevista na Lei n. 8.213, de 24 de julho de 1991, ao segurado do Regime Geral de Previdência Social que comprovar tempo de efetivo exercício de atividade sujeita a condições especiais que efetivamente prejudiquem a saúde, cumprido até a data de entrada em vigor desta Emenda Constitucional, vedada a conversão para o tempo cumprido após esta data.

Outra disposição transitória importante, mas extremamente polêmica, é a ora contida no § 2º deste art. 25. O texto reconhece a conversão de tempo especial em comum, na forma prevista na Lei n. 8.213, de 24 de julho de 1991, ao segurado do Regime Geral de Previdência Social que comprovar tempo de efetivo exercício de atividade sujeita a condições especiais que efetivamente prejudiquem a saúde, cumprido **apenas até a data de entrada em vigor desta Emenda Constitucional**. Para esse tempo de efetivo exercício de atividade será aplicada a seguinte tabela:

TEMPO A CONVERTER	MULTIPLICADORES	
	MULHER (PARA 30)	HOMEM (PARA 35)
DE 15 ANOS	2,00	2,33
DE 20 ANOS	1,50	1,75
DE 25 ANOS	1,20	1,40

Depois de iniciada a vigência desta Emenda Constitucional, a **conversão passa a ser vedada** para todo e qualquer tempo cumprido após essa data. Assim, se alguém vier trabalhar sob condições especiais que prejudiquem a saúde ou a integridade física não fará jus a aplicação de nenhum multiplicador de conversão. Todo o tempo de trabalho, sob condições comuns ou sob condições especiais, terá, portanto, o mesmo peso temporal.

§ 3º Considera-se nula a aposentadoria que tenha sido concedida ou que venha a ser concedida por regime próprio de previdência social com contagem recíproca do Regime Geral de Previdência Social mediante o cômputo de tempo de serviço sem o recolhimento da respectiva contribuição ou da correspondente indenização pelo segurado obrigatório responsável, à época do exercício da atividade, pelo recolhimento de suas próprias contribuições previdenciárias.

O § 3º do ora analisado art. 25 desta Emenda Constitucional cria um duro efeito nulificante sobre eventual aposentadoria que tenha sido concedida (no passado) ou que venha a ser concedida (a partir da vigência da EC) por regime próprio de previdência social com contagem recíproca do Regime Geral da Previdência Social quando o tempo de serviço não tiver lastro em correspondente contribuição ou quando não tiver embasamento em indenização das contribuições relativas ao respectivo período.

Haverá, decerto, muita discussão judicial sobre a eventual existência de ato jurídico perfeito de aposentadorias concedidas sem que o Tribunal de Contas tenha apontado qualquer vício quanto à formação do tempo de contribuição.

ART. 26

Art. 26. Até que lei discipline o **cálculo dos benefícios** do regime próprio de previdência social da União e do Regime Geral de Previdência Social, será utilizada a **média aritmética simples** dos salários de contribuição e das remunerações adotados como base para contribuições a regime próprio de previdência social e ao Regime Geral de Previdência Social, ou como base para contribuições decorrentes das atividades militares de que tratam os arts. 42 e 142 da Constituição Federal, atualizados monetariamente, correspondentes a 100% (cem por cento) do período contributivo desde a competência julho de 1994 ou desde o início da contribuição, se posterior àquela competência.

O art. 26 estabelece importantes regras transitórias, ou seja, regras que valem até que lei discipline de forma diversa. E o dispositivo em exame cuida do **cálculo dos benefícios** de aposentadoria e de pensão por morte em ambos os regimes de previdência social – RPPS e RGPS – impondo a utilização da **média aritmética simples** dos salários de contribuição e das remunerações adotados como base para contribuições **correspondentes a 100% (cem por cento) do período contributivo desde julho de 1994**, quando a unidade do Sistema Monetário Nacional passa a ser o Real, ou desde o início da contribuição, se posterior àquela competência.

Apenas para deixar anotado um registro histórico, a sistemática antes vigente sinalizava no sentido de que a renda mensal do benefício seria apurada a partir da média aritmética simples dos maiores salários de contribuição correspondentes a 80% (oitenta por cento) de todo o período contributivo decorrido desde a competência julho de 1994. Antes disso, até o dia 28 de novembro de 1999, véspera da publicação da Lei n. 9.876, de 26 de novembro de 1999, o cálculo do valor inicial, segundo as regras até então vigentes, considerava como Período Básico de Cálculo (PBC) os últimos 36 (trinta e seis) salários de contribuição, apurados em período não superior a 48 (quarenta e oito) meses imediatamente anteriores àquela data.

Vê-se, portanto, que a sistemática foi sendo piorada ao longo do tempo e que, especialmente agora, não mais se permite desprezar os 20% menores salários de contribuição de todo o período contributivo.

A média apurável segundo a nova sistemática não mais levará em conta o mecanismo de descarte que diminuía os impactos dos altos e baixos retributivos da vida laboral do segurado. A média agora é feita com base em todo o período de contribuição, mas isso somente se aplicará aos benefícios regulados pela Reforma, vale dizer, às aposentadorias e pensões por morte. Demais benefícios, a exemplo de auxílio-doença e auxílio-acidente, permanecem com as suas fórmulas originais de cálculo previstas em lei.

§ 1º A média a que se refere o *caput* será limitada ao valor máximo do salário de contribuição do Regime Geral de Previdência Social para os segurados desse regime e para o servidor que ingressou no serviço público em cargo efetivo após a implantação do regime de previdência complementar ou que tenha exercido a opção correspondente, nos termos do disposto nos §§ 14 a 16 do art. 40 da Constituição Federal.

A média apurada pela sistemática de cálculo prevista no *caput* do art. 26 será limitada ao valor máximo do salário de contribuição do Regime Geral de Previdência Social (ora, R$ 5.839,45) para (1) os **segurados deste regime** e para (2) **o servidor que ingressou no serviço público em cargo efetivo após a implantação do regime de previdência complementar ou que tenha exercido a opção correspondente, nos termos do disposto nos §§ 14 a 16 do art. 40 da Constituição Federal**.

§ 2º O valor do benefício de aposentadoria corresponderá a 60% (sessenta por cento) da média aritmética definida na forma prevista no *caput* e no § 1º, com acréscimo de 2 (dois) pontos percentuais para cada ano de contribuição que exceder o tempo de 20 (vinte) anos de contribuição nos casos:

I – do inciso II do § 6º do art. 4º, do § 4º do art. 15, do § 3º do art. 16 e do § 2º do art. 18;

II – do § 4º do art. 10, ressalvado o disposto no inciso II do § 3º e no § 4º deste artigo;

III – de aposentadoria por incapacidade permanente aos segurados do Regime Geral de Previdência Social, ressalvado o disposto no inciso II do § 3º deste artigo; e

IV – do § 2º do art. 19 e do § 2º do art. 21, ressalvado o disposto no § 5º deste artigo.

A regra contida no § 2º do art. 26 dispõe que a renda mensal do benefício de aposentadoria corresponderá a **60% (sessenta por cento)** da média aritmética definida no *caput* e no § 1º com o acréscimo de **2% por cada ano de contribuição excedente do tempo de 20 (vinte anos) de contribuição** nos casos que a seguir serão analisados.

Assim, um segurado do Regime Geral de Previdência Social que completou 20 (vinte) anos de contribuição e que alcançou a média aritmética simples de R$5.000,00 (cinco mil reais) terá direito a aposentadoria com renda mensal de R$3.000,00 (três mil reais) porque esse valor corresponde a 60% da média apurada.

Esse mesmo segurado poderá aumentar essa renda mensal caso forme tempo de contribuição excedente em virtude do qual se atribuirá uma adição de 2% (dois por cento) por cada ano de contribuição.

Assim, se esse segurado tiver 25 anos de contribuição, ele ganhará um acréscimo de 10% (2% x 5 = 10%) sobre a renda mensal de sua aposentadoria. Desse modo, ele terá direito a aposentadoria com renda mensal de R$3.500,00 (três mil e quinhentos reais) porque esse valor corresponde a 70% da média apurada.

25 anos de contribuição: 60% (pelos 20 anos) + 2% × 5 excedentes = 70% da média.

Na mesma ordem de ideias:

30 anos de contribuição: 60% (pelos 20 anos) + 2% × 10 excedentes = 80% da média.

35 anos de contribuição: 60% (pelos 20 anos) + 2% × 15 excedentes = 90% da média.

40 anos de contribuição: 60% (pelos 20 anos) + 2% × 20 excedentes = 100% da média.

§ 3º O valor do benefício de aposentadoria corresponderá a 100% (cem por cento) da média aritmética definida na forma prevista no *caput* e no § 1º:
I – no caso do inciso II do § 2º do art. 20;
II – no caso de aposentadoria por incapacidade permanente, quando decorrer de acidente de trabalho, de doença profissional e de doença do trabalho.

A renda mensal da aposentadoria será de 100% (cem por cento) da média aritmética definida na forma do *caput* e do § 1º em apenas duas situações:

A **primeira** (inciso I do § 3º do art. 26) é a que diz respeito aos segurados que ingressem na regra de transição prevista no art. 20 desta Emenda Constitucional.

A **segunda** (inciso II do § 3º do art. 26) é a relacionada à aposentadoria por incapacidade permanente, quando decorrer de acidente de trabalho, de doença profissional e de doença do trabalho, ou seja, incapacidade permanente que esteja ligada a causas de natureza ocupacional.

§ 4º O valor do benefício da aposentadoria de que trata o inciso III do § 1º do art. 10 corresponderá ao resultado do tempo de contribuição dividido por 20 (vinte) anos, limitado a um inteiro, multiplicado pelo valor apurado na forma do *caput* do § 2º deste artigo, ressalvado o caso de cumprimento de critérios de acesso para aposentadoria voluntária que resulte em situação mais favorável.

O § 4º do art. 26 refere-se ao valor do benefício da aposentadoria compulsória prevista no inciso III do § 1º do art. 10 desta Emenda Constitucional. Nesse caso, o cálculo será diferenciado. Ele corresponderá ao resultado do tempo de contribuição dividido por vinte anos, limitado a um inteiro, multiplicado pelo valor apurado na forma do *caput* do § 2º deste art. 26, ressalvado o caso de cumprimento de critérios de acesso para aposentadoria voluntária que resulte em situação mais favorável.

§ 5º O acréscimo a que se refere o *caput* do § 2º será aplicado para cada ano que exceder 15 (quinze) anos de tempo de contribuição para os segurados de que tratam a alínea "a" do inciso I do § 1º do art. 19 e o inciso I do art. 21 e para as mulheres filiadas ao Regime Geral de Previdência Social.

O § 5º abranda a regra constante do *caput* do art. 26 e do seu § 2º em favor de determinados segurados. Esses privilegiados, que poderão contar 2% a mais a cada ano que exceder o marco de 15 (quinze) anos de contribuição, são justamente os seguintes:

a) aquele de que trata a alínea *a* do inciso I do § 1º do art. 19 desta Emenda, ou seja, os segurados que comprovem o exercício de atividades com efetiva exposição a agentes, quando se tratar de atividade especial de 15 (quinze) anos de contribuição (por exemplo, minas de subsolo nas frentes de produção);

b) aquele de que trata o inciso I do art. 21 desta Emenda, ou seja, o segurado do Regime Geral de Previdência Social e o servidor público federal que tenham se filiado ao Regime Geral de Previdência Social ou ingressado no serviço público em cargo efetivo até a data de entrada em vigor desta Emenda Constitucional e que possa aposentar-se voluntariamente quando preencher, cumulativamente, cinquenta e sete anos de idade, se mulher, e sessenta anos de idade, se homem;

c) as mulheres filiadas ao Regime Geral de Previdência Social. Basta, portanto, ser segurada do RGPS para valer-se da vantagem aqui apresentada.

Assim, qualquer um dos referidos segurados, que completou 15 (quinze) anos de contribuição e que alcançou a média aritmética simples de R$5.000,00 (cinco mil reais), terá direito a aposentadoria com renda mensal de R$3.000,00 (três mil reais) porque esse valor corresponde a 60% da média apurada.

Esses mesmos segurados poderão aumentar essa renda mensal caso formem tempo de contribuição excedente em virtude do qual se atribuirá uma adição de 2% (dois por cento) por cada ano de contribuição.

Desse modo, se esse segurado tiver 20 anos de contribuição, ele ganhará um acréscimo de 10% (2% × 5 = 10%) sobre a renda mensal de sua aposentadoria. Desse modo, ele terá direito a aposentadoria com renda mensal de R$3.500,00 (três mil e quinhentos reais) porque esse valor corresponde a 70% da média apurada.

20 anos de contribuição: 60% (pelos 15 anos) + 2% × 5 excedentes = 70% da média.

Na mesma ordem de ideias:

25 anos de contribuição: 60% (pelos 15 anos) + 2% × 10 excedentes = 80% da média.
30 anos de contribuição: 60% (pelos 15 anos) + 2% × 15 excedentes = 90% da média.
35 anos de contribuição: 60% (pelos 15 anos) + 2% × 20 excedentes = 100% da média

§ 6º Poderão ser excluídas da média as contribuições que resultem em redução do valor do benefício, desde que mantido o tempo mínimo de contribuição exigido, vedada a utilização do tempo excluído para qualquer finalidade, inclusive para o acréscimo a que se referem os §§ 2º e 5º, para a averbação em outro regime previdenciário ou para a obtenção dos proventos de inatividade das atividades de que tratam os arts. 42 e 142 da Constituição Federal.

Esse dispositivo visa minorar a dureza da eliminação da regra que permitia o descarte dos 20% piores salários de contribuição. Nesse ponto, o legislador da Reforma admite que sejam excluídas da média as contribuições que resultem em redução do valor do benefício, desde que observado e mantido o tempo mínimo de contribuição exigido para a aposentação. Esse tempo excluído, uma vez descartado, não servirá para nenhuma finalidade, nem mesmo – e especialmente – (a) para a formação do acréscimo a que se referem os §§ 2º e 5º do art. 26 ora em análise; (b) para averbação em outro regime previdenciário; (c) para obtenção dos proventos de inatividade para militares.

§ 7º Os benefícios calculados nos termos do disposto neste artigo serão reajustados nos termos estabelecidos para o Regime Geral de Previdência Social.

Os reajustamentos dos benefícios pagos pelo RGPS são feitos nos termos dispostos no art. 41-A da Lei n. 8.213, de 24 de julho de 1991, na Lei n. 13.152, de 29 de julho de 2015, no Decreto n. 9.661, de 1º de janeiro de 2019, e no Regulamento da Previdência Social – RPS, aprovado pelo Decreto n. 3.048, de 6 de maio de 1999.

ART. 27

Art. 27. Até que lei discipline o acesso ao salário-família e ao auxílio-reclusão de que trata o inciso IV do art. 201 da Constituição Federal, esses benefícios serão concedidos apenas àqueles que tenham renda bruta mensal igual ou inferior a R$ 1.364,43 (mil, trezentos e sessenta e quatro reais e quarenta e três centavos), que serão corrigidos pelos mesmos índices aplicados aos benefícios do Regime Geral de Previdência Social.

O art. 27 da Emenda Constitucional ora em estudo atua como disposição transitória regulando o acesso ao salário-família e ao auxílio-reclusão apenas em favor daqueles que tenham renda bruta mensal igual ou inferior a **R$ 1.364,43** (mil trezentos e sessenta e quatro reais e quarenta e três centavos), valor esse que será corrigido pelos mesmos índices aplicados aos benefícios do Regime Geral de Previdência Social.

Assim, somente são elegíveis para esses benefícios aqueles que estejam em faixa igual ou inferior ao montante acima expendido.

§ 1º Até que lei discipline o valor do auxílio-reclusão de que trata o inciso IV do art. 201 da Constituição Federal, seu cálculo será realizado na forma daquele aplicável à pensão por morte, não podendo exceder o valor de 1 (um) salário mínimo.

Também como uma disposição transitória, o § 1º do art. 27 desta Emenda Constitucional prevê que a renda mensal do auxílio-reclusão de que trata o inciso IV do art. 201 da Constituição Federal não poderá exceder o valor de um salário mínimo.

§ 2º Até que lei discipline o valor do salário-família de que trata o inciso IV do art. 201 da Constituição Federal, seu valor será de R$ 46,54 (quarenta e seis reais e cinquenta e quatro centavos).

No âmbito do salário-família, há também uma disposição transitória neste ora analisado § 2º, aplicável até que lei discipline a matéria. Estabeleceu-se aqui o valor da cota do referido benefício na base de R$ 46,54 (quarenta e seis reais e cinquenta e quatro centavos). Perceba-se que as duas faixas até então existentes deram lugar a apenas uma faixa, justamente aquela de mais elevado valor.

Veja-se como era:

REMUNERAÇÃO	SALÁRIO-FAMÍLIA	VIGÊNCIA
R$ 907,77	R$ 46,54	A partir de 1º-1-2019
R$ 907,78 a R$ 1.364,43	R$ 32,80	(Portaria Ministério da Economia 09/2019)

Veja-se como passou a ser a partir desta Emenda Constitucional:

REMUNERAÇÃO	SALÁRIO-FAMÍLIA	VIGÊNCIA
Até R$ 1.364,43	R$ 46,54	A partir da vigência desta Emenda Constitucional

Nunca será demasiada a lembrança de que a Emenda Constitucional, ao criar apenas uma faixa para o salário-família, promoveu uma majoração do referido benefício sem que tenha especificamente feito menção à fonte de custeio correspondente. Nesse ponto será possível falar-se em possível violação ao disposto no § 5º do art. 195 da Constituição, segundo o qual "nenhum benefício ou serviço da seguridade social poderá ser criado, majorado ou estendido sem a correspondente fonte de custeio total".

ART. 28

Art. 28. Até que lei altere as alíquotas da contribuição de que trata a Lei n. 8.212, de 24 de julho de 1991, devida pelo segurado empregado, inclusive o doméstico, e pelo trabalhador avulso, estas serão de:

I – até 1 (um) salário mínimo, 7,5% (sete inteiros e cinco décimos por cento);

II – acima de 1 (um) salário mínimo até R$ 2.000,00 (dois mil reais), 9% (nove por cento);

III – de R$ 2.000,01 (dois mil reais e um centavo) até R$ 3.000,00 (três mil reais), 12% (doze por cento); e

IV – de R$ 3.000,01 (três mil reais e um centavo) até o limite do salário de contribuição, 14% (quatorze por cento).

O *caput* do art. 28 é **aplicável unicamente aos segurados do regime geral da previdência social**, oferecendo disposição transitória que vigerá até que lei ordinária altere a alíquota da contribuição de que trata a Lei n. 8.212/1991. Ali, antes da vigência desta Emenda Constitucional, existiam três faixas de contribuição, nas quais as alíquotas ascendiam de 8% para 9% e daí para 11%, incidindo sobre toda a base de cálculo.

Anote-se que este dispositivo somente começará a viger a partir do primeiro dia do quarto mês subsequente ao da publicação desta Emenda Constitucional, consoante comando expresso contido no seu art. 36, I.

A mudança normativa traz 4 (quatro) faixas contributivas, observada a seguinte sistemática:

SALÁRIO DE CONTRIBUIÇÃO	ALÍQUOTAS PROGRESSIVAS E CUMULATIVAS	ALÍQUOTAS EFETIVAS
Até 1 salário mínimo	7,5%	7,5%
Acima de R$ 998,01 até R$ 2.000,00	9%	7,5% a 8,25%
De R$ 2.000,01 a R$ 3.000,00	12%	8,25% a 9,5%
De R$ 3.000,01 a R$ 5.839,45	14%	9,5% a 11,68%

§ 1º As alíquotas previstas no *caput* serão aplicadas de forma progressiva sobre o salário de contribuição do segurado, incidindo cada alíquota sobre a faixa de valores compreendida nos respectivos limites.

A redação contida no § 1º deste art. 28 (exclusivo para segurados do RGPS) é semelhante, sob o ponto de vista estrutural, àquela encontrada no § 2º do art. 11 desta Emenda Constitucional (exclusivo para segurados do RPPS) com a diferença de que as alíquotas contidas no citado § 2º do art. 11 podem ser reduzidas ou majoradas mediante a utilização de moduladores. Aqui, no âmbito aplicável ao RGPS, não há moduladores.

Como se antecipou no parágrafo anterior, a alíquota é aplicada de forma progressiva sobre fragmentos da remuneração, observada a alíquota exigível sobre a faixa de valores compreendida nos respectivos limites entre o fim de uma linha e o início de outra.

Diante do que se disse, cabe um exemplo ilustrativo. Considere-se concretamente um trabalhador da iniciativa privada que ganhe R$10.000,00 (dez mil reais) brutos. Ele contribuirá para a previdência social com alíquotas incidentes sobre fragmentos da sua remuneração, e sobre cada fragmento incidiria uma alíquota diferente até que se alcance o valor total. Perceba-se:

BASES DE CÁLCULO	NOVAS ALÍQUOTAS	BASE DE INCIDÊNCIA	ALÍQUOTAS PROGRESSIVAS	CONTRIBUIÇÃO
Até R$ 998,00	7,5%	998,00	7,5%	74,85
De R$ 998,01 a R$ 2.000,00	9,0%	1.001,99	9,0%	90,18
De R$ 2.001,01 a R$ 3.000,00	12,0%	999,99	12,0%	119,99
De R$ 3.000,01 a R$ 5.839,45	14,0%	2.839,44	14,0%	397,52
			TOTAL	682,54

Note-se que não há contribuição sobre o que excede o teto previdenciário do RGPS (R$5.839,45), motivo pelo qual o referido trabalhador não contribuirá entre a faixa de R$5.839,46 e R$10.000,00.

Apenas mais uma anotação em nível de comparação: no modelo anterior, o segurado pagava o montante de R$ 642,33 a título de contribuição previdenciária (11% × 5.839,45); no modelo atual, o montante passou a ser de R$682,54.

Comparado com o modelo anterior no qual o segurado contribuía com 11% sobre o teto previdenciário, vê-se, então, um **acréscimo contributivo de 6,26%**.

§ 2º Os valores previstos no *caput* serão reajustados, a partir da data de entrada em vigor desta Emenda Constitucional, na mesma data e com o mesmo índice em que se der o reajuste dos benefícios do Regime Geral de Previdência Social, ressalvados aqueles vinculados ao salário mínimo, aos quais se aplica a legislação específica.

A tabela que relaciona alíquotas e bases de cálculo terá os seus valores reajustados na mesma data e no mesmo índice em que se der o reajuste dos benefícios do RGPS, ressalvados valores fundados no salário mínimo, porque essa unidade retributiva tem legislação específica regente.

ART. 29

Art. 29. Até que entre em vigor lei que disponha sobre o § 14 do art. 195 da Constituição Federal, o segurado que, no somatório de remunerações auferidas no período de 1 (um) mês, receber remuneração inferior ao limite mínimo mensal do salário de contribuição, poderá:

I – complementar a sua contribuição, de forma a alcançar o limite mínimo exigido;

II – utilizar o valor da contribuição que exceder o limite mínimo de contribuição de uma competência em outra; ou

III – agrupar contribuições inferiores ao limite mínimo de diferentes competências, para aproveitamento em contribuições mínimas mensais.

Parágrafo único. Os ajustes de complementação ou agrupamento de contribuições previstos nos incisos I, II e III do *caput* somente poderão ser feitos ao longo do mesmo ano civil.

O art. 29 da Emenda Constitucional aqui em exame visa ao oferecimento de uma solução transitória até que entre em vigor a lei que disponha sobre o § 14 do art. 195 da Constituição da República. Rememore-se aqui o texto do referido § 14 do art. 195 da Constituição Federal:

Art. 195. [...]

§ 14. O segurado somente terá reconhecida como tempo de contribuição ao Regime Geral de Previdência Social a competência cuja contribuição seja igual ou superior à contribuição mínima mensal exigida para sua categoria, assegurado o agrupamento de contribuições.

Segundo o referido art. 29, enquanto não viger a lei disciplinadora do quanto previsto no § 14 do art. 195, o segurado – em rigor, **qualquer categoria de segurado** – que, no somatório de remunerações auferidas no período de um mês, receber remuneração inferior ao limite mínimo mensal do salário de contribuição, poderá, alternativamente:

I – complementar a sua contribuição, de forma a alcançar o limite mínimo exigido;

II – utilizar o valor da contribuição que exceder o limite mínimo de contribuição de uma competência em outra; ou

III – agrupar contribuições inferiores ao limite mínimo de diferentes competências, para aproveitamento em contribuições mínimas mensais.

Repete-se aqui o que se disse em relação ao § 14 do art. 195 da Constituição. Ele, em verdade, reavivou uma ideia que constava do art. 911-A da CLT, ali inserido pela não mais vigente Medida Provisória n. 808/2017.

Constava dali que "**os segurados enquadrados como empregados** [todos eles, inclusive os empregados contratados por tempo parcial ou para prestação de trabalho intermitente] **que, no somatório de remunerações auferidas de um** ou mais empregadores no período de um mês, independentemente do tipo de contrato de trabalho [repita-se que independia do tipo contratual], **receberem remuneração inferior ao salário mínimo mensal** [mesmo que essa remuneração inferior ao salário mínimo decorresse do trabalho de pequena fração de dias no primeiro ou no último mês de contrato], **poderiam recolher ao Regime Geral de Previdência Social a diferença entre a remuneração recebida e o valor do salário mínimo mensal** [era faculdade, mas a pena pelo não exercício da faculdade era duríssima], **em que incidirá a mesma alíquota aplicada à contribuição do trabalhador retida pelo empregador**".

Nos termos do § 2º do referido artigo (repita-se: não mais vigente), na hipótese de não ser feito o recolhimento complementar, o mês em que a remuneração total recebida pelo segurado de um ou mais empregadores fosse menor que o salário mínimo mensal não seria ele considerado para fins de aquisição e manutenção de qualidade de segurado do Regime Geral de Previdência Social nem para cumprimento dos períodos de carência para concessão dos benefícios previdenciários.

Essa sistemática produziu, à época, efeitos deletérios sobre a vida previdenciária dos segurados empregados nas modalidades contratuais em que eles recebiam menos do que um salário mínimo e até mesmo na vida daqueles que em determinados momentos contratuais (admissão, desligamento, retorno de benefício por incapacidade etc.) ganhavam salário proporcional inferior ao mínimo legal.

Pois bem. A regra constante do não mais vigente art. 911-A da CLT voltou e incrustou-se na Constituição da República. A partir de agora, o segurado – **de qualquer categoria, reitere-se** – seja empregado, empregado doméstico, trabalhador avulso ou contribuinte individual – somente terá reconhecida como tempo de contribuição ao Regime Geral de Previdência Social a competência cuja contribuição seja igual ou superior à contribuição mínima mensal exigida para sua categoria, assegurado o agrupamento de contribuições.

Note-se que a exigência agora não é mais de contribuição igual ou superior ao salário mínimo, mas, para além disso, de **contribuição mínima mensal exigida para a categoria profissional**, se houver. Essa particularidade, sem dúvida, criará uma imensa dificuldade prática, pois nem sempre será facilmente identificável a categoria profissional do segurado e, ainda que esta seja identificável, nem sempre será possível saber da vigência da norma coletiva, notadamente num momento em que não mais se aplica a ultratividade das normas coletivas (*vide* § 3º do art. 614 da CLT).

De todo modo, é possível agrupar contribuições para, juntas, serem formados blocos de contribuição fundados na base mínima aqui considerada.

Um exemplo ajudará a entender melhor. Imagine-se que um empregado contratato para a prestação de trabalho intermitente receba em determinado mês apenas meio salário mínimo e apenas sobre esta base tenha contribuído juntamente com seu empregador. Esse empregado, consequentemente, não terá reconhecido como tempo de contribuição o referido mês, pois a contribuição feita não superou a contribuição mínima mensal exigida.

Que fazer, então?

A primeira alternativa é (I) complementar a sua contribuição, de forma a alcançar o limite mínimo exigido.

E se o empregado não tiver condições financeiras para fazer essa complementação?

Cabe-lhe partir para a segunda alternativa, que consiste em (II) utilizar o valor da contribuição que exceder o limite mínimo de contribuição de uma competência em outra. Assim, se num mês anterior o segurado realizou contribuição sobre uma base de um e meio salário mínimo, ele poderá usar o valor da contribuição que excedeu o limite mínimo de contribuição da competência anterior (um e meio salário mínimo) para completar o de outra em que foi feito o recolhimento na base de meio salário mínimo. O procedimento, entretanto, dependerá da produção de ato administrativo regulamentador com expressos esclarecimentos sobre o modo de realização dessa compensação entre contribuições.

A última alternativa para quem não consegue compensar excessos com faltas consiste em (III) agrupar contribuições inferiores ao limite mínimo de diferentes competências, para aproveitamento em contribuições mínimas mensais. Aqui também haverá necessidade de clarificação procedimental mediante atos administrativos da Receita Federal do Brasil.

Seja lá como for, o texto da Emenda já é claro no sentido de que "os ajustes de complementação ou agrupamento de contribuições [...] somente poderão ser feitos ao longo do mesmo ano civil". Assim, um eventual excesso de contribuição no mês de novembro de um determinado ano não poderá ser compensado com a insuficiência de contribuição no mês de janeiro do ano seguinte.

ART. 30

Art. 30. A vedação de diferenciação ou substituição de base de cálculo decorrente do disposto no § 9º do art. 195 da Constituição Federal não se aplica a contribuições que substituam a contribuição de que trata a alínea "a" do inciso I do *caput* do art. 195 da Constituição Federal instituídas antes da data de entrada em vigor desta Emenda Constitucional.

Como se disse nos comentários feitos ao § 9º do art. 195 da Constituição Federal, a Reforma da Previdência **pôs fim a qualquer nova desoneração da folha de pagamento**, na medida em que **NÃO mais permite a adoção de bases de cálculo diferenciadas** no caso de contribuições do empregador, da empresa e da entidade a ela equiparada na forma da lei incidentes **sobre a folha de salários** e demais rendimentos do trabalho.

Diante desse modo de agir, é importante observar o teor do art. 30 da Emenda Constitucional aqui em análise, que prevê a inaplicação do disposto no § 9º do art. 195 da Constituição Federal às contribuições que substituam a contribuição de que trata a alínea *a* do inciso I do *caput* do art. 195 da Constituição Federal **instituídas antes da data de entrada em vigor desta Emenda Constitucional**.

Desse modo, desde que vigentes até a data da entrada em vigor da presente Emenda Constitucional, as diferenciações ou as substituições de base de cálculo de contribuições continuam a valer. Não há, portanto, dúvida de que a substitutiva da contribuição empresarial da associação desportiva que mantém equipe de futebol profissional, prevista no § 6º do art. 22 da Lei n. 8.212/1991, permanecerá vigente e exigível, o mesmo dizendo da substitutiva patronal aplicável ao produtor rural pessoa jurídica, conforme art. 22-A do citado diploma previdenciário, e daquela devida pelas microempresas e empresas de pequeno porte optantes pelo Simples Nacional.

ART. 31

Art. 31. O disposto no § 11 do art. 195 da Constituição Federal não se aplica aos parcelamentos previstos na legislação vigente até a data de entrada em vigor desta Emenda Constitucional, sendo vedadas a reabertura ou a prorrogação de prazo para adesão.

O dispositivo aqui em exame preserva os parcelamentos previstos na legislação vigente até a data de entrada em vigor desta Emenda Constitucional.

Veja-se o texto do § 11 do art. 195 da Constituição da República:

Art. 195. [...]

§ 11. São vedados a moratória e o parcelamento em prazo superior a 60 (sessenta) meses e, na forma de lei complementar, a remissão e a anistia das contribuições sociais de que tratam a alínea "a" do inciso I e o inciso II do "caput".

A partir da vigência da Emenda Constitucional passam a viger as novas restrições, **sendo vedadas a reabertura do prazo** ou **a prorrogação para a adesão sob as condições anteriores**.

ART. 32

> Art. 32. Até que entre em vigor lei que disponha sobre a alíquota da contribuição de que trata a Lei n. 7.689, de 15 de dezembro de 1988, esta será de 20 (vinte por cento) no caso das pessoas jurídicas referidas no inciso I do § 1º do art. 1º da Lei Complementar n. 105, de 10 de janeiro de 2001.

A presente disposição temporária cuida da contribuição social sobre o lucro das pessoas jurídicas (CSLL), destinada ao financiamento da seguridade social, prevista na Lei n. 7.689/1988, e, mais especificamente, daquela exigível dos "bancos de qualquer espécie".

Diante dessa modificação, houve aumento da alíquota de contribuição de 15% para 20%, mas restrito apenas aos bancos. Os demais tipos de instituição financeira, entre as quais podem ser citadas distribuidoras de valores mobiliários, corretoras de câmbio e de valores mobiliários, sociedades de crédito, financiamento e investimentos, sociedades de crédito imobiliário, administradoras de cartões de crédito, sociedades de arrendamento mercantil e bolsas de valores e de mercadorias e futuros, continuarão a pagar 15%.

Anote-se que este dispositivo somente começará a viger a partir do primeiro dia do quarto mês subsequente ao da publicação desta Emenda Constitucional, consoante comando expresso contido no seu art. 36, I.

ART. 33

> Art. 33. Até que seja disciplinada a relação entre a União, os Estados, o Distrito Federal e os Municípios e entidades abertas de previdência complementar na forma do disposto nos §§ 4º e 5º do art. 202 da Constituição Federal, somente entidades fechadas de previdência complementar estão autorizadas a administrar planos de benefícios patrocinados pela União, Estados, Distrito Federal ou Municípios, inclusive suas autarquias, fundações, sociedades de economia mista e empresas controladas direta ou indiretamente.

O art. 33 da Emenda Constitucional aqui em exame visa ao oferecimento de uma solução transitória até que seja disciplinada a relação entre entes federativos e entidades abertas de previdência complementar, conforme §§ 4º e 5º do art. 202 da Constituição da República. Até o advento dessa legislação somente entidades fechadas de previdência complementar estarão autorizadas a atuar e a administrar planos de benefícios patrocinados pelos referidos entes federativos.

ART. 34

Art. 34. Na hipótese de extinção por lei de regime previdenciário e migração dos respectivos segurados para o Regime Geral de Previdência Social, serão observados, até que lei federal disponha sobre a matéria, os seguintes requisitos pelo ente federativo:

I – assunção integral da responsabilidade pelo pagamento dos benefícios concedidos durante a vigência do regime extinto, bem como daqueles cujos requisitos já tenham sido implementados antes da sua extinção;

II – previsão de mecanismo de ressarcimento ou de complementação de benefícios aos que tenham contribuído acima do limite máximo do Regime Geral de Previdência Social;

III – vinculação das reservas existentes no momento da extinção, exclusivamente:

a) ao pagamento dos benefícios concedidos e a conceder, ao ressarcimento de contribuições ou à complementação de benefícios, na forma dos incisos I e II; e

b) à compensação financeira com o Regime Geral de Previdência Social.

Parágrafo único. A existência de superavit atuarial não constitui óbice à extinção de regime próprio de previdência social e à consequente migração para o Regime Geral de Previdência Social.

O *caput* do art. 34 da Emenda Constitucional em exame dá sinais da manifesta intenção de realmente extinguir por lei os chamados regimes previdenciários próprios, reforçando o propósito contido no § 22 do art. 40 do texto constitucional reformado.

Apenas para relembrar, o referido § 22 do art. 40 do texto constitucional prevê que é "vedada a instituição de novos regimes próprios de previdência social". Partindo dessa premissa, ele também informa que **lei complementar federal** estabelecerá, **para os que já existam, em qualquer um dos entes federativos**, normas gerais de organização, de funcionamento e de responsabilidade em sua gestão. O texto revela, portanto, a face da desconstitucionalização dos parâmetros dos regimes próprios de previdência social.

Os incisos que acompanham o referido § 22 deixam evidentes algumas das situações em relação às quais se oferecerá essa regulamentação infraconstitucional.

Perceba-se, porém, que os incisos não anunciam exaustivamente as situações passíveis de ajuste, sendo disso evidência o uso da expressão "entre outros aspectos".

Entre os itens de destaque, porém, cabe fazer menção àquele que, no item I, regulará mediante lei complementar federal requisitos para sua extinção e consequente migração para o Regime Geral de Previdência Social.

Pelo que sugere o inciso I possivelmente a rota evidenciável envolverá a extinção do regime próprio e a consequente migração para o Regime Geral da Previdência Social até que, no futuro, diante da inexistência de residuais regimes próprios, seja possível falar-se unicamente em Regime de Previdência Social.

A referida disposição transitória contida no art. 34 ora em análise torna, portanto, ainda mais palpável a extinção dos regimes próprios, mesmo daqueles que sejam superavitários sob o ponto de vista atuarial (*vide* o parágrafo único do art. 34 acima transcrito), pois oferece uma tramitação que já foi objeto de um grande "ensaio geral" mediante as opções e as promessas de pagamento de "benefício especial" promovidas nos termos da Lei n. 12.618/2012. O itinerário é o mesmo: **migração** para o regime geral de previdência social com benefícios que não superem o seu teto + **ressarcimento** ou de complementação de benefícios aos que tenham contribuído acima do limite máximo do regime geral de previdência social.

ART. 35

Art. 35. Revogam-se:

Uma norma que trata sobre revogações fala alto, pois retira da ordem jurídica diversos dispositivos que com ela colidem, ressalvados é claro os atos jurídicos perfeitos, as coisas julgadas e os direitos adquiridos pelos cidadãos. Quando a revogação é expressa, tanto mais importante se torna o destaque que sobre ela se pode fazer.

A norma aqui em análise produz, em um primeiro momento, revogações expressas sobre três dispositivos da Constituição da República acerca dos quais aqui já se falou nos arts. 40 e 195, mas que, por uma questão de acessibilidade e de organização interna, serão reiterados nos correspondentes itens.

Num segundo instante, o art. 35 retira a validade de diversos dispositivos contidos em Emendas Constitucionais, designadamente as de número 20/1998, 41/2003 e 47/2005, justamente aquelas que tratam de temas previdenciários e exatamente na parte em que cuidavam de regras de transição. A conclusão, nesse ponto, é a de que a Emenda Constitucional aqui em exame revoga todas as regras de transição previstas nas ECs 20/1998, 41/2003 e 47/2005. Com a retirada da validade das regras de transição contidas na citadas Emendas Constitucionais 20/1998, 41/2003 e 47/2005, os segurados que atuaram sob a sua égide, mas sem o cumprimento total de requisitos para a aposentação, não mais poderão delas se valer depois de iniciada a vigência do diploma normativo aqui em análise. Ressalve-se, obviamente, a situação daqueles que, antes da vigência da Emenda Constitucional aqui analisada, já tinham cumprido, à luz de alguma regra jurídica válida, todos os pressupostos para a aposentação voluntária, embora tivessem optado por continuar em atividade. Esses segurados, sob o manto do direito adquirido, podem, futuramente, pretender as suas aposentadorias, valendo-se, inclusive, das regras de transição contidas nas Emendas Constitucionais ora revogadas, desde que – repita-se – eles já tenham como cumpridos todos os requisitos exigíveis para o jubilamento.

Vejam-se os textos das normas revogadas:

I – os seguintes dispositivos da Constituição Federal:
a) o § 21 do art. 40;

O § 21 do art. 40:

TEXTO ORIGINAL	TEXTO MODIFICADO
Art. 40.	Art. 40. ....
§ 21. A contribuição prevista no § 18 deste artigo incidirá apenas sobre as parcelas de proventos de aposentadoria e de pensão que superem o dobro do limite máximo estabelecido para os benefícios do regime geral de previdência social de que trata o art. 201 desta Constituição, quando o beneficiário, na forma da lei, for portador de doença incapacitante. (Incluído pela Emenda Constitucional n. 47, de 2005)	§ 21. REVOGADO

A norma ora em análise – e não mais exigível – dispunha que a contribuição prevista no § 18 deveria incidir apenas sobre as parcelas de **proventos de aposentadoria e de pensão** que superassem o **dobro do limite máximo** estabelecido para os benefícios do regime geral de previdência social, **quando o beneficiário**, na forma da lei, **fosse portador de doença incapacitante**.

Assim, esse dispositivo, que prevê um tratamento diferenciado em favor do portador de doença incapacitante, desaparece do sistema jurídico, e, decerto, se mantida a linha do entendimento do STF, nem mesmo ensejará o direito adquirido para quem da vantagem se vale. Diz-se isso porque o Supremo já teve oportunidade de manifestar-se no sentido de que não há direito adquirido à não tributação, e assim se posicionou nas ADINs 3.105 e 3.128.

À época, em discussão que envolvia a constitucionalidade do disposto no § 18 do art. 40 da Constituição Federal, ali inserido pela EC n. 41/2003, o STF firmou a tese de que "não há, em nosso ordenamento, nenhuma norma jurídica válida que, como efeito específico do fato jurídico da aposentadoria, lhe imunize os proventos e as pensões, de modo absoluto, à tributação de ordem constitucional, qualquer que seja a modalidade do tributo eleito, donde não haver, a respeito, direito adquirido com o aposentamento". Desse modo, salvo posição diversa que vier a ser assumida pelo STF, com a revogação do § 21 do art. 40 da Constituição Federal o portador de doença incapacitante não mais fruirá da vantagem que a ele se dava.

b) o § 13 do art. 195;

TEXTO ORIGINAL	TEXTO MODIFICADO
Art. 195. .... § 13. Aplica-se o disposto no § 12 inclusive na hipótese de substituição gradual, total ou parcial, da contribuição incidente na forma do inciso I, *a*, pela incidente sobre a receita ou o faturamento. (Incluído pela Emenda Constitucional n. 42, de 19-12-2003)	Art. 195. .... § 13. REVOGADO

O dispositivo ora em exame foi revogado porque dispunha contra a previsão contida no novo § 9º do art. 195 da Constituição Federal.

Ele, em verdade, propugnava a substituição gradual, total ou parcial da contribuição incidente na forma do inciso I, *a*, do art. 195 pela incidente sobre a receita ou o faturamento, propósito esse abandonado pelo legislador reformista. Como se disse antes, a modificação contida no § 9º do art. 195 pôs fim a qualquer nova desoneração da folha de pagamento, na medida em que NÃO mais permite a adoção de bases de cálculo diferenciadas no caso de contribuições do empregador, da empresa e da entidade a ela equiparada na forma da lei incidentes sobre a folha de salários e demais rendimentos do trabalho.

II – os arts. 9º, 13 e 15 da Emenda Constitucional n. 20, de 15 de dezembro de 1998;

O art. 9º da Emenda Constitucional n. 20/1998:

TEXTO ORIGINAL	TEXTO MODIFICADO
Art. 9º Observado o disposto no art. 4º desta Emenda e ressalvado o direito de opção a aposentadoria pelas normas por ela	Art. 9º REVOGADO.

TEXTO ORIGINAL	TEXTO MODIFICADO
estabelecidas para o regime geral de previdência social, é assegurado o direito à aposentadoria ao segurado que se tenha filiado ao regime geral de previdência social, até a data de publicação desta Emenda, quando, cumulativamente, atender aos seguintes requisitos: I – contar com cinquenta e três anos de idade, se homem, e quarenta e oito anos de idade, se mulher; e II – contar tempo de contribuição igual, no mínimo, à soma de: a) trinta e cinco anos, se homem, e trinta anos, se mulher; e b) um período adicional de contribuição equivalente a vinte por cento do tempo que, na data da publicação desta Emenda, faltaria para atingir o limite de tempo constante da alínea anterior. § 1º O segurado de que trata este artigo, desde que atendido o disposto no inciso I do *caput*, e observado o disposto no art. 4º desta Emenda, pode aposentar-se com valores proporcionais ao tempo de contribuição, quando atendidas as seguintes condições: I – contar tempo de contribuição igual, no mínimo, à soma de: a) trinta anos, se homem, e vinte e cinco anos, se mulher; e b) um período adicional de contribuição equivalente a quarenta por cento do tempo que, na data da publicação desta Emenda, faltaria para atingir o limite de tempo constante da alínea anterior; II – o valor da aposentadoria proporcional será equivalente a setenta por cento do valor da aposentadoria a que se refere o *caput*, acrescido de cinco por cento por ano de contribuição que supere a soma a que se refere o inciso anterior, até o limite de cem por cento. § 2º O professor que, até a data da publicação desta Emenda, tenha exercido atividade de magistério e que opte por aposentar-se na forma do disposto no *caput*, terá o tempo de serviço exercido até a publicação desta Emenda contado com o acréscimo de dezessete por cento, se homem, e de vinte por cento, se mulher, desde que se aposente, exclusivamente, com tempo de efetivo exercício de atividade de magistério.	

O art. 13 da Emenda Constitucional n. 20/1998:

TEXTO ORIGINAL	TEXTO MODIFICADO
Art. 13. Até que a lei discipline o acesso ao salário-família e auxílio-reclusão para os servidores, segurados e seus dependentes, esses benefícios serão concedidos apenas àqueles que tenham renda bruta mensal igual ou inferior a R$ 360,00 (trezentos e sessenta reais), que, até a publicação da lei, serão corrigidos pelos mesmos índices aplicados aos benefícios do regime geral de previdência social.	Art. 13. REVOGADO.

O art. 15 da Emenda Constitucional n. 20/1998:

TEXTO ORIGINAL	TEXTO MODIFICADO
Art. 15. Até que a lei complementar a que se refere o art. 201, § 1º, da Constituição Federal, seja publicada, permanece em vigor o disposto nos arts. 57 e 58 da Lei n. 8.213, de 24 de julho de 1991, na redação vigente à data da publicação desta Emenda.	Art. 15. REVOGADO.

III – os arts. 2º, 6º e 6º-A da Emenda Constitucional n. 41, de 19 de dezembro de 2003;

O art. 2º da Emenda Constitucional n. 41/2003:

TEXTO ORIGINAL	TEXTO MODIFICADO
Art. 2º Observado o disposto no art. 4º da Emenda Constitucional n. 20, de 15 de dezembro de 1998, é assegurado o direito de opção pela aposentadoria voluntária com proventos calculados de acordo com o art. 40, §§ 3º e 17, da Constituição Federal, àquele que tenha ingressado regularmente em cargo efetivo na Administração Pública direta, autárquica e fundacional, até a data de publicação daquela Emenda, quando o servidor, cumulativamente: I – tiver cinquenta e três anos de idade, se homem, e quarenta e oito anos de idade, se mulher; II – tiver cinco anos de efetivo exercício no cargo em que se der a aposentadoria; III – contar tempo de contribuição igual, no mínimo, à soma de:	Art. 2º REVOGADO

TEXTO ORIGINAL	TEXTO MODIFICADO
a) trinta e cinco anos, se homem, e trinta anos, se mulher; e b) um período adicional de contribuição equivalente a vinte por cento do tempo que, na data de publicação daquela Emenda, faltaria para atingir o limite de tempo constante da alínea a deste inciso. § 1º O servidor de que trata este artigo que cumprir as exigências para aposentadoria na forma do *caput* terá os seus proventos de inatividade reduzidos para cada ano antecipado em relação aos limites de idade estabelecidos pelo art. 40, § 1º, III, a, e § 5º da Constituição Federal, na seguinte proporção: I – três inteiros e cinco décimos por cento, para aquele que completar as exigências para aposentadoria na forma do *caput* até 31 de dezembro de 2005; II – cinco por cento, para aquele que completar as exigências para aposentadoria na forma do *caput* a partir de 1º de janeiro de 2006. § 2º Aplica-se ao magistrado e ao membro do Ministério Público e de Tribunal de Contas o disposto neste artigo. § 3º Na aplicação do disposto no § 2º deste artigo, o magistrado ou o membro do Ministério Público ou de Tribunal de Contas, se homem, terá o tempo de serviço exercido até a data de publicação da Emenda Constitucional n. 20, de 15 de dezembro de 1998, contado com acréscimo de dezessete por cento, observado o disposto no § 1º deste artigo. § 4º O professor, servidor da União, dos Estados, do Distrito Federal e dos Municípios, incluídas suas autarquias e fundações, que, até a data de publicação da Emenda Constitucional n. 20, de 15 de dezembro de 1998, tenha ingressado, regularmente, em cargo efetivo de magistério e que opte por aposentar-se na forma do disposto no *caput*, terá o tempo de serviço exercido até a publicação daquela Emenda contado com o acréscimo de dezessete por cento, se homem, e de vinte por cento, se mulher, desde que se aposente, exclusivamente, com tempo de efetivo exercício nas funções de magistério, observado o disposto no § 1º.	

TEXTO ORIGINAL	TEXTO MODIFICADO
§ 5º O servidor de que trata este artigo, que tenha completado as exigências para aposentadoria voluntária estabelecidas no *caput*, e que opte por permanecer em atividade, fará jus a um abono de permanência equivalente ao valor da sua contribuição previdenciária até completar as exigências para aposentadoria compulsória contidas no art. 40, § 1º, II, da Constituição Federal. § 6º Às aposentadorias concedidas de acordo com este artigo aplica-se o disposto no art. 40, § 8º, da Constituição Federal.	

O art. 6º da Emenda Constitucional n. 41/2003:

TEXTO ORIGINAL	TEXTO MODIFICADO
Art. 6º Ressalvado o direito de opção à aposentadoria pelas normas estabelecidas pelo art. 40 da Constituição Federal ou pelas regras estabelecidas pelo art. 2º desta Emenda, o servidor da União, dos Estados, do Distrito Federal e dos Municípios, incluídas suas autarquias e fundações, que tenha ingressado no serviço público até a data de publicação desta Emenda poderá aposentar-se com proventos integrais, que corresponderão à totalidade da remuneração do servidor no cargo efetivo em que se der a aposentadoria, na forma da lei, quando, observadas as reduções de idade e tempo de contribuição contidas no § 5º do art. 40 da Constituição Federal, vier a preencher, cumulativamente, as seguintes condições: I – sessenta anos de idade, se homem, e cinquenta e cinco anos de idade, se mulher; II – trinta e cinco anos de contribuição, se homem, e trinta anos de contribuição, se mulher; III – vinte anos de efetivo exercício no serviço público; e IV – dez anos de carreira e cinco anos de efetivo exercício no cargo em que se der a aposentadoria. Parágrafo único. Os proventos das aposentadorias concedidas conforme este ar-	Art. 6º REVOGADO.

TEXTO ORIGINAL	TEXTO MODIFICADO
tigo serão revistos na mesma proporção e na mesma data, sempre que se modificar a remuneração dos servidores em atividade, na forma da lei, observado o disposto no art. 37, XI, da Constituição Federal. (Revogado pela Emenda Constitucional n. 47, de 2005)	

O art. 6º-A da Emenda Constitucional n. 41/2003:

TEXTO ORIGINAL	TEXTO MODIFICADO
Art. 6º-A. O servidor da União, dos Estados, do Distrito Federal e dos Municípios, incluídas suas autarquias e fundações, que tenha ingressado no serviço público até a data de publicação desta Emenda Constitucional e que tenha se aposentado ou venha a se aposentar por invalidez permanente, com fundamento no inciso I do § 1º do art. 40 da Constituição Federal, tem direito a proventos de aposentadoria calculados com base na remuneração do cargo efetivo em que se der a aposentadoria, na forma da lei, não sendo aplicáveis as disposições constantes dos §§ 3º, 8º e 17 do art. 40 da Constituição Federal. (Incluído pela Emenda Constitucional n. 70, de 2012) Parágrafo único. Aplica-se ao valor dos proventos de aposentadorias concedidas com base no *caput* o disposto no art. 7º desta Emenda Constitucional, observando-se igual critério de revisão às pensões derivadas dos proventos desses servidores. (Incluído pela Emenda Constitucional n. 70, de 2012)	Art. 6º-A. REVOGADO

IV – o art. 3º da Emenda Constitucional n. 47, de 5 de julho de 2005.

O art. 3º da Emenda Constitucional n. 47/2005:

TEXTO ORIGINAL	TEXTO MODIFICADO
Art. 3º Ressalvado o direito de opção à aposentadoria pelas normas estabelecidas pelo art. 40 da Constituição Federal ou pelas regras estabelecidas pelos arts. 2º e 6º	

TEXTO ORIGINAL	TEXTO MODIFICADO
da Emenda Constitucional n. 41, de 2003, o servidor da União, dos Estados, do Distrito Federal e dos Municípios, incluídas suas autarquias e fundações, que tenha ingressado no serviço público até 16 de dezembro de 1998 poderá aposentar-se com proventos integrais, desde que preencha, cumulativamente, as seguintes condições: I – trinta e cinco anos de contribuição, se homem, e trinta anos de contribuição, se mulher; II – vinte e cinco anos de efetivo exercício no serviço público, quinze anos de carreira e cinco anos no cargo em que se der a aposentadoria; III – idade mínima resultante da redução, relativamente aos limites do art. 40, § 1º, inciso III, alínea "a", da Constituição Federal, de um ano de idade para cada ano de contribuição que exceder a condição prevista no inciso I do *caput* deste artigo. Parágrafo único. Aplica-se ao valor dos proventos de aposentadorias concedidas com base neste artigo o disposto no art. 7º da Emenda Constitucional n. 41, de 2003, observando-se igual critério de revisão às pensões derivadas dos proventos de servidores falecidos que tenham se aposentado em conformidade com este artigo.	Art. 3º REVOGADO

ART. 36

Art. 36. Esta Emenda Constitucional entra em vigor:

Normalmente, uma Emenda Constitucional começa a viger a partir de sua publicação. Entretanto, a depender das circunstâncias e dos direitos envolvidos, essa regra pode ser relativizada, como efetivamente o foi nos casos a seguir expendidos:

I – no primeiro dia do quarto mês subsequente ao da data de publicação desta Emenda Constitucional, quanto ao disposto nos arts. 11, 28 e 32;

O inciso I do art. 36 prevê que a Emenda Constitucional aqui em exame somente começará a viger a partir do primeiro dia do quarto mês subsequente ao da sua publicação quanto ao disposto nos seus arts. 11, 28 e 32.

O art. 11 é aquele que trata da modificação (em regra, majorativa) da alíquota da contribuição previdenciária para os servidores públicos abarcados pelo regime próprio de previdência social.

O art. 28, por sua vez, cuida da modificação (em regra, majorativa) da alíquota da contribuição previdenciária para os segurados empregado, inclusive o doméstico, e trabalhador avulso.

Por fim, o art. 32 versa sobre a majoração da alíquota da contribuição de que trata a Lei n. 7.689, de 15 de dezembro de 1988 – *contribuição social sobre o lucro das pessoas jurídicas (CSLL)* – que passará a ser de 20% (vinte por cento) no caso das pessoas jurídicas referidas no inciso I do § 1º do art. 1º da Lei Complementar n. 105, de 10 de janeiro de 2001, ou seja, para os "bancos de qualquer espécie".

II – para os regimes próprios de previdência social dos Estados, do Distrito Federal e dos Municípios, quanto à alteração promovida pelo art. 1º desta Emenda Constitucional no art. 149 da Constituição Federal e às revogações previstas na alínea "a" do inciso I e nos incisos III e IV do art. 35, na data de publicação de lei de iniciativa privativa do respectivo Poder Executivo que as referende integralmente;

O inciso II do art. 36 sofreu alteração em sua redação no segundo turno de discussões no Senado Federal. Quando a matéria ali chegou egressa da Câmara dos Deputados, a redação previa apenas que, para os regimes próprios de previdência social dos Estados, do Distrito Federal e dos Municípios, a presente emenda começaria a viger na data de publicação de lei de iniciativa privativa do respectivo Poder Executivo, que a referendasse integralmente.

Ocorre, porém, que, no segundo turno de debates no Senado Federal, o Senador Fernando Bezerra Coelho apresentou proposta de emenda à redação (Emenda 593-PLEN) com o objetivo de evitar uma lacuna legislativa na disciplina de benefícios e custeio dos regimes próprios dos demais entes federativos. Nesse sentido, deixou-se bem claro que, para os regimes próprios de previdência social dos Estados, do Distrito Federal e dos Municípios, quanto à alteração promovida pelo art. 1º desta Emenda Constitucional no art. 149 da Constituição Federal e também quanto às revogações previstas na alínea "a" do inciso I e nos incisos III e IV do art. 35, esta Emenda Constitucional começaria a viger na data de publicação de lei de iniciativa privativa do respectivo Poder Executivo que as referende integralmente.

Assim, enquanto não houver essa lei de iniciativa dos respecitvos entes federativos, não se poderá falar em vigência da presente Emenda em seus domínios.

Ainda assim, para que se possa falar na vigência nos domínios dos referidos entes federativos, a mencionada lei haverá de referendar integralmente:

a) a alteração promovida pelo art. 1º no art. 149 da Constituição Federal;
b) a alínea "a" do inciso I e os incisos III e IV do art. 35.

Lembre-se que o art. 35 desta Emenda Constitucional trata de situações que envolvem revogações de disposições contidas em outras emendas constitucionais.

III – nos demais casos, na data de sua publicação.

Tirante as situações expressamente referidas nos inciso I e II deste artigo, volta-se à regra geral de que a Emenda à Constituição passará a viger a partir da data de sua publicação.

Parágrafo único. A lei de que trata o inciso II do *caput* não produzirá efeitos anteriores à data de sua publicação.

A lei prevista no inciso II do *caput* deste artigo é justamente aquela produzida pelos entes federativos para os seus regimes próprios de previdência social. Essas leis, obviamente, não produzirão efeitos em datas anteriores àquelas em que se derem as suas publicações.

CAPÍTULO 3
TEXTO FINAL DA REFORMA DA PREVIDÊNCIA DE 2019[1]
EMENDA CONSTITUCIONAL N. 103, DE 2019

Altera o sistema de previdência social e estabelece regras de transição e disposições transitórias.

As Mesas da Câmara dos Deputados e do Senado Federal, nos termos do § 3º do art. 60 da Constituição Federal, promulgam a seguinte Emenda ao texto constitucional:

Art. 1º A Constituição Federal passa a vigorar com as seguintes alterações:

"Art. 22. ....

....

XXI – normas gerais de organização, efetivos, material bélico, garantias, convocação, mobilização, inatividades e pensões das polícias militares e dos corpos de bombeiros militares;

...." (NR)

"Art. 37. ....

....

§ 13. O servidor público titular de cargo efetivo poderá ser readaptado para exercício de cargo cujas atribuições e responsabilidades sejam compatíveis com a limitação que tenha sofrido em sua capacidade física ou mental, enquanto permanecer nesta condição, desde que possua a habilitação e o nível de escolaridade exigidos para o cargo de destino, mantida a remuneração do cargo de origem.

§ 14. A aposentadoria concedida com a utilização de tempo de contribuição decorrente de cargo, emprego ou função pública, inclusive do Regime Geral de Previdência Social, acarretará o rompimento do vínculo que gerou o referido tempo de contribuição.

§ 15. É vedada a complementação de aposentadorias de servidores públicos e de pensões por morte a seus dependentes que não seja decorrente do disposto nos §§ 14 a 16 do art. 40 ou que não seja prevista em lei que extinga regime próprio de previdência social." (NR)

"Art. 38. ....

....

V – na hipótese de ser segurado de regime próprio de previdência social, permanecerá filiado a esse regime, no ente federativo de origem." (NR)

---

1 Publicada no *Diário Oficial da União*, de 13-11-2019.

"Art. 39. ....
....

§ 9º É vedada a incorporação de vantagens de caráter temporário ou vinculadas ao exercício de função de confiança ou de cargo em comissão à remuneração do cargo efetivo." (NR)

"Art. 40. O regime próprio de previdência social dos servidores titulares de cargos efetivos terá caráter contributivo e solidário, mediante contribuição do respectivo ente federativo, de servidores ativos, de aposentados e de pensionistas, observados critérios que preservem o equilíbrio financeiro e atuarial.

§ 1º O servidor abrangido por regime próprio de previdência social será aposentado:

I – por incapacidade permanente para o trabalho, no cargo em que estiver investido, quando insuscetível de readaptação, hipótese em que será obrigatória a realização de avaliações periódicas para verificação da continuidade das condições que ensejaram a concessão da aposentadoria, na forma de lei do respectivo ente federativo;

....

III – no âmbito da União, aos 62 (sessenta e dois) anos de idade, se mulher, e aos 65 (sessenta e cinco) anos de idade, se homem, e, no âmbito dos Estados, do Distrito Federal e dos Municípios, na idade mínima estabelecida mediante emenda às respectivas Constituições e Leis Orgânicas, observados o tempo de contribuição e os demais requisitos estabelecidos em lei complementar do respectivo ente federativo.

§ 2º Os proventos de aposentadoria não poderão ser inferiores ao valor mínimo a que se refere o § 2º do art. 201 ou superiores ao limite máximo estabelecido para o Regime Geral de Previdência Social, observado o disposto nos §§ 14 a 16.

§ 3º As regras para cálculo de proventos de aposentadoria serão disciplinadas em lei do respectivo ente federativo.

§ 4º É vedada a adoção de requisitos ou critérios diferenciados para concessão de benefícios em regime próprio de previdência social, ressalvado o disposto nos §§ 4º-A, 4º-B, 4º-C e 5º.

§ 4º-A. Poderão ser estabelecidos por lei complementar do respectivo ente federativo idade e tempo de contribuição diferenciados para aposentadoria de servidores com deficiência, previamente submetidos a avaliação biopsicossocial realizada por equipe multiprofissional e interdisciplinar.

§ 4º-B. Poderão ser estabelecidos por lei complementar do respectivo ente federativo idade e tempo de contribuição diferenciados para aposentadoria de ocupantes do cargo de agente penitenciário, de agente socioeducativo ou de policial dos órgãos de que tratam o inciso IV do *caput* do art. 51, o inciso XIII do *caput* do art. 52 e os incisos I a IV do *caput* do art. 144.

§ 4º-C. Poderão ser estabelecidos por lei complementar do respectivo ente federativo idade e tempo de contribuição diferenciados para aposentadoria de servidores cujas atividades sejam exercidas com efetiva exposição a agentes químicos, físicos e biológicos prejudiciais à saúde, ou associação desses agentes, vedada a caracterização por categoria profissional ou ocupação.

§ 5º Os ocupantes do cargo de professor terão idade mínima reduzida em 5 (cinco) anos em relação às idades decorrentes da aplicação do disposto no inciso III do § 1º, desde que comprovem tempo de efetivo exercício das funções de magistério na educação infantil e no ensino fundamental e médio fixado em lei complementar do respectivo ente federativo.

§ 6º Ressalvadas as aposentadorias decorrentes dos cargos acumuláveis na forma desta Constituição, é vedada a percepção de mais de uma aposentadoria à conta de regime próprio de previdência social, aplicando-se outras vedações, regras e condições para a acumulação de benefícios previdenciários estabelecidas no Regime Geral de Previdência Social.

§ 7º Observado o disposto no § 2º do art. 201, quando se tratar da única fonte de renda formal auferida pelo dependente, o benefício de pensão por morte será concedido nos termos de lei do respectivo ente federativo, a qual tratará de forma diferenciada a hipótese de morte dos servidores de que trata o § 4º-B decorrente de agressão sofrida no exercício ou em razão da função.

....

§ 9º O tempo de contribuição federal, estadual, distrital ou municipal será contado para fins de aposentadoria, observado o disposto nos §§ 9º e 9º-A do art. 201, e o tempo de serviço correspondente será contado para fins de disponibilidade.

....

§ 12. Além do disposto neste artigo, serão observados, em regime próprio de previdência social, no que couber, os requisitos e critérios fixados para o Regime Geral de Previdência Social.

§ 13. Aplica-se ao agente público ocupante, exclusivamente, de cargo em comissão declarado em lei de livre nomeação e exoneração, de outro cargo temporário, inclusive mandato eletivo, ou de emprego público, o Regime Geral de Previdência Social.

§ 14. A União, os Estados, o Distrito Federal e os Municípios instituirão, por lei de iniciativa do respectivo Poder Executivo, regime de previdência complementar para servidores públicos ocupantes de cargo efetivo, observado o limite máximo dos benefícios do Regime Geral de Previdência Social para o valor das aposentadorias e das pensões em regime próprio de previdência social, ressalvado o disposto no § 16.

§ 15. O regime de previdência complementar de que trata o § 14 oferecerá plano de benefícios somente na modalidade contribuição definida, observará o disposto no art. 202 e será efetivado por intermédio de entidade fechada de previdência complementar ou de entidade aberta de previdência complementar.

....

§ 19. Observados critérios a serem estabelecidos em lei do respectivo ente federativo, o servidor titular de cargo efetivo que tenha completado as exigências para a aposentadoria voluntária e que opte por permanecer em atividade poderá fazer jus a um abono de permanência equivalente, no máximo, ao valor da sua contribuição previdenciária, até completar a idade para aposentadoria compulsória.

§ 20. É vedada a existência de mais de um regime próprio de previdência social e de mais de um órgão ou entidade gestora desse regime em cada ente federativo, abrangidos todos os poderes, órgãos e entidades autárquicas e fundacionais, que serão responsáveis pelo seu financiamento, observados os critérios, os parâmetros e a natureza jurídica definidos na lei complementar de que trata o § 22.

§ 21 (Revogado).

§ 22. Vedada a instituição de novos regimes próprios de previdência social, lei complementar federal estabelecerá, para os que já existam, normas gerais de organização, de funcionamento e de responsabilidade em sua gestão, dispondo, entre outros aspectos, sobre:

I – requisitos para sua extinção e consequente migração para o Regime Geral de Previdência Social;

II – modelo de arrecadação, de aplicação e de utilização dos recursos;

III – fiscalização pela União e controle externo e social;

IV – definição de equilíbrio financeiro e atuarial;

V – condições para instituição do fundo com finalidade previdenciária de que trata o art. 249 e para vinculação a ele dos recursos provenientes de contribuições e dos bens, direitos e ativos de qualquer natureza;

VI – mecanismos de equacionamento do déficit atuarial;

VII – estruturação do órgão ou entidade gestora do regime, observados os princípios relacionados com governança, controle interno e transparência;

VIII – condições e hipóteses para responsabilização daqueles que desempenhem atribuições relacionadas, direta ou indiretamente, com a gestão do regime;

IX – condições para adesão a consórcio público;

X – parâmetros para apuração da base de cálculo e definição de alíquota de contribuições ordinárias e extraordinárias." (NR)

"Art. 93. ....
....

VIII – o ato de remoção ou de disponibilidade do magistrado, por interesse público, fundar-se-á em decisão por voto da maioria absoluta do respectivo tribunal ou do Conselho Nacional de Justiça, assegurada ampla defesa;
...." (NR)

"Art. 103-B. ....
....

§ 4º ....
....

III – receber e conhecer das reclamações contra membros ou órgãos do Poder Judiciário, inclusive contra seus serviços auxiliares, serventias e órgãos prestadores de serviços notariais e de registro que atuem por delegação do poder público ou oficializados, sem prejuízo da competência disciplinar e correicional dos tribunais, podendo avocar processos disciplinares em curso, determinar a remoção ou a disponibilidade e aplicar outras sanções administrativas, assegurada ampla defesa;
...." (NR)

"Art. 109. ....
....

§ 3º Lei poderá autorizar que as causas de competência da Justiça Federal em que forem parte instituição de previdência social e segurado possam ser processadas e julgadas na justiça estadual quando a comarca do domicílio do segurado não for sede de vara federal.
...." (NR)

"Art. 130-A. ....
....

§ 2º ....
....

III – receber e conhecer das reclamações contra membros ou órgãos do Ministério Público da União ou dos Estados, inclusive contra seus serviços auxiliares, sem prejuízo da competência disciplinar e correicional da instituição, podendo avocar processos disciplinares em curso, determinar a remoção ou a disponibilidade e aplicar outras sanções administrativas, assegurada ampla defesa;
...." (NR)

"Art. 149. ....

§ 1º A União, os Estados, o Distrito Federal e os Municípios instituirão, por meio de lei, contribuições para custeio de regime próprio de previdência social, cobradas dos servidores ativos, dos aposentados e dos pensionistas, que poderão ter alíquotas progressivas de acordo com o valor da base de contribuição ou dos proventos de aposentadoria e de pensões.

§ 1º-A. Quando houver déficit atuarial, a contribuição ordinária dos aposentados e pensionistas poderá incidir sobre o valor dos proventos de aposentadoria e de pensões que supere o salário mínimo.

§ 1º-B. Demonstrada a insuficiência da medida prevista no § 1º-A para equacionar o déficit atuarial, é facultada a instituição de contribuição extraordinária, no âmbito da União, dos servidores públicos ativos, dos aposentados e dos pensionistas.

§ 1º-C. A contribuição extraordinária de que trata o § 1º-B deverá ser instituída simultaneamente com outras medidas para equacionamento do déficit e vigorará por período determinado, contado da data de sua instituição.

...." (NR)

"Art. 167. ....

....

XII – na forma estabelecida na lei complementar de que trata o § 22 do art. 40, a utilização de recursos de regime próprio de previdência social, incluídos os valores integrantes dos fundos previstos no art. 249, para a realização de despesas distintas do pagamento dos benefícios previdenciários do respectivo fundo vinculado àquele regime e das despesas necessárias à sua organização e ao seu funcionamento;

XIII – a transferência voluntária de recursos, a concessão de avais, as garantias e as subvenções pela União e a concessão de empréstimos e de financiamentos por instituições financeiras federais aos Estados, ao Distrito Federal e aos Municípios na hipótese de descumprimento das regras gerais de organização e de funcionamento de regime próprio de previdência social.

...." (NR)

"Art. 194. ....

Parágrafo único. ....

....

VI – diversidade da base de financiamento, identificando-se, em rubricas contábeis específicas para cada área, as receitas e as despesas vinculadas a ações de saúde, previdência e assistência social, preservado o caráter contributivo da previdência social;

...." (NR)

"Art. 195. ....

....

II – do trabalhador e dos demais segurados da previdência social, podendo ser adotadas alíquotas progressivas de acordo com o valor do salário de contribuição, não incidindo contribuição sobre aposentadoria e pensão concedidas pelo Regime Geral de Previdência Social;

....

§ 9º As contribuições sociais previstas no inciso I do *caput* deste artigo poderão ter alíquotas diferenciadas em razão da atividade econômica, da utilização intensiva de mão de obra, do porte da empresa ou da condição estrutural do mercado de trabalho, sendo também autorizada a adoção de bases de cálculo diferenciadas apenas no caso das alíneas "b" e "c" do inciso I do *caput*.

....

§ 11. São vedados a moratória e o parcelamento em prazo superior a 60 (sessenta) meses e, na forma de lei complementar, a remissão e a anistia das contribuições sociais de que tratam a alínea "a" do inciso I e o inciso II do *caput*.

....

§ 13. (Revogado).

§ 14. O segurado somente terá reconhecida como tempo de contribuição ao Regime Geral de Previdência Social a competência cuja contribuição seja igual ou superior à contribuição mínima mensal exigida para sua categoria, assegurado o agrupamento de contribuições." (NR)

"Art. 201. A previdência social será organizada sob a forma do Regime Geral de Previdência Social, de caráter contributivo e de filiação obrigatória, observados os critérios que preservem o equilíbrio financeiro e atuarial, e atenderá, na forma da lei, a:

I – cobertura dos eventos de incapacidade temporária ou permanente para o trabalho e idade avançada;

....

§ 1º É vedada a adoção de requisitos ou critérios diferenciados para concessão de benefícios, ressalvada, nos termos de lei complementar, a possibilidade de previsão de idade e tempo de contribuição distintos da regra geral para concessão de aposentadoria exclusivamente em favor dos segurados:

I – com deficiência, previamente submetidos a avaliação biopsicossocial realizada por equipe multiprofissional e interdisciplinar;

II – cujas atividades sejam exercidas com efetiva exposição a agentes químicos, físicos e biológicos prejudiciais à saúde, ou associação desses agentes, vedada a caracterização por categoria profissional ou ocupação.

....

§ 7º ....

I – 65 (sessenta e cinco) anos de idade, se homem, e 62 (sessenta e dois) anos de idade, se mulher, observado tempo mínimo de contribuição;

II – 60 (sessenta) anos de idade, se homem, e 55 (cinquenta e cinco) anos de idade, se mulher, para os trabalhadores rurais e para os que exerçam suas atividades em regime de economia familiar, nestes incluídos o produtor rural, o garimpeiro e o pescador artesanal.

§ 8º O requisito de idade a que se refere o inciso I do § 7º será reduzido em 5 (cinco) anos, para o professor que comprove tempo de efetivo exercício das funções de magistério na educação infantil e no ensino fundamental e médio fixado em lei complementar.

§ 9º Para fins de aposentadoria, será assegurada a contagem recíproca do tempo de contribuição entre o Regime Geral de Previdência Social e os regimes próprios de previdência social, e destes entre si, observada a compensação financeira, de acordo com os critérios estabelecidos em lei.

§ 9º-A. O tempo de serviço militar exercido nas atividades de que tratam os arts. 42, 142 e 143 e o tempo de contribuição ao Regime Geral de Previdência Social ou a regime próprio de previdência social terão contagem recíproca para fins de inativação militar ou aposentadoria, e a compensação financeira será devida entre as receitas de contribuição referentes aos militares e as receitas de contribuição aos demais regimes.

§ 10. Lei complementar poderá disciplinar a cobertura de benefícios não programados, inclusive os decorrentes de acidente do trabalho, a ser atendida concorrentemente pelo Regime Geral de Previdência Social e pelo setor privado.

....

§ 12. Lei instituirá sistema especial de inclusão previdenciária, com alíquotas diferenciadas, para atender aos trabalhadores de baixa renda, inclusive os que se encontram em situação de informalidade, e àqueles sem renda própria que se dediquem exclusivamente ao trabalho doméstico no âmbito de sua residência, desde que pertencentes a famílias de baixa renda.

§ 13. A aposentadoria concedida ao segurado de que trata o § 12 terá valor de 1 (um) salário mínimo.

§ 14. É vedada a contagem de tempo de contribuição fictício para efeito de concessão dos benefícios previdenciários e de contagem recíproca.

§ 15. Lei complementar estabelecerá vedações, regras e condições para a acumulação de benefícios previdenciários.

§ 16. Os empregados dos consórcios públicos, das empresas públicas, das sociedades de economia mista e das suas subsidiárias serão aposentados compulsoriamente, observado o cumprimento do tempo mínimo de contribuição, ao atingir a idade máxima de que trata o inciso II do § 1º do art. 40, na forma estabelecida em lei." (NR)

"Art. 202. ....

....

§ 4º Lei complementar disciplinará a relação entre a União, Estados, Distrito Federal ou Municípios, inclusive suas autarquias, fundações, sociedades de economia mista e empresas controladas direta ou indiretamente, enquanto patrocinadores de planos de benefícios previdenciários, e as entidades de previdência complementar.

§ 5º A lei complementar de que trata o § 4º aplicar-se-á, no que couber, às empresas privadas permissionárias ou concessionárias de prestação de serviços públicos, quando patrocinadoras de planos de benefícios em entidades de previdência complementar.

§ 6º Lei complementar estabelecerá os requisitos para a designação dos membros das diretorias das entidades fechadas de previdência complementar instituídas pelos patrocinadores de que trata o § 4º e disciplinará a inserção dos participantes nos colegiados e instâncias de decisão em que seus interesses sejam objeto de discussão e deliberação." (NR)

"Art. 239. A arrecadação decorrente das contribuições para o Programa de Integração Social, criado pela Lei Complementar n. 7, de 7 de setembro de 1970, e para o Programa de Formação do Patrimônio do Servidor Público, criado pela Lei Complementar n. 8, de 3 de dezembro de 1970, passa, a partir da promulgação desta Constituição, a financiar, nos termos que a lei dispuser, o programa do seguro-desemprego, outras ações da previdência social e o abono de que trata o § 3º deste artigo.

§ 1º Dos recursos mencionados no *caput*, no mínimo 28% (vinte e oito por cento) serão destinados para o financiamento de programas de desenvolvimento econômico, por meio do Banco Nacional de Desenvolvimento Econômico e Social, com critérios de remuneração que preservem o seu valor.

....

§ 5º Os programas de desenvolvimento econômico financiados na forma do § 1º e seus resultados serão anualmente avaliados e divulgados em meio de comunicação social eletrônico e apresentados em reunião da comissão mista permanente de que trata o § 1º do art. 166." (NR)

Art. 2º O art. 76 do Ato das Disposições Constitucionais Transitórias passa a vigorar com a seguinte redação:

"Art. 76. ....

....

§ 4º A desvinculação de que trata o *caput* não se aplica às receitas das contribuições sociais destinadas ao custeio da seguridade social." (NR)

Art. 3º A concessão de aposentadoria ao servidor público federal vinculado a regime próprio de previdência social e ao segurado do Regime Geral de Previdência Social e de pensão por morte aos respectivos dependentes será assegurada, a qualquer tempo, desde que tenham sido cumpridos os requisitos para obtenção desses benefícios até a data de entrada em vigor desta Emenda Constitucional, observados os critérios da legislação vigente na data em que foram atendidos os requisitos para a concessão da aposentadoria ou da pensão por morte.

§ 1º Os proventos de aposentadoria devidos ao servidor público a que se refere o *caput* e as pensões por morte devidas aos seus dependentes serão calculados e reajustados de acordo com a legislação em vigor à época em que foram atendidos os requisitos nela estabelecidos para a concessão desses benefícios.

§ 2º Os proventos de aposentadoria devidos ao segurado a que se refere o *caput* e as pensões por morte devidas aos seus dependentes serão apurados de acordo com a legislação em vigor à época em que foram atendidos os requisitos nela estabelecidos para a concessão desses benefícios.

§ 3º Até que entre em vigor lei federal de que trata o § 19 do art. 40 da Constituição Federal, o servidor de que trata o *caput* que tenha cumprido os requisitos para aposentadoria voluntária com base no disposto na alínea "a" do inciso III do § 1º do art. 40 da Constituição Federal, na redação vigente até a data de entrada em vigor desta Emenda Constitucional, no art. 2º, no § 1º do art. 3º ou no art. 6º da Emenda Constitucional n. 41, de 19 de dezembro de 2003, ou no art. 3º da Emenda Constitucional n. 47, de 5 de julho de 2005, que optar por permanecer em atividade fará jus a um abono de permanência equivalente ao valor da sua contribuição previdenciária, até completar a idade para aposentadoria compulsória.

Art. 4º O servidor público federal que tenha ingressado no serviço público em cargo efetivo até a data de entrada em vigor desta Emenda Constitucional poderá aposentar-se voluntariamente quando preencher, cumulativamente, os seguintes requisitos:

I – 56 (cinquenta e seis) anos de idade, se mulher, e 61 (sessenta e um) anos de idade, se homem, observado o disposto no § 1º;

II – 30 (trinta anos) de contribuição, se mulher, e 35 (trinta e cinco) anos de contribuição, se homem;

III – 20 (vinte) anos de efetivo exercício no serviço público;

IV – 5 (cinco) anos no cargo efetivo em que se der a aposentadoria; e

V – somatório da idade e do tempo de contribuição, incluídas as frações, equivalente a 86 (oitenta e seis) pontos, se mulher, e 96 (noventa e seis) pontos, se homem, observado o disposto nos §§ 2º e 3º.

§ 1º A partir de 1º de janeiro de 2022, a idade mínima a que se refere o inciso I do *caput* será de 57 (cinquenta e sete) anos de idade, se mulher, e 62 (sessenta e dois) anos de idade, se homem.

§ 2º A partir de 1º de janeiro de 2020, a pontuação a que se refere o inciso V do *caput* será acrescida a cada ano de 1 (um) ponto, até atingir o limite de 100 (cem) pontos, se mulher, e de 105 (cento e cinco) pontos, se homem.

§ 3º A idade e o tempo de contribuição serão apurados em dias para o cálculo do somatório de pontos a que se referem o inciso V do *caput* e o § 2º.

§ 4º Para o titular do cargo de professor que comprovar exclusivamente tempo de efetivo exercício das funções de magistério na educação infantil e no ensino fundamental e médio, os requisitos de idade e de tempo de contribuição de que tratam os incisos I e II do *caput* serão:

I – 51 (cinquenta e um) anos de idade, se mulher, e 56 (cinquenta e seis) anos de idade, se homem;

II – 25 (vinte e cinco) anos de contribuição, se mulher, e 30 (trinta) anos de contribuição, se homem; e

III – 52 (cinquenta e dois) anos de idade, se mulher, e 57 (cinquenta e sete) anos de idade, se homem, a partir de 1º de janeiro de 2022.

§ 5º O somatório da idade e do tempo de contribuição de que trata o inciso V do *caput* para as pessoas a que se refere o § 4º, incluídas as frações, será de 81 (oitenta e um) pontos, se mulher, e 91 (noventa e um) pontos, se homem, aos quais serão acrescidos, a partir de 1º de janeiro de 2020, 1 (um) ponto a cada ano, até atingir o limite de 92 (noventa e dois) pontos, se mulher, e de 100 (cem) pontos, se homem.

§ 6º Os proventos das aposentadorias concedidas nos termos do disposto neste artigo corresponderão:

I – à totalidade da remuneração do servidor público no cargo efetivo em que se der a aposentadoria, observado o disposto no § 8º, para o servidor público que tenha ingressado no serviço público em cargo efetivo até 31 de dezembro de 2003 e que não tenha feito a opção de que trata o § 16 do art. 40 da Constituição Federal, desde que tenha, no mínimo, 62 (sessenta e dois) anos de idade, se mulher, e 65 (sessenta e cinco) anos de idade, se homem, ou, para os titulares do cargo de professor de que trata o § 4º, 57 (cinquenta e sete) anos de idade, se mulher, e 60 (sessenta) anos de idade, se homem;

II – ao valor apurado na forma da lei, para o servidor público não contemplado no inciso I.

§ 7º Os proventos das aposentadorias concedidas nos termos do disposto neste artigo não serão inferiores ao valor a que se refere o § 2º do art. 201 da Constituição Federal e serão reajustados:

I – de acordo com o disposto no art. 7º da Emenda Constitucional n. 41, de 19 de dezembro de 2003, se cumpridos os requisitos previstos no inciso I do § 6º; ou

II – nos termos estabelecidos para o Regime Geral de Previdência Social, na hipótese prevista no inciso II do § 6º.

§ 8º Considera-se remuneração do servidor público no cargo efetivo, para fins de cálculo dos proventos de aposentadoria com fundamento no disposto no inciso I do § 6º ou no inciso I do § 2º do art. 20, o valor constituído pelo subsídio, pelo vencimento e pelas vantagens pecuniárias permanentes do cargo, estabelecidos em lei, acrescidos dos adicionais de caráter individual e das vantagens pessoais permanentes, observados os seguintes critérios:

I – se o cargo estiver sujeito a variações na carga horária, o valor das rubricas que refletem essa variação integrará o cálculo do valor da remuneração do servidor público no cargo efetivo em que se deu a aposentadoria, considerando-se a média aritmética simples dessa carga horária proporcional ao número de anos completos de recebimento e contribuição, contínuos ou intercalados, em relação ao tempo total exigido para a aposentadoria;

II – se as vantagens pecuniárias permanentes forem variáveis por estarem vinculadas a indicadores de desempenho, produtividade ou situação similar, o valor dessas vantagens integrará o cálculo da remuneração do servidor público no cargo efetivo mediante a aplicação, sobre o valor atual de referência das vantagens pecuniárias permanentes variáveis, da média aritmética simples do indicador, proporcional ao número de anos completos de recebimento e de respectiva contribuição, contínuos ou intercalados, em relação ao tempo total exigido para a aposentadoria ou, se inferior, ao tempo total de percepção da vantagem.

§ 9º Aplicam-se às aposentadorias dos servidores dos Estados, do Distrito Federal e dos Municípios as normas constitucionais e infraconstitucionais anteriores à data de entrada em vigor desta Emenda Constitucional, enquanto não promovidas alterações na legislação interna relacionada ao respectivo regime próprio de previdência social.

§ 10. Estende-se o disposto no § 9º às normas sobre aposentadoria de servidores públicos incompatíveis com a redação atribuída por esta Emenda Constitucional aos §§ 4º, 4º-A, 4º-B e 4º-C do art. 40 da Constituição Federal.

Art. 5º O policial civil do órgão a que se refere o inciso XIV do *caput* do art. 21 da Constituição Federal, o policial dos órgãos a que se referem o inciso IV do *caput* do art. 51, o inciso XIII do *caput* do art. 52 e os incisos I a III do *caput* do art. 144 da Constituição Federal e o ocupante de cargo de agente federal penitenciário ou socioeducativo que tenham ingressado na respectiva carreira até a data de entrada em vigor desta Emenda Constitucional poderão aposentar-se, na forma da Lei Complementar n. 51, de 20 de dezembro de 1985, observada a idade mínima de 55 (cinquenta e cinco) anos para ambos os sexos ou o disposto no § 3º.

§ 1º Serão considerados tempo de exercício em cargo de natureza estritamente policial, para os fins do inciso II do art. 1º da Lei Complementar n. 51, de 20 de dezembro de 1985, o tempo de atividade militar nas Forças Armadas, nas polícias militares e nos corpos de bombeiros militares e o tempo de atividade como agente penitenciário ou socioeducativo.

§ 2º Aplicam-se às aposentadorias dos servidores dos Estados de que trata o § 4º-B do art. 40 da Constituição Federal as normas constitucionais e infraconstitucionais anteriores à data de entrada em vigor desta Emenda Constitucional, enquanto não promovidas alterações na legislação interna relacionada ao respectivo regime próprio de previdência social.

§ 3º Os servidores de que trata o *caput* poderão aposentar-se aos 52 (cinquenta e dois) anos de idade, se mulher, e aos 53 (cinquenta e três) anos de idade, se homem, desde que cumprido período adicional de contribuição correspondente ao tempo que, na data de entrada em vigor desta Emenda Constitucional, faltaria para atingir o tempo de contribuição previsto na Lei Complementar n. 51, de 20 de dezembro de 1985.

Art. 6º O disposto no § 14 do art. 37 da Constituição Federal não se aplica a aposentadorias concedidas pelo Regime Geral de Previdência Social até a data de entrada em vigor desta Emenda Constitucional.

Art. 7º O disposto no § 15 do art. 37 da Constituição Federal não se aplica a complementações de aposentadorias e pensões concedidas até a data de entrada em vigor desta Emenda Constitucional.

Art. 8º Até que entre em vigor lei federal de que trata o § 19 do art. 40 da Constituição Federal, o servidor público federal que cumprir as exigências para a concessão da aposentadoria voluntária nos termos do disposto nos arts. 4º, 5º, 20, 21 e 22 e que optar por permanecer em atividade fará jus a um abono de permanência equivalente ao valor da sua contribuição previdenciária, até completar a idade para aposentadoria compulsória.

Art. 9º Até que entre em vigor lei complementar que discipline o § 22 do art. 40 da Constituição Federal, aplicam-se aos regimes próprios de previdência social o disposto na Lei n. 9.717, de 27 de novembro de 1998, e o disposto neste artigo.

§ 1º O equilíbrio financeiro e atuarial do regime próprio de previdência social deverá ser comprovado por meio de garantia de equivalência, a valor presente, entre o fluxo das receitas estimadas e das despesas projetadas, apuradas atuarialmente, que, juntamente com os bens, direitos e ativos vinculados, comparados às obrigações assumidas, evidenciem a solvência e a liquidez do plano de benefícios.

§ 2º O rol de benefícios dos regimes próprios de previdência social fica limitado às aposentadorias e à pensão por morte.

§ 3º Os afastamentos por incapacidade temporária para o trabalho e o salário-maternidade serão pagos diretamente pelo ente federativo e não correrão à conta do regime próprio de previdência social ao qual o servidor se vincula.

§ 4º Os Estados, o Distrito Federal e os Municípios não poderão estabelecer alíquota inferior à da contribuição dos servidores da União, exceto se demonstrado que o respectivo regime próprio de previdência social não possui déficit atuarial a ser equacionado, hipótese em que a alíquota não poderá ser inferior às alíquotas aplicáveis ao Regime Geral de Previdência Social.

§ 5º Para fins do disposto no § 4º, não será considerada como ausência de déficit a implementação de segregação da massa de segurados ou a previsão em lei de plano de equacionamento de déficit.

§ 6º A instituição do regime de previdência complementar na forma dos §§ 14 a 16 do art. 40 da Constituição Federal e a adequação do órgão ou entidade gestora do regime próprio de previdência social ao § 20 do art. 40 da Constituição Federal deverão ocorrer no prazo máximo de 2 (dois) anos da data de entrada em vigor desta Emenda Constitucional.

§ 7º Os recursos de regime próprio de previdência social poderão ser aplicados na concessão de empréstimos a seus segurados, na modalidade de consignados, observada regulamentação específica estabelecida pelo Conselho Monetário Nacional.

§ 8º Por meio de lei, poderá ser instituída contribuição extraordinária pelo prazo máximo de 20 (vinte) anos, nos termos dos §§ 1º-B e 1º-C do art. 149 da Constituição Federal.

§ 9º O parcelamento ou a moratória de débitos dos entes federativos com seus regimes próprios de previdência social fica limitado ao prazo a que se refere o § 11 do art. 195 da Constituição.

Art. 10. Até que entre em vigor lei federal que discipline os benefícios do regime próprio de previdência social dos servidores da União, aplica-se o disposto neste artigo.

§ 1º Os servidores públicos federais serão aposentados:

I – voluntariamente, observados, cumulativamente, os seguintes requisitos:

a) 62 (sessenta e dois) anos de idade, se mulher, e 65 (sessenta e cinco) anos de idade, se homem; e

b) 25 (vinte e cinco) anos de contribuição, desde que cumprido o tempo mínimo de 10 (dez) anos de efetivo exercício no serviço público e de 5 (cinco) anos no cargo efetivo em que for concedida a aposentadoria;

II – por incapacidade permanente para o trabalho, no cargo em que estiverem investidos, quando insuscetíveis de readaptação, hipótese em que será obrigatória a realização de avaliações periódicas para verificação da continuidade das condições que ensejaram a concessão da aposentadoria; ou

III – compulsoriamente, na forma do disposto no inciso II do § 1º do art. 40 da Constituição Federal.

§ 2º Os servidores públicos federais com direito a idade mínima ou tempo de contribuição distintos da regra geral para concessão de aposentadoria na forma dos §§ 4º-B, 4º-C e 5º do art. 40 da Constituição Federal poderão aposentar-se, observados os seguintes requisitos:

I – o policial civil do órgão a que se refere o inciso XIV do *caput* do art. 21 da Constituição Federal, o policial dos órgãos a que se referem o inciso IV do *caput* do art. 51, o inciso XIII do *caput* do art. 52 e os incisos I a III do *caput* do art. 144 da Constituição Federal e o ocupante de cargo de agente federal penitenciário ou socioeducativo, aos 55 (cinquenta e cinco) anos de idade, com 30 (trinta) anos de contribuição e 25 (vinte e cinco) anos de efetivo exercício em cargo dessas carreiras, para ambos os sexos;

II – o servidor público federal cujas atividades sejam exercidas com efetiva exposição a agentes químicos, físicos e biológicos prejudiciais à saúde, ou associação desses agentes, vedada a caracterização por categoria profissional ou ocupação, aos 60 (sessenta) anos de idade, com 25 (vinte e cinco) anos de efetiva exposição e contribuição, 10 (dez) anos de efetivo exercício de serviço público e 5 (cinco) anos no cargo efetivo em que for concedida a aposentadoria;

III – o titular do cargo federal de professor, aos 60 (sessenta) anos de idade, se homem, aos 57 (cinquenta e sete) anos, se mulher, com 25 (vinte e cinco) anos de contribuição exclusivamente em efetivo exercício das funções de magistério na educação infantil e no ensino fundamental e médio, 10 (dez) anos de efetivo exercício de serviço público e 5 (cinco) anos no cargo efetivo em que for concedida a aposentadoria, para ambos os sexos.

§ 3º A aposentadoria a que se refere o § 4º-C do art. 40 da Constituição Federal observará adicionalmente as condições e os requisitos estabelecidos para o Regime Geral de Previdência Social, naquilo em que não conflitarem com as regras específicas aplicáveis ao regime próprio de previdência social da União, vedada a conversão de tempo especial em comum.

§ 4º Os proventos das aposentadorias concedidas nos termos do disposto neste artigo serão apurados na forma da lei.

§ 5º Até que entre em vigor lei federal de que trata o § 19 do art. 40 da Constituição Federal, o servidor federal que cumprir as exigências para a concessão da aposentadoria voluntária nos termos do disposto neste artigo e que optar por permanecer em atividade fará jus a um abono de permanência equivalente ao valor da sua contribuição previdenciária, até completar a idade para aposentadoria compulsória.

§ 6º A pensão por morte devida aos dependentes do policial civil do órgão a que se refere o inciso XIV do *caput* do art. 21 da Constituição Federal, do policial dos órgãos a que se referem o inciso IV do *caput* do art. 51, o inciso XIII do *caput* do art. 52 e os incisos I a III do *caput* do art. 144 da Constituição Federal e dos ocupantes dos cargos de agente federal penitenciário ou socioeducativo decorrente de agressão sofrida no exercício ou em razão da função será vitalícia para o cônjuge ou companheiro e equivalente à remuneração do cargo.

§ 7º Aplicam-se às aposentadorias dos servidores dos Estados, do Distrito Federal e dos Municípios as normas constitucionais e infraconstitucionais anteriores à data de entrada em vigor desta Emenda Constitucional, enquanto não promovidas alterações na legislação interna relacionada ao respectivo regime próprio de previdência social.

Art. 11. Até que entre em vigor lei que altere a alíquota da contribuição previdenciária de que tratam os arts. 4º, 5º e 6º da Lei n. 10.887, de 18 de junho de 2004, esta será de 14% (quatorze por cento).

§ 1º A alíquota prevista no *caput* será reduzida ou majorada, considerado o valor da base de contribuição ou do benefício recebido, de acordo com os seguintes parâmetros:

I – até 1 (um) salário mínimo, redução de seis inteiros e cinco décimos pontos percentuais;

II – acima de 1 (um) salário mínimo até R$ 2.000,00 (dois mil reais), redução de cinco pontos percentuais;

III – de R$ 2.000,01 (dois mil reais e um centavo) até R$ 3.000,00 (três mil reais), redução de dois pontos percentuais;

IV – de R$ 3.000,01 (três mil reais e um centavo) até R$ 5.839,45 (cinco mil, oitocentos e trinta e nove reais e quarenta e cinco centavos), sem redução ou acréscimo;

V – de R$ 5.839,46 (cinco mil, oitocentos e trinta e nove reais e quarenta e seis centavos) até R$ 10.000,00 (dez mil reais), acréscimo de meio ponto percentual;

VI – de R$ 10.000,01 (dez mil reais e um centavo) até R$ 20.000,00 (vinte mil reais), acréscimo de dois inteiros e cinco décimos pontos percentuais;

VII – de R$ 20.000,01 (vinte mil reais e um centavo) até R$ 39.000,00 (trinta e nove mil reais), acréscimo de cinco pontos percentuais; e

VIII – acima de R$ 39.000,00 (trinta e nove mil reais), acréscimo de oito pontos percentuais.

§ 2º A alíquota, reduzida ou majorada nos termos do disposto no § 1º, será aplicada de forma progressiva sobre a base de contribuição do servidor ativo, incidindo cada alíquota sobre a faixa de valores compreendida nos respectivos limites.

§ 3º Os valores previstos no § 1º serão reajustados, a partir da data de entrada em vigor desta Emenda Constitucional, na mesma data e com o mesmo índice em que se der o reajuste dos benefícios do Regime Geral de Previdência Social, ressalvados aqueles vinculados ao salário mínimo, aos quais se aplica a legislação específica.

§ 4º A alíquota de contribuição de que trata o *caput*, com a redução ou a majoração decorrentes do disposto no § 1º, será devida pelos aposentados e pensionistas de quaisquer dos Poderes da União, incluídas suas entidades autárquicas e suas fundações, e incidirá sobre o valor da parcela dos proventos de aposentadoria e de pensões que supere o limite máximo estabelecido para os benefícios do Regime Geral de Previdência Social, hipótese em que será considerada a totalidade do valor do benefício para fins de definição das alíquotas aplicáveis.

Art. 12. A União instituirá sistema integrado de dados relativos às remunerações, proventos e pensões dos segurados dos regimes de previdência de que tratam os arts. 40, 201 e 202 da Constituição Federal, aos benefícios dos programas de assistência social de que trata o art. 203 da Constituição Federal e às remunerações, proventos de inatividade e pensão por morte decorrentes das atividades militares de que tratam os arts. 42 e 142 da Constituição Federal, em interação com outras bases de dados, ferramentas e plataformas, para o fortalecimento de sua gestão, governança e transparência e o cumprimento das disposições estabelecidas nos incisos XI e XVI do art. 37 da Constituição Federal.

§ 1º A União, os Estados, o Distrito Federal e os Municípios e os órgãos e entidades gestoras dos regimes, dos sistemas e dos programas a que se refere o *caput* disponibilizarão as informações necessárias para a estruturação do sistema integrado de dados e terão acesso ao compartilhamento das referidas informações, na forma da legislação.

§ 2º É vedada a transmissão das informações de que trata este artigo a qualquer pessoa física ou jurídica para a prática de atividade não relacionada à fiscalização dos regimes, dos sistemas e dos programas a que se refere o *caput*.

Art. 13. Não se aplica o disposto no § 9º do art. 39 da Constituição Federal a parcelas remuneratórias decorrentes de incorporação de vantagens de caráter temporário ou vinculadas ao exercício de função de confiança ou de cargo em comissão efetivada até a data de entrada em vigor desta Emenda Constitucional.

Art. 14. Vedadas a adesão de novos segurados e a instituição de novos regimes dessa natureza, os atuais segurados de regime de previdência aplicável a titulares de mandato eletivo da União, dos Estados, do Distrito Federal e dos Municípios poderão, por meio de opção expressa formalizada no prazo de 180 (cento e oitenta) dias, contado da data de entrada em vigor desta Emenda Constitucional, retirar-se dos regimes previdenciários aos quais se encontrem vinculados.

§ 1º Os segurados, atuais e anteriores, do regime de previdência de que trata a Lei n. 9.506, de 30 de outubro de 1997, que fizerem a opção de permanecer nesse regime previdenciário deverão cumprir período adicional correspondente a 30% (trinta por cento) do tempo de contribuição que faltaria para aquisição do direito à aposentadoria na data de entrada em vigor desta Emenda Constitucional e somente poderão aposentar-se a partir dos 62 (sessenta e dois) anos de idade, se mulher, e 65 (sessenta e cinco) anos de idade, se homem.

§ 2º Se for exercida a opção prevista no *caput*, será assegurada a contagem do tempo de contribuição vertido para o regime de previdência ao qual o segurado se encontrava vinculado, nos termos do disposto no § 9º do art. 201 da Constituição Federal.

§ 3º A concessão de aposentadoria aos titulares de mandato eletivo e de pensão por morte aos dependentes de titular de mandato eletivo falecido será assegurada, a qualquer tempo, desde que cumpridos os requisitos para obtenção desses benefícios até a data de entrada em vigor desta Emenda Constitucional, observados os critérios da legislação vigente na data em que foram atendidos os requisitos para a concessão da aposentadoria ou da pensão por morte.

§ 4º Observado o disposto nos §§ 9º e 9º-A do art. 201 da Constituição Federal, o tempo de contribuição a regime próprio de previdência social e ao Regime Geral de Previdência Social, assim como o tempo de contribuição decorrente das atividades militares de que tratam os arts. 42 e 142 da Constituição Federal, que tenha sido considerado para a concessão de benefício pelos regimes a que se refere o *caput* não poderá ser utilizado para obtenção de benefício naqueles regimes.

§ 5º Lei específica do Estado, do Distrito Federal ou do Município deverá disciplinar a regra de transição a ser aplicada aos segurados que, na forma do *caput*, fizerem a opção de permanecer no regime previdenciário de que trata este artigo.

Art. 15. Ao segurado filiado ao Regime Geral de Previdência Social até a data de entrada em vigor desta Emenda Constitucional, fica assegurado o direito à aposentadoria quando forem preenchidos, cumulativamente, os seguintes requisitos:

I – 30 (trinta) anos de contribuição, se mulher, e 35 (trinta e cinco) anos de contribuição, se homem; e

II – somatório da idade e do tempo de contribuição, incluídas as frações, equivalente a 86 (oitenta e seis) pontos, se mulher, e 96 (noventa e seis) pontos, se homem, observado o disposto nos §§ 1º e 2º.

§ 1º A partir de 1º de janeiro de 2020, a pontuação a que se refere o inciso II do *caput* será acrescida a cada ano de 1 (um) ponto, até atingir o limite de 100 (cem) pontos, se mulher, e de 105 (cento e cinco) pontos, se homem.

§ 2º A idade e o tempo de contribuição serão apurados em dias para o cálculo do somatório de pontos a que se referem o inciso II do *caput* e o § 1º.

§ 3º Para o professor que comprovar exclusivamente 25 (vinte e cinco) anos de contribuição, se mulher, e 30 (trinta) anos de contribuição, se homem, em efetivo exercício das funções de magistério na educação infantil e no ensino fundamental e médio, o somatório da idade e do tempo de contribuição, incluídas as frações, será equivalente a 81 (oitenta e um) pontos, se mulher, e 91 (noventa e um) pontos, se homem, aos quais serão acrescidos, a partir de 1º de janeiro de 2020, 1 (um) ponto a cada ano para o homem e para a mulher, até atingir o limite de 92 (noventa e dois) pontos, se mulher, e 100 (cem) pontos, se homem.

§ 4º O valor da aposentadoria concedida nos termos do disposto neste artigo será apurado na forma da lei.

Art. 16. Ao segurado filiado ao Regime Geral de Previdência Social até a data de entrada em vigor desta Emenda Constitucional fica assegurado o direito à aposentadoria quando preencher, cumulativamente, os seguintes requisitos:

I – 30 (trinta) anos de contribuição, se mulher, e 35 (trinta e cinco) anos de contribuição, se homem; e

II – idade de 56 (cinquenta e seis) anos, se mulher, e 61 (sessenta e um) anos, se homem.

§ 1º A partir de 1º de janeiro de 2020, a idade a que se refere o inciso II do *caput* será acrescida de 6 (seis) meses a cada ano, até atingir 62 (sessenta e dois) anos de idade, se mulher, e 65 (sessenta e cinco) anos de idade, se homem.

§ 2º Para o professor que comprovar exclusivamente tempo de efetivo exercício das funções de magistério na educação infantil e no ensino fundamental e médio, o tempo de contribuição e a idade de que tratam os incisos I e II do *caput* deste artigo serão reduzidos em 5 (cinco) anos, sendo, a partir de 1º de janeiro de 2020, acrescidos 6 (seis) meses, a cada ano, às idades previstas no inciso II do *caput*, até atingirem 57 (cinquenta e sete) anos, se mulher, e 60 (sessenta) anos, se homem.

§ 3º O valor da aposentadoria concedida nos termos do disposto neste artigo será apurado na forma da lei.

Art. 17. Ao segurado filiado ao Regime Geral de Previdência Social até a data de entrada em vigor desta Emenda Constitucional e que na referida data contar com mais de 28 (vinte e oito) anos de contribuição, se mulher, e 33 (trinta e três) anos de contribuição, se homem, fica assegurado o direito à aposentadoria quando preencher, cumulativamente, os seguintes requisitos:

I – 30 (trinta) anos de contribuição, se mulher, e 35 (trinta e cinco) anos de contribuição, se homem; e

II – cumprimento de período adicional correspondente a 50% (cinquenta por cento) do tempo que, na data de entrada em vigor desta Emenda Constitucional, faltaria para atingir 30 (trinta) anos de contribuição, se mulher, e 35 (trinta e cinco) anos de contribuição, se homem.

Parágrafo único. O benefício concedido nos termos deste artigo terá seu valor apurado de acordo com a média aritmética simples dos salários de contribuição e das remunerações calculada na forma da lei, multiplicada pelo fator previdenciário, calculado na forma do disposto nos §§ 7º a 9º do art. 29 da Lei n. 8.213, de 24 de julho de 1991.

Art. 18. O segurado de que trata o inciso I do § 7º do art. 201 da Constituição Federal filiado ao Regime Geral de Previdência Social até a data de entrada em vigor desta Emenda Constitucional poderá aposentar-se quando preencher, cumulativamente, os seguintes requisitos:

I – 60 (sessenta) anos de idade, se mulher, e 65 (sessenta e cinco) anos de idade, se homem; e

II – 15 (quinze) anos de contribuição, para ambos os sexos.

§ 1º A partir de 1º de janeiro de 2020, a idade de 60 (sessenta) anos da mulher, prevista no inciso I do *caput*, será acrescida em 6 (seis) meses a cada ano, até atingir 62 (sessenta e dois) anos de idade.

§ 2º O valor da aposentadoria de que trata este artigo será apurado na forma da lei.

Art. 19. Até que lei disponha sobre o tempo de contribuição a que se refere o inciso I do § 7º do art. 201 da Constituição Federal, o segurado filiado ao Regime Geral de Previdência Social após a data de entrada em vigor desta Emenda Constitucional será aposentado aos 62 (sessenta e dois) anos de idade, se mulher, 65 (sessenta e cinco) anos de idade, se homem, com 15 (quinze) anos de tempo de contribuição, se mulher, e 20 (vinte) anos de tempo de contribuição, se homem.

§ 1º Até que lei complementar disponha sobre a redução de idade mínima ou tempo de contribuição prevista nos §§ 1º e 8º do art. 201 da Constituição Federal, será concedida aposentadoria:

I – aos segurados que comprovem o exercício de atividades com efetiva exposição a agentes químicos, físicos e biológicos prejudiciais à saúde, ou associação desses agentes, vedada a caracterização por categoria profissional ou ocupação, durante, no mínimo, 15 (quinze), 20 (vinte) ou 25 (vinte e cinco) anos, nos termos do disposto nos arts. 57 e 58 da Lei n. 8.213, de 24 de julho de 1991, quando cumpridos:

a) 55 (cinquenta e cinco) anos de idade, quando se tratar de atividade especial de 15 (quinze) anos de contribuição;

b) 58 (cinquenta e oito) anos de idade, quando se tratar de atividade especial de 20 (vinte) anos de contribuição; ou

c) 60 (sessenta) anos de idade, quando se tratar de atividade especial de 25 (vinte e cinco) anos de contribuição;

II – ao professor que comprove 25 (vinte e cinco) anos de contribuição exclusivamente em efetivo exercício das funções de magistério na educação infantil e no ensino fundamental e médio e tenha 57 (cinquenta e sete) anos de idade, se mulher, e 60 (sessenta) anos de idade, se homem.

§ 2º O valor das aposentadorias de que trata este artigo será apurado na forma da lei.

Art. 20. O segurado ou o servidor público federal que se tenha filiado ao Regime Geral de Previdência Social ou ingressado no serviço público em cargo efetivo até a data de entrada em vigor desta Emenda Constitucional poderá aposentar-se voluntariamente quando preencher, cumulativamente, os seguintes requisitos:

I – 57 (cinquenta e sete) anos de idade, se mulher, e 60 (sessenta) anos de idade, se homem;

II – 30 (trinta) anos de contribuição, se mulher, e 35 (trinta e cinco) anos de contribuição, se homem;

III – para os servidores públicos, 20 (vinte) anos de efetivo exercício no serviço público e 5 (cinco) anos no cargo efetivo em que se der a aposentadoria;

IV – período adicional de contribuição correspondente ao tempo que, na data de entrada em vigor desta Emenda Constitucional, faltaria para atingir o tempo mínimo de contribuição referido no inciso II.

§ 1º Para o professor que comprovar exclusivamente tempo de efetivo exercício das funções de magistério na educação infantil e no ensino fundamental e médio serão reduzidos, para ambos os sexos, os requisitos de idade e de tempo de contribuição em 5 (cinco) anos.

§ 2º O valor das aposentadorias concedidas nos termos do disposto neste artigo corresponderá:

I – em relação ao servidor público que tenha ingressado no serviço público em cargo efetivo até 31 de dezembro de 2003 e que não tenha feito a opção de que trata o § 16 do art. 40 da Constituição Federal, à totalidade da remuneração no cargo efetivo em que se der a aposentadoria, observado o disposto no § 8º do art. 4º; e

II – em relação aos demais servidores públicos e aos segurados do Regime Geral de Previdência Social, ao valor apurado na forma da lei.

§ 3º O valor das aposentadorias concedidas nos termos do disposto neste artigo não será inferior ao valor a que se refere o § 2º do art. 201 da Constituição Federal e será reajustado:

I – de acordo com o disposto no art. 7º da Emenda Constitucional n. 41, de 19 de dezembro de 2003, se cumpridos os requisitos previstos no inciso I do § 2º;

II – nos termos estabelecidos para o Regime Geral de Previdência Social, na hipótese prevista no inciso II do § 2º.

§ 4º Aplicam-se às aposentadorias dos servidores dos Estados, do Distrito Federal e dos Municípios as normas constitucionais e infraconstitucionais anteriores à data de entrada em vigor desta Emenda Constitucional, enquanto não promovidas alterações na legislação interna relacionada ao respectivo regime próprio de previdência social.

Art. 21. O segurado ou o servidor público federal que se tenha filiado ao Regime Geral de Previdência Social ou ingressado no serviço público em cargo efetivo até a data de entrada em vigor desta Emenda Constitucional cujas atividades tenham sido exercidas com efetiva exposição a agentes químicos, físicos e biológicos prejudiciais à saúde, ou associação desses agentes, vedada a caracterização por categoria profissional ou ocupação, desde que cumpridos, no caso do servidor, o tempo mínimo de 20 (vinte) anos de efetivo exercício no serviço público e de 5 (cinco) anos no cargo efetivo em que for concedida a aposentadoria, na forma dos arts. 57 e 58 da Lei n. 8.213, de 24 de julho de 1991, poderão aposentar-se quando o total da soma resultante da sua idade e do tempo de contribuição e o tempo de efetiva exposição forem, respectivamente, de:

I – 66 (sessenta e seis) pontos e 15 (quinze) anos de efetiva exposição;

II – 76 (setenta e seis) pontos e 20 (vinte) anos de efetiva exposição; e

III – 86 (oitenta e seis) pontos e 25 (vinte e cinco) anos de efetiva exposição.

§ 1º A idade e o tempo de contribuição serão apurados em dias para o cálculo do somatório de pontos a que se refere o *caput*.

§ 2º O valor da aposentadoria de que trata este artigo será apurado na forma da lei.

§ 3º Aplicam-se às aposentadorias dos servidores dos Estados, do Distrito Federal e dos Municípios cujas atividades sejam exercidas com efetiva exposição a agentes químicos, físicos e biológicos prejudiciais à saúde, ou associação desses agentes, vedada a caracterização por categoria profissional ou ocupação, na forma do § 4º-C do art. 40 da Constituição Federal, as normas constitucionais e infraconstitucionais anteriores à data de entrada em vigor desta Emenda Constitucional, enquanto não promovidas alterações na legislação interna relacionada ao respectivo regime próprio de previdência social.

Art. 22. Até que lei discipline o § 4º-A do art. 40 e o inciso I do § 1º do art. 201 da Constituição Federal, a aposentadoria da pessoa com deficiência segurada do Regime Geral de Previdência Social ou do servidor público federal com deficiência vinculado a regime próprio de previdência social, desde que cumpridos, no caso do servidor, o tempo mínimo de 10 (dez) anos de efetivo exercício no serviço público e de 5 (cinco) anos no cargo efetivo em que for concedida a aposentadoria, será concedida na forma da Lei Complementar n. 142, de 8 de maio de 2013, inclusive quanto aos critérios de cálculo dos benefícios.

Parágrafo único. Aplicam-se às aposentadorias dos servidores com deficiência dos Estados, do Distrito Federal e dos Municípios as normas constitucionais e infraconstitucionais anteriores à data de entrada em vigor desta Emenda Constitucional, enquanto não promovidas alterações na legislação interna relacionada ao respectivo regime próprio de previdência social.

Art. 23. A pensão por morte concedida a dependente de segurado do Regime Geral de Previdência Social ou de servidor público federal será equivalente a uma cota familiar de 50% (cinquenta por cento) do valor da aposentadoria recebida pelo segurado ou servidor ou daquela a que teria direito se fosse aposentado por incapacidade permanente na data do óbito, acrescida de cotas de 10 (dez) pontos percentuais por dependente, até o máximo de 100% (cem por cento).

§ 1º As cotas por dependente cessarão com a perda dessa qualidade e não serão reversíveis aos demais dependentes, preservado o valor de 100% (cem por cento) da pensão por morte quando o número de dependentes remanescente for igual ou superior a 5 (cinco).

§ 2º Na hipótese de existir dependente inválido ou com deficiência intelectual, mental ou grave, o valor da pensão por morte de que trata o *caput* será equivalente a:

I – 100% (cem por cento) da aposentadoria recebida pelo segurado ou servidor ou daquela a que teria direito se fosse aposentado por incapacidade permanente na data do óbito, até o limite máximo de benefícios do Regime Geral de Previdência Social; e

II – uma cota familiar de 50% (cinquenta por cento) acrescida de cotas de 10 (dez) pontos percentuais por dependente, até o máximo de 100% (cem por cento), para o valor que supere o limite máximo de benefícios do Regime Geral de Previdência Social.

§ 3º Quando não houver mais dependente inválido ou com deficiência intelectual, mental ou grave, o valor da pensão será recalculado na forma do disposto no *caput* e no § 1º.

§ 4º O tempo de duração da pensão por morte e das cotas individuais por dependente até a perda dessa qualidade, o rol de dependentes e sua qualificação e as condições necessárias para enquadramento serão aqueles estabelecidos na Lei n. 8.213, de 24 de julho de 1991.

§ 5º Para o dependente inválido ou com deficiência intelectual, mental ou grave, sua condição pode ser reconhecida previamente ao óbito do segurado, por meio de avaliação biopsicossocial realizada por equipe multiprofissional e interdisciplinar, observada revisão periódica na forma da legislação.

§ 6º Equiparam-se a filho, para fins de recebimento da pensão por morte, exclusivamente o enteado e o menor tutelado, desde que comprovada a dependência econômica.

§ 7º As regras sobre pensão previstas neste artigo e na legislação vigente na data de entrada em vigor desta Emenda Constitucional poderão ser alteradas na forma da lei para o Regime Geral de Previdência Social e para o regime próprio de previdência social da União.

§ 8º Aplicam-se às pensões concedidas aos dependentes de servidores dos Estados, do Distrito Federal e dos Municípios as normas constitucionais e infraconstitucionais anteriores à data de entrada em vigor desta Emenda Constitucional, enquanto não promovidas alterações na legislação interna relacionada ao respectivo regime próprio de previdência social.

Art. 24. É vedada a acumulação de mais de uma pensão por morte deixada por cônjuge ou companheiro, no âmbito do mesmo regime de previdência social, ressalvadas as pensões do mesmo instituidor decorrentes do exercício de cargos acumuláveis na forma do art. 37 da Constituição Federal.

§ 1º Será admitida, nos termos do § 2º, a acumulação de:

I – pensão por morte deixada por cônjuge ou companheiro de um regime de previdência social com pensão por morte concedida por outro regime de previdência social ou com pensões decorrentes das atividades militares de que tratam os arts. 42 e 142 da Constituição Federal;

II – pensão por morte deixada por cônjuge ou companheiro de um regime de previdência social com aposentadoria concedida no âmbito do Regime Geral de Previdência Social ou de regime próprio de previdência social ou com proventos de inatividade decorrentes das atividades militares de que tratam os arts. 42 e 142 da Constituição Federal; ou

III – pensões decorrentes das atividades militares de que tratam os arts. 42 e 142 da Constituição Federal com aposentadoria concedida no âmbito do Regime Geral de Previdência Social ou de regime próprio de previdência social.

§ 2º Nas hipóteses das acumulações previstas no § 1º, é assegurada a percepção do valor integral do benefício mais vantajoso e de uma parte de cada um dos demais benefícios, apurada cumulativamente de acordo com as seguintes faixas:

I – 60% (sessenta por cento) do valor que exceder 1 (um) salário mínimo, até o limite de 2 (dois) salários mínimos;

II – 40% (quarenta por cento) do valor que exceder 2 (dois) salários mínimos, até o limite de 3 (três) salários mínimos;

III – 20% (vinte por cento) do valor que exceder 3 (três) salários mínimos, até o limite de 4 (quatro) salários mínimos; e

IV – 10% (dez por cento) do valor que exceder 4 (quatro) salários mínimos.

§ 3º A aplicação do disposto no § 2º poderá ser revista a qualquer tempo, a pedido do interessado, em razão de alteração de algum dos benefícios.

§ 4º As restrições previstas neste artigo não serão aplicadas se o direito aos benefícios houver sido adquirido antes da data de entrada em vigor desta Emenda Constitucional.

§ 5º As regras sobre acumulação previstas neste artigo e na legislação vigente na data de entrada em vigor desta Emenda Constitucional poderão ser alteradas na forma do § 6º do art. 40 e do § 15 do art. 201 da Constituição Federal.

Art. 25. Será assegurada a contagem de tempo de contribuição fictício no Regime Geral de Previdência Social decorrente de hipóteses descritas na legislação vigente até a data de entrada em vigor desta Emenda Constitucional para fins de concessão de aposentadoria, observando-se, a partir da sua entrada em vigor, o disposto no § 14 do art. 201 da Constituição Federal.

§ 1º Para fins de comprovação de atividade rural exercida até a data de entrada em vigor desta Emenda Constitucional, o prazo de que tratam os §§ 1º e 2º do art. 38-B da Lei n. 8.213, de 24 de julho de 1991, será prorrogado até a data em que o Cadastro Nacional de Informações Sociais (CNIS) atingir a cobertura mínima de 50% (cinquenta por cento) dos trabalhadores de que trata o § 8º do art. 195 da Constituição Federal, apurada conforme quantitativo da Pesquisa Nacional por Amostra de Domicílios Contínua (Pnad).

§ 2º Será reconhecida a conversão de tempo especial em comum, na forma prevista na Lei n. 8.213, de 24 de julho de 1991, ao segurado do Regime Geral de Previdência Social que comprovar tempo de efetivo exercício de atividade sujeita a condições especiais que efetivamente prejudiquem a saúde, cumprido até a data de entrada em vigor desta Emenda Constitucional, vedada a conversão para o tempo cumprido após esta data.

§ 3º Considera-se nula a aposentadoria que tenha sido concedida ou que venha a ser concedida por regime próprio de previdência social com contagem recíproca do Regime Geral de Previdência Social mediante o cômputo de tempo de serviço sem o recolhimento da respectiva contribuição ou da correspondente indenização pelo segurado obrigatório responsável, à época do exercício da atividade, pelo recolhimento de suas próprias contribuições previdenciárias.

Art. 26. Até que lei discipline o cálculo dos benefícios do regime próprio de previdência social da União e do Regime Geral de Previdência Social, será utilizada a média aritmética simples dos salários de contribuição e das remunerações adotados como base para contribuições a regime próprio de previdência social e ao Regime Geral de Previdência Social, ou como base para contribuições decorrentes das atividades militares de que tratam os arts. 42 e 142 da Constituição Federal, atualizados monetariamente, correspondentes a 100% (cem por cento) do período contributivo desde a competência julho de 1994 ou desde o início da contribuição, se posterior àquela competência.

§ 1º A média a que se refere o *caput* será limitada ao valor máximo do salário de contribuição do Regime Geral de Previdência Social para os segurados desse regime e para o servidor que ingressou no serviço público em cargo efetivo após a implantação do regime de previdência complementar ou que tenha exercido a opção correspondente, nos termos do disposto nos §§ 14 a 16 do art. 40 da Constituição Federal.

§ 2º O valor do benefício de aposentadoria corresponderá a 60% (sessenta por cento) da média aritmética definida na forma prevista no *caput* e no § 1º, com acréscimo de 2 (dois) pontos percentuais para cada ano de contribuição que exceder o tempo de 20 (vinte) anos de contribuição nos casos:

I – do inciso II do § 6º do art. 4º, do § 4º do art. 15, do § 3º do art. 16 e do § 2º do art. 18;

II – do § 4º do art. 10, ressalvado o disposto no inciso II do § 3º e no § 4º deste artigo;

III – de aposentadoria por incapacidade permanente aos segurados do Regime Geral de Previdência Social, ressalvado o disposto no inciso II do § 3º deste artigo; e

IV – do § 2º do art. 19 e do § 2º do art. 21, ressalvado o disposto no § 5º deste artigo.

§ 3º O valor do benefício de aposentadoria corresponderá a 100% (cem por cento) da média aritmética definida na forma prevista no *caput* e no § 1º:

I – no caso do inciso II do § 2º do art. 20;

II – no caso de aposentadoria por incapacidade permanente, quando decorrer de acidente de trabalho, de doença profissional e de doença do trabalho.

§ 4º O valor do benefício da aposentadoria de que trata o inciso III do § 1º do art. 10 corresponderá ao resultado do tempo de contribuição dividido por 20 (vinte) anos, limitado a um inteiro, multiplicado pelo valor apurado na forma do *caput* do § 2º deste artigo, ressalvado o caso de cumprimento de critérios de acesso para aposentadoria voluntária que resulte em situação mais favorável.

§ 5º O acréscimo a que se refere o *caput* do § 2º será aplicado para cada ano que exceder 15 (quinze) anos de tempo de contribuição para os segurados de que tratam a alínea "a" do inciso I do § 1º do art. 19 e o inciso I do art. 21 e para as mulheres filiadas ao Regime Geral de Previdência Social.

§ 6º Poderão ser excluídas da média as contribuições que resultem em redução do valor do benefício, desde que mantido o tempo mínimo de contribuição exigido, vedada a utilização do tempo excluído para qualquer finalidade, inclusive para o acréscimo a que se referem os §§ 2º e 5º, para a averbação em outro regime previdenciário ou para a obtenção dos proventos de inatividade das atividades de que tratam os arts. 42 e 142 da Constituição Federal.

§ 7º Os benefícios calculados nos termos do disposto neste artigo serão reajustados nos termos estabelecidos para o Regime Geral de Previdência Social.

Art. 27. Até que lei discipline o acesso ao salário-família e ao auxílio-reclusão de que trata o inciso IV do art. 201 da Constituição Federal, esses benefícios serão concedidos apenas àqueles que tenham renda bruta mensal igual ou inferior a R$ 1.364,43 (mil, trezentos e sessenta e quatro reais e quarenta e três centavos), que serão corrigidos pelos mesmos índices aplicados aos benefícios do Regime Geral de Previdência Social.

§ 1º Até que lei discipline o valor do auxílio-reclusão, de que trata o inciso IV do art. 201 da Constituição Federal, seu cálculo será realizado na forma daquele aplicável à pensão por morte, não podendo exceder o valor de 1 (um) salário mínimo.

§ 2º Até que lei discipline o valor do salário-família, de que trata o inciso IV do art. 201 da Constituição Federal, seu valor será de R$ 46,54 (quarenta e seis reais e cinquenta e quatro centavos).

Art. 28. Até que lei altere as alíquotas da contribuição de que trata a Lei n. 8.212, de 24 de julho de 1991, devidas pelo segurado empregado, inclusive o doméstico, e pelo trabalhador avulso, estas serão de:

I – até 1 (um) salário mínimo, 7,5% (sete inteiros e cinco décimos por cento);

II – acima de 1 (um) salário mínimo até R$ 2.000,00 (dois mil reais), 9% (nove por cento);

III – de R$ 2.000,01 (dois mil reais e um centavo) até R$ 3.000,00 (três mil reais), 12% (doze por cento); e

IV – de R$ 3.000,01 (três mil reais e um centavo) até o limite do salário de contribuição, 14% (quatorze por cento).

§ 1º As alíquotas previstas no *caput* serão aplicadas de forma progressiva sobre o salário de contribuição do segurado, incidindo cada alíquota sobre a faixa de valores compreendida nos respectivos limites.

§ 2º Os valores previstos no *caput* serão reajustados, a partir da data de entrada em vigor desta Emenda Constitucional, na mesma data e com o mesmo índice em que se der o reajuste dos benefícios do Regime Geral de Previdência Social, ressalvados aqueles vinculados ao salário mínimo, aos quais se aplica a legislação específica.

Art. 29. Até que entre em vigor lei que disponha sobre o § 14 do art. 195 da Constituição Federal, o segurado que, no somatório de remunerações auferidas no período de 1 (um) mês, receber remuneração inferior ao limite mínimo mensal do salário de contribuição poderá:

I – complementar a sua contribuição, de forma a alcançar o limite mínimo exigido;

II – utilizar o valor da contribuição que exceder o limite mínimo de contribuição de uma competência em outra; ou

III – agrupar contribuições inferiores ao limite mínimo de diferentes competências, para aproveitamento em contribuições mínimas mensais.

Parágrafo único. Os ajustes de complementação ou agrupamento de contribuições previstos nos incisos I, II e III do *caput* somente poderão ser feitos ao longo do mesmo ano civil.

Art. 30. A vedação de diferenciação ou substituição de base de cálculo decorrente do disposto no § 9º do art. 195 da Constituição Federal não se aplica a contribuições que substituam a contribuição de que trata a alínea "a" do inciso I do *caput* do art. 195 da Constituição Federal instituídas antes da data de entrada em vigor desta Emenda Constitucional.

Art. 31. O disposto no § 11 do art. 195 da Constituição Federal não se aplica aos parcelamentos previstos na legislação vigente até a data de entrada em vigor desta Emenda Constitucional, sendo vedadas a reabertura ou a prorrogação de prazo para adesão.

Art. 32. Até que entre em vigor lei que disponha sobre a alíquota da contribuição de que trata a Lei n. 7.689, de 15 de dezembro de 1988, esta será de 20% (vinte por cento) no caso das pessoas jurídicas referidas no inciso I do § 1º do art. 1º da Lei Complementar n. 105, de 10 de janeiro de 2001.

Art. 33. Até que seja disciplinada a relação entre a União, os Estados, o Distrito Federal e os Municípios e entidades abertas de previdência complementar na forma do disposto nos §§ 4º e 5º do art. 202 da Constituição Federal, somente entidades fechadas de previdência complementar estão autorizadas a administrar planos de benefícios patrocinados pela União, Estados, Distrito Federal ou Municípios, inclusive suas autarquias, fundações, sociedades de economia mista e empresas controladas direta ou indiretamente.

Art. 34. Na hipótese de extinção por lei de regime previdenciário e migração dos respectivos segurados para o Regime Geral de Previdência Social, serão observados, até que lei federal disponha sobre a matéria, os seguintes requisitos pelo ente federativo:

I – assunção integral da responsabilidade pelo pagamento dos benefícios concedidos durante a vigência do regime extinto, bem como daqueles cujos requisitos já tenham sido implementados antes da sua extinção;

II – previsão de mecanismo de ressarcimento ou de complementação de benefícios aos que tenham contribuído acima do limite máximo do Regime Geral de Previdência Social;

III – vinculação das reservas existentes no momento da extinção, exclusivamente:

a) ao pagamento dos benefícios concedidos e a conceder, ao ressarcimento de contribuições ou à complementação de benefícios, na forma dos incisos I e II; e

b) à compensação financeira com o Regime Geral de Previdência Social.

Parágrafo único. A existência de superávit atuarial não constitui óbice à extinção de regime próprio de previdência social e à consequente migração para o Regime Geral de Previdência Social.

Art. 35. Revogam-se:

I – os seguintes dispositivos da Constituição Federal:

a) o § 21 do art. 40;

b) o § 13 do art. 195;

II – os arts. 9º, 13 e 15 da Emenda Constitucional n. 20, de 15 de dezembro de 1998;

III – os arts. 2º, 6º e 6º-A da Emenda Constitucional n. 41, de 19 de dezembro de 2003;

IV – o art. 3º da Emenda Constitucional n. 47, de 5 de julho de 2005.

Art. 36. Esta Emenda Constitucional entra em vigor:

I – no primeiro dia do quarto mês subsequente ao da data de publicação desta Emenda Constitucional, quanto ao disposto nos arts. 11, 28 e 32;

II – para os regimes próprios de previdência social dos Estados, do Distrito Federal e dos Municípios, quanto à alteração promovida pelo art. 1º desta Emenda Constitucional no art. 149 da Constituição Federal e às revogações previstas na alínea "a" do inciso I e nos incisos III e IV do art. 35, na data de publicação de lei de iniciativa privativa do respectivo Poder Executivo que as referende integralmente;

III – nos demais casos, na data de sua publicação.

Parágrafo único. A lei de que trata o inciso II do *caput* não produzirá efeitos anteriores à data de sua publicação.

Brasília, em 12 de novembro de 2019.

CAPÍTULO 4
AS REGRAS DE TRANSIÇÃO EM QUADROS SINÓPTICOS

REGRA DE TRANSIÇÃO
ART. 4º, *CAPUT*, e §§ 1º, 2º e 3º
EXCLUSIVA PARA SERVIDORES PÚBLICOS EM CARGO EFETIVO
REGRA GERAL
TRANSIÇÃO COM IDADE MÍNIMA E PONTOS

BENEFICIÁRIO:
Unicamente o servidor público federal que tenha ingressado no serviço público em cargo efetivo até a data de entrada em vigor desta Emenda Constitucional

REQUISITOS CUMULATIVOS:	MULHER	HOMEM
IDADE MÍNIMA:	56 anos	61 anos
IDADE MÍNIMA SERÁ ELEVADA a partir de 01/01/2022, eleva-se para:	57 anos	62 anos
TEMPO MÍNIMO DE CONTRIBUIÇÃO:	30 anos	35 anos
TEMPO DE EFETIVO EXERCÍCIO NO SERVIÇO PÚBLICO:	20 anos	20 anos
TEMPO NO CARGO EFETIVO EM QUE SE DER A APOSENTADORIA	5 anos	5 anos
IDADE + TEMPO DE CONTRIBUIÇÃO: A partir de 01/01/2020, + 1 ponto a cada ano, até atingir o limite de:	2019: 96 (homens) e 86 (mulheres) 2020: 97 (homens) e 87 (mulheres) 2021: 98 (homens) e 88 (mulheres) 2022: 99 (homens) e 89 (mulheres) 2023: 100 (homens) e 90 (mulheres) 2024: 101 (homens) e 91 (mulheres) 2025: 102 (homens) e 92 (mulheres) 2026: 103 (homens) e 93 (mulheres) 2027: 104 (homens) e 94 (mulheres) 2028: 105 (homens) e 95 (mulheres): pontuação masculina é congelada. 2029: 105 (homens) e 96 (mulheres) 2030: 105 (homens) e 97 (mulheres) 2031: 105 (homens) e 98 (mulheres) 2032: 105 (homens) e 99 (mulheres) 2033: 105 (homens) e 100 (mulheres)	

REGRA DE TRANSIÇÃO
§§ 4º e 5º do ART. 4º
EXCLUSIVA PARA TITULARES DE CARGO DE PROFESSOR
TRANSIÇÃO COM IDADE MÍNIMA E PONTOS

BENEFICIÁRIO:
Unicamente o servidor público federal, titular do cargo de professor que comprovar exclusivamente tempo de efetivo exercício das funções de magistério na educação infantil e no ensino fundamental e médio, que tenha ingressado no serviço público em cargo efetivo até a data de entrada em vigor desta Emenda Constitucional

REQUISITOS CUMULATIVOS:	MULHER	HOMEM
IDADE MÍNIMA:	51 anos	56 anos
IDADE MÍNIMA SERÁ ELEVADA a partir de 01/01/2022, eleva-se para:	52 anos	57 anos
TEMPO MÍNIMO DE CONTRIBUIÇÃO:	25 anos	30 anos
TEMPO DE EFETIVO EXERCÍCIO NO SERVIÇO PÚBLICO:	20 anos	20 anos
TEMPO NO CARGO EFETIVO EM QUE SE DER A APOSENTADORIA	5 anos	5 anos
IDADE + TEMPO DE CONTRIBUIÇÃO: A partir de 01/01/2020, + 1 ponto a cada ano, até atingir o limite de:	2019: 91 (homens) e 81 (mulheres) 2020: 92 (homens) e 82 (mulheres) 2021: 93 (homens) e 83 (mulheres) 2022: 94 (homens) e 84 (mulheres) 2023: 95 (homens) e 85 (mulheres) 2024: 96 (homens) e 86 (mulheres) 2025: 97 (homens) e 87 (mulheres) 2026: 98 (homens) e 88 (mulheres) 2027: 99 (homens) e 89 (mulheres) 2028: 100 (homens) e 90 (mulheres): pontuação masculina é congelada 2029: 100 (homens) e 91 (mulheres) 2030: 100 (homens) e 92 (mulheres)	

REGRA DE TRANSIÇÃO
ART. 5º, *CAPUT*
EXCLUSIVA PARA CARGOS DE NATUREZA ESTRITAMENTE POLICIAL
TRANSIÇÃO EM REGRA GERAL
COM IDADE MÍNIMA E TEMPO DE CONTRIBUIÇÃO MÍNIMO

BENEFICIÁRIO: policiais referidos no *caput* do art. 5º da Emenda Constitucional

REQUISITOS CUMULATIVOS:	MULHER	HOMEM
IDADE MÍNIMA:	55 anos	55 anos
TEMPO MÍNIMO DE CONTRIBUIÇÃO:	25 anos	30 anos
TEMPO DE EFETIVO EXERCÍCIO EM CARGO DE NATUREZA ESTRITAMENTE POLICIAL:	20 anos	20 anos

REGRA DE TRANSIÇÃO
§ 3º do ART. 5º
EXCLUSIVA PARA CARGOS DE NATUREZA ESTRITAMENTE POLICIAL
TRANSIÇÃO EM REGRA ALTERNATIVA
COM IDADE MÍNIMA, TEMPO DE CONTRIBUIÇÃO MÍNIMO E PEDÁGIO DE 100%

BENEFICIÁRIO: policiais referidos no *caput* do art. 5º da Emenda Constitucional

REQUISITOS CUMULATIVOS:	MULHER	HOMEM
IDADE MÍNIMA:	52 anos	53 anos
TEMPO MÍNIMO DE CONTRIBUIÇÃO:	25 anos	30 anos
TEMPO DE EFETIVO EXERCÍCIO EM CARGO DE NATUREZA ESTRITAMENTE POLICIAL:	20 anos	20 anos
PEDÁGIO DE 100% PARA COMPENSAR IDADE MENOR DO QUE A DA REGRA GERAL	Pedágio de 100% sobre o tempo que falta para cumprir 25 anos de contribuição	Pedágio de 100% sobre o tempo que falta para cumprir 30 anos de contribuição

REGRA DE TRANSIÇÃO
ART. 15
EXCLUSIVA PARA SEGURADO FILIADO AO RGPS
REGRA GERAL
TRANSIÇÃO COM TEMPO DE CONTRIBUIÇÃO MÍNIMO E PONTOS

BENEFICIÁRIO:
Unicamente o segurado filiado ao Regime Geral de Previdência Social

REQUISITOS CUMULATIVOS:	MULHER	HOMEM
IDADE MÍNIMA:	Não há expressamente, mas apenas pelo sistema de pontos	Não há expressamente, mas apenas pelo sistema de pontos
TEMPO MÍNIMO DE CONTRIBUIÇÃO:	30 anos	35 anos
IDADE + TEMPO DE CONTRIBUIÇÃO: A partir de 01/01/2020, + 1 ponto a cada ano, até atingir o limite de:	2019: 96 (homens) e 86 (mulheres) 2020: 97 (homens) e 87 (mulheres) 2021: 98 (homens) e 88 (mulheres) 2022: 99 (homens) e 89 (mulheres) 2023: 100 (homens) e 90 (mulheres) 2024: 101 (homens) e 91 (mulheres) 2025: 102 (homens) e 92 (mulheres) 2026: 103 (homens) e 93 (mulheres) 2027: 104 (homens) e 94 (mulheres) 2028: 105 (homens) e 95 (mulheres): pontuação masculina é congelada 2029: 105 (homens) e 96 (mulheres) 2030: 105 (homens) e 97 (mulheres) 2031: 105 (homens) e 98 (mulheres) 2032: 105 (homens) e 99 (mulheres) 2033: 105 (homens) e 100 (mulheres)	

REGRA DE TRANSIÇÃO
§ 3º do ART. 15
EXCLUSIVA PARA SEGURADO FILIADO AO RGPS
REGRA PARA OS PROFESSORES
TRANSIÇÃO COM TEMPO DE CONTRIBUIÇÃO MÍNIMO E PONTOS

BENEFICIÁRIO:
Unicamente o professor, segurado filiado ao Regime Geral de Previdência Social, com efetivo exercício das funções de magistério na educação infantil e no ensino fundamental e médio.

REQUISITOS CUMULATIVOS:	MULHER	HOMEM
IDADE MÍNIMA:	Não há expressamente, mas apenas pelo sistema de pontos	Não há expressamente, mas apenas pelo sistema de pontos
TEMPO MÍNIMO DE CONTRIBUIÇÃO:	25 anos	30 anos
IDADE + TEMPO DE CONTRIBUIÇÃO: A partir de 01/01/2020, + 1 ponto a cada ano, até atingir o limite de:	2019: 91 (homens) e 81 (mulheres) 2020: 92 (homens) e 82 (mulheres) 2021: 93 (homens) e 83 (mulheres) 2022: 94 (homens) e 84 (mulheres) 2023: 95 (homens) e 85 (mulheres) 2024: 96 (homens) e 86 (mulheres) 2025: 97 (homens) e 87 (mulheres) 2026: 98 (homens) e 88 (mulheres) 2027: 99 (homens) e 89 (mulheres) 2028: 100 (homens) e 90 (mulheres): pontuação masculina é congelada 2029: 100 (homens) e 91 (mulheres) 2030: 100 (homens) e 92 (mulheres)	

REGRA DE TRANSIÇÃO
ART. 16, *CAPUT*, e § 1º
EXCLUSIVA PARA SEGURADO FILIADO AO RGPS
REGRA GERAL
TRANSIÇÃO COM IDADE MÍNIMA E TEMPO DE CONTRIBUIÇÃO MÍNIMO

BENEFICIÁRIO:
Unicamente o segurado filiado ao Regime Geral de Previdência Social.

REQUISITOS CUMULATIVOS:	MULHER	HOMEM
IDADE MÍNIMA:	56 anos	61 anos
TEMPO MÍNIMO DE CONTRIBUIÇÃO:	30 anos	35 anos
ACRÉSCIMO DA IDADE a partir de 01/01/2020, + 6 meses a cada ano.	2019: 56 (mulheres) e 61 (homens) 2020: 56,5 (mulheres) e 61,5 (homens) 2021: 57 (mulheres) e 62 (homens) 2022: 57,5 (mulheres) e 62,5 (homens) 2023: 58 (mulheres) e 63 (homens) 2024: 58,5 (mulheres) e 63,5 (homens) 2025: 59 (mulheres) e 64 (homens) 2026: 59,5 (mulheres) e 64,5 (homens) 2027: 60 (mulheres) e 65 (homens): a idade dos homens é congelada 2028: 60,5 (mulheres) e 65 (homens) 2029: 61 (mulheres) e 65 (homens) 2030: 61,5 (mulheres) e 65 (homens) 2031: 62 (mulheres) e 65 (homens).	

REGRA DE TRANSIÇÃO
§ 2º do ART. 16
EXCLUSIVA PARA SEGURADO FILIADO AO RGPS
REGRA PARA PROFESSORES
TRANSIÇÃO COM IDADE MÍNIMA E TEMPO DE CONTRIBUIÇÃO MÍNIMO

BENEFICIÁRIO:
Unicamente o professor, segurado filiado ao Regime Geral de Previdência Social, com efetivo exercício das funções de magistério na educação infantil e no ensino fundamental e médio.

REQUISITOS CUMULATIVOS:	MULHER	HOMEM
IDADE MÍNIMA:	51 anos	56 anos
TEMPO MÍNIMO DE CONTRIBUIÇÃO:	25 anos	30 anos
ACRÉSCIMO DA IDADE a partir de 01/01/2020, + 6 meses a cada ano.	\multicolumn{2}{l}{2019: 51 (mulheres) e 56 (homens) 2020: 51,5 (mulheres) e 56,5 (homens) 2021: 52 (mulheres) e 57 (homens) 2022: 52,5 (mulheres) e 57,5 (homens) 2023: 53 (mulheres) e 58 (homens) 2024: 53,5 (mulheres) e 58,5 (homens) 2025: 54 (mulheres) e 59 (homens) 2026: 54,5 (mulheres) e 59,5 (homens) 2027: 55 (mulheres) e 60 (homens): a idade dos homens é congelada 2028: 55,5 (mulheres) e 60 (homens) 2029: 56 (mulheres) e 60 (homens) 2030: 56,5 (mulheres) e 60 (homens) 2031: 57 (mulheres) e 60 (homens).}	

REGRA DE TRANSIÇÃO
ART. 17
EXCLUSIVA PARA SEGURADO FILIADO AO RGPS
REGRA GERAL
TRANSIÇÃO COM TEMPO DE CONTRIBUIÇÃO MÍNIMO, PEDÁGIO DE 50% e FATOR PREVIDENCIÁRIO

BENEFICIÁRIO:
Unicamente o segurado filiado ao Regime Geral de Previdência Social que minimamente tenha 28 anos de contribuição, se mulher, e 33 anos de contribuição, se homem.

REQUISITOS CUMULATIVOS:	MULHER	HOMEM
IDADE MÍNIMA:	Não há	Não há
TEMPO MÍNIMO DE CONTRIBUIÇÃO:	28 anos para tornar-se elegível 30 anos para adquirir a aposentadoria	33 anos para tornar-se elegível 35 anos para adquirir a aposentadoria
PEDÁGIO DE 50% + FATOR PREVIDENCIÁRIO PARA COMPENSAR A AUSÊNCIA DE IDADE MÍNIMA	Pedágio de 50% sobre o tempo que falta para cumprir 30 anos de contribuição + Aplicação do fator previdenciário	Pedágio de 50% sobre o tempo que falta para cumprir 35 anos de contribuição + Aplicação do fator previdenciário

REGRA DE TRANSIÇÃO
ART. 18
EXCLUSIVA PARA SEGURADO FILIADO AO RGPS
REGRA GERAL
TRANSIÇÃO COM IDADE MÍNIMA

BENEFICIÁRIO:
Unicamente o segurado filiado ao Regime Geral de Previdência Social.

REQUISITOS CUMULATIVOS:	MULHER	HOMEM
IDADE MÍNIMA:	60 anos	65 anos
TEMPO MÍNIMO DE CONTRIBUIÇÃO:	15 anos	15 anos
ACRÉSCIMO DA IDADE DA MULHER a partir de 01/01/2020, + 6 meses a cada ano.	2019: 60 (mulheres) e 65 (homens): a idade dos homens é congelada 2020: 60,5 (mulheres) e 65 (homens) 2021: 61 (mulheres) e 65 (homens) 2022: 61,5 (mulheres) e 65 (homens) 2023: 62 (mulheres) e 65 (homens)	

REGRA DE TRANSIÇÃO
ART. 20, *CAPUT*

COMUM PARA SERVIDORES PÚBLICOS EM CARGO EFETIVO E PARA SEGURADOS DO RGPS

REGRA GERAL

TRANSIÇÃO COM IDADE MÍNIMA, TEMPO DE CONTRIBUIÇÃO MÍNIMO E PEDÁGIO DE 100%

BENEFICIÁRIO:
Tanto o servidor público federal que tenha ingressado no serviço público em cargo efetivo até a data de entrada em vigor desta Emenda Constitucional, quanto o segurado que se tenha filiado ao RGPS até a data de entrada em vigor desta Emenda Constitucional

REQUISITOS CUMULATIVOS:	MULHER	HOMEM
IDADE MÍNIMA:	57 anos	60 anos
TEMPO MÍNIMO DE CONTRIBUIÇÃO:	30 anos	35 anos
TEMPO DE EFETIVO EXERCÍCIO NO SERVIÇO PÚBLICO, requisito exclusivo para servidor público:	20 anos	20 anos
TEMPO NO CARGO EFETIVO EM QUE SE DER A APOSENTADORIA, requisito exclusivo para servidor público:	5 anos	5 anos
PEDÁGIO DE 100%	Pedágio de 100% sobre o tempo que falta para cumprir 30 anos de contribuição, para mulheres, e 35 anos de contribuição, para homens.	

REGRA DE TRANSIÇÃO
§ 1º do ART. 20
COMUM PARA SERVIDORES PÚBLICOS EM CARGO EFETIVO E PARA SEGURADOS DO RGPS
REGRA PARA OS PROFESSORES
TRANSIÇÃO COM IDADE MÍNIMA, TEMPO DE CONTRIBUIÇÃO MÍNIMO E PEDÁGIO DE 100%

BENEFICIÁRIO:
Tanto o professor servidor público federal que tenha ingressado no serviço público em cargo efetivo até a data de entrada em vigor desta Emenda Constitucional, quanto o professor segurado que se tenha filiado ao RGPS até a data de entrada em vigor desta Emenda Constitucional. Em qualquer situação o professor deverá ter comprovar exclusivamente tempo de efetivo exercício das funções de magistério na educação infantil e no ensino fundamental e médio.

REQUISITOS CUMULATIVOS:	MULHER	HOMEM
IDADE MÍNIMA:	52 anos	55 anos
TEMPO MÍNIMO DE CONTRIBUIÇÃO:	25 anos	30 anos
TEMPO DE EFETIVO EXERCÍCIO NO SERVIÇO PÚBLICO, requisito exclusivo para servidor público:	20 anos	20 anos
TEMPO NO CARGO EFETIVO EM QUE SE DER A APOSENTADORIA, requisito exclusivo para servidor público:	5 anos	5 anos
PEDÁGIO DE 100%	Pedágio de 100% sobre o tempo que falta para cumprir 25 anos de contribuição, para mulheres, e 30 anos de contribuição, para homens.	

REGRA DE TRANSIÇÃO
ART. 21, *CAPUT*

REGRA COMUM AOS SERVIDORES PÚBLICOS EM CARGO EFETIVO E AOS SEGURADOS DO RGPS

REGRA PARA TRABALHO COM EFETIVA EXPOSIÇÃO A AGENTES QUÍMICOS, FÍSICOS E BIOLÓGICOS PREJUDICIAIS À SAÚDE, OU ASSOCIAÇÃO DESSES AGENTES

TRANSIÇÃO COM IDADE MÍNIMA, TEMPO DE CONTRIBUIÇÃO MÍNIMO E PEDÁGIO DE 100%

BENEFICIÁRIO:
Tanto o servidor público federal que tenha ingressado no serviço público em cargo efetivo até a data de entrada em vigor desta Emenda Constitucional, quanto o segurado que se tenha filiado ao RGPS até a data de entrada em vigor desta Emenda Constitucional. Independentemente disso, o dispositivo visa ao trabalhador que atua em efetiva exposição a agentes químicos, físicos e biológicos prejudiciais à saúde, ou associação desses agentes.

REQUISITOS CUMULATIVOS:	MULHER	HOMEM
IDADE e TEMPO DE CONTRIBUIÇÃO EM SISTEMA DE PONTOS		I – 66 (sessenta e seis) pontos e 15 (quinze) anos de efetiva exposição; II – 76 (setenta e seis) pontos e 20 (vinte) anos de efetiva exposição; e III – 86 (oitenta e seis) pontos e 25 (vinte e cinco) anos de efetiva exposição.
TEMPO DE EFETIVO EXERCÍCIO NO SERVIÇO PÚBLICO, requisito exclusivo para servidor público:	20 anos	20 anos
TEMPO NO CARGO EFETIVO EM QUE SE DER A APOSENTADORIA, requisito exclusivo para servidor público:	5 anos	5 anos

ÍNDICE DOS DISPOSITIVOS DA EMENDA CONSTITUCIONAL

Art. 1º Alterações na Constituição Federal 25

Art. 2º Alterações no Ato das Disposições Constitucionais Transitórias. Disposições transitórias e regras de transição estabelecidas pela Emenda Constitucional (3º a 36) 104

Art. 3º Direito adquirido às aposentadorias 106

Art. 4º Regra de transição para o servidor público federal 109

Art. 5º Regra de transição para a aposentadoria dos policiais 122

Art. 6º Disposição transitória que deixa clara a inaplicabilidade do disposto no § 14 do art. 37 da Constituição a aposentadorias concedidas pelo RGPS até a data de entrada em vigor deste texto normativo 126

Art. 7º Disposição transitória que deixa clara a inaplicabilidade do disposto no § 15 do art. 37 da Constituição Federal às complementações de aposentadorias e pensões concedidas até a data de entrada em vigor desta Emenda Constitucional................................. 128

Art. 8º Disposição transitória que valerá até que entre em vigor a lei federal que estabelecerá critérios que levem o servidor titular de cargo efetivo ao recebimento do abono de permanência.......................... 129

Art. 9º Disposição transitória que valerá até que lei federal seja instituída para disciplinar os benefícios do ora residual regime próprio de previdência social dos servidores da União................................. 129

Art. 10. Disposição transitória que valerá até que lei federal seja instituída para disciplinar os benefícios do ora residual regime próprio de previdência social dos servidores da União................................. 132

Art. 11. Disposição transitória para alterar e majorar a contribuição social do servidor público de qualquer dos Poderes da União, incluídas suas autarquias e fundações, com vista à manutenção do respectivo regime próprio de previdência social.. 140

Art. 12. Instituição de um sistema integrado de dados relativos às remunerações, proventos e pensões 146

Art. 13. Disposição transitória que prevê a inaplicabilidade do § 9º do art. 39 da Constituição até a data de entrada em vigor desta Emenda Constitucional... 147

Art. 14. Vedação à adesão de novos segurados e a instituição de novos regimes de previdência aplicáveis a titulares de mandato eletivo..... 148

Art. 15. Regra de transição sem idade mínima, mas como soma de pontos................. 150

Art. 16. Regra de transição com tempo de contribuição mínimo e idade mínima................. 158

Art. 17. Regra de transição com idade mínima mínima, tempo de contribuição mínimo e pedágio de 50%................. 165

Art. 18. Regra de transição que cria período de adequação ao disposto no inciso I do § 7º do art. 201 da Constituição Federal................. 168

Art. 19. Disposição transitória que vigerá até que lei disponha sobre o tempo de contribuição a que se refere o inciso I do § 7º do art. 201 da Constituição Federal................. 173

Art. 20. Regra de transição para a aposentadoria com pedágio de 100% .. 178

Art. 21. Regra de transição para a aposentadoria de quem tenha exercido suas atividades com efetiva exposição a agentes químicos, físicos e biológicos prejudiciais à saúde, ou associação desses agentes.... 185

Art. 22. Disposição transitória que vigerá até que lei discipline o § 4º-A do art. 40 e o inciso I do § 1º do art. 201 da Constituição Federal 192

Art. 23. Estabelece a sistemática de pensão por morte concedida a dependente de segurado do Regime Geral de Previdência Social ou de servidor público federal................. 193

Art. 24. Veda a acumulação de mais de uma pensão por morte deixada por cônjuge ou companheiro, no âmbito do mesmo regime de previdência social, ressalvadas as situações que prevê................. 201

Art. 25. Disposição transitória que assegura a contagem de tempo de contribuição fictício no Regime Geral de Previdência Social decorrente de hipóteses descritas na legislação vigente até a data de entrada em vigor desta Emenda Constitucional................. 205

Art. 26. Disposição transitória que vigerá até que lei discipline o cálculo dos benefícios do regime próprio de previdência social da União e do Regime Geral de Previdência Social................. 208

Art. 27. Disposição transitória que vigerá até que lei discipline o acesso ao salário-família e ao auxílio-reclusão de que trata o inciso IV do art. 201 da Constituição Federal e o acesso ao abono de que trata o § 3º do art. 239 da Constituição Federal................. 213

Índice dos Dispositivos da Emenda Constitucional | **279**

Art. 28. Disposição transitória que vigerá até que lei ordinária altere a alíquota da contribuição de que trata a Lei n. 8.212/1991................. 214

Art. 29. Disposição transitória até que entre em vigor a lei que disponha sobre o § 14 do art. 195 da Constituição da República................. 216

Art. 30. Disposição transitória acerca da vedação de diferenciação ou substituição de base de cálculo decorrente do disposto no § 9º do art. 195 da Constituição Federal................. 219

Art. 31. Disposição transitória acerca dos parcelamentos previstos na legislação vigente até a data de entrada em vigor desta Emenda Constitucional................. 220

Art. 32. Disposição transitória acerca da contribuição social sobre o lucro das pessoas jurídicas (CSLL), destinada ao financiamento da seguridade social exigível dos "bancos de qualquer espécie"............ 221

Art. 33. Disposição transitória acerca da relação entre entes federativos e entidades abertas de previdência complementar................. 221

Art. 34. Extinção por lei de regime previdenciário e migração dos respectivos segurados................. 222

Art. 35. Revogações 223

Art. 36. Vigência................. 231